本书为国家社科基金艺术学一般项目"中国佛教文化和艺术中的慈悲精神研究"（16BA013）结项成果；受中国艺术研究院基本科研业务费个人后期出版资助项目（2022-3-13）经费资助。

从观念到艺术

在中国文化中发现慈悲

——喻静 著——

社会科学文献出版社
SOCIAL SCIENCES ACADEMIC PRESS (CHINA)

目　录

绪　论

佛教的全部理论皆围绕"苦"这一主题展开，"慈悲"的本义，乃佛陀基于对缘起法的觉悟和对人生根本境遇——"苦"的深细观照，善巧说法，方便度化，为帮助众生离苦得乐而践行的利他事业。如《法华经》说，"诸佛世尊唯以一大事因缘故出现于世"，这一"大事因缘"，乃向众生"开佛之知见""示佛之知见"，令众生"悟佛之知见""入佛之知见"。

　　"缘起"是佛教对宇宙世界的真相所持的最基本的观点，是全部佛法的核心，也是佛教各家各派展开其理论和实践的根本依据。"缘"指一切事物和现象所依赖的原因和条件，"起"指依条件而生起。佛陀最初所传的四谛、十二因缘等，不外是缘起法的展开。缘起法包含四层含义。其一，作为世间一切事物生灭变化根本法则的缘起法，非佛陀或他人造作，而是为佛陀觉悟并开显，真实不虚。其二，作为生死染污的缘起法，是有为法，有为法性空。一切事物既由条件构成，亦是构成其他事物的条件。凡由条件造作出的事物都非恒常不变，反之，凡无常变化的事物都由条件构成，此即"诸行无常"。诸法既是缘起缘灭的现象，就没有恒定不变的自性（本质、本体），此即"诸法无我"。其三，作为中道法的缘起法，非有非无，兼顾流转还灭，打通世出世间。所谓中道，一面是"此有故彼有，此生故彼生"，有无明就有行，以至有生老病死忧悲苦恼集，"如实正观世间集者，则不生世间无见"；一面是"此无故彼无，此灭故彼灭"，如无明灭则行灭，以至生老病死忧悲苦恼灭，"如实正观世间灭，则不生世间有见"。[①] 其四，体证缘起性空的出世间法，是众生从轮回之苦中解脱的必由之路。

四圣谛就是佛陀在总结世间众生的现状之后做出的判断以及应对的方法。"何等为四？谓苦圣谛、苦集圣谛、苦灭圣谛、苦灭道迹圣谛。若比丘于苦圣谛已知、已解，于苦集圣谛已知、已断，于苦灭圣谛已知、已证，于苦灭道迹圣谛已知、已修，如是比丘则断爱欲，转去诸结，于慢、无明等究竟苦边。"[②] 他用苦、集二谛诠释众生皆苦的经验结论及其原因，说明要解苦谛、断集谛；以灭、道二谛阐发摆脱困苦人生的途径和方向，引导众生要证灭谛、修道谛。"苦"是解脱的下手处，知"苦集"——"苦"之因缘所生，方有"苦灭"——"苦"之因缘所灭。道，就是跳出无明之苦转向涅槃之乐的道路。"众因缘生法，我说即是无。亦为是假名，亦是中道义。"[③] 从苦集到苦灭的道路，就是在缘生中观修缘灭，在世间法中而出世间，在有为法中而行无为，在缘起中现观空性的道路。依缘起法，慈悲即空，空即慈悲。观色即空成大智，观空即色成大悲，慈悲与空不一不异，慈悲与智慧成为大乘佛教的"两轮"或"两翼"。

佛教大小乘之别首先是个历史问题。近代学者（包括日本佛教学者姊崎正治、宇井伯寿、赤沼智善、西义雄，以及中国的印顺法师等）把从释迦牟尼在世传教到其逝世后五百年内的佛教分为三部分：根本佛

---

① （南朝·宋）求那跋陀罗译《杂阿含经》，《大正新修大藏经》刊行会编辑《大正新修大藏经》（以下简称《大正藏》）第 2 册，东京：大藏出版株式会社，1988，第 67 页。

② （南朝·宋）求那跋陀罗译《杂阿含经》，《大正藏》第 2 册，第 104 页。

③ 〔印度〕龙树造，（后秦）鸠摩罗什译《中论》，《大正藏》第 30 册，第 33 页。

教，指佛在世时亲自传授的教法；原始佛教，指佛灭后约一百年内其弟子所集结的经律；部派佛教，指佛教教团从"根本分裂"（上座部与大众部对立）到"枝末分裂"（两大部又次第分化出十八或二十部）期间的佛教，时间持续至佛入灭四百年。随着阿毗达磨（或作"阿毗达摩"）论典成立，佛教经律论三藏咸备。部派佛教发展出经院式的烦琐论证，在实践上只求自我解脱，重新诠释佛陀形象和佛教义理的大乘运动开始出现。"大乘"自以为"大"而斥部派佛教为"小"，"小乘"从一开始就是一个带有贬义的命名。大乘思想资源庞杂，但未脱离之前的佛教传统。

　　肇始于印度的佛教东传至中国，乃人类文明进程中的重大事件。在印度，佛教教义主要靠口耳相传，并没有书面文本存在。释迦牟尼在公元前 528 年涅槃，公元前 150 年前后，佛经在犍陀罗地区的贵霜帝国被制作出来。新近发现的犍陀罗语佛教文本和铭文，以及学者有关佛典起源和语言传承的研究都显示，犍陀罗地区是世界上最早出现和使用文本佛经的地区，最早传入中国的佛教文本，主要使用的也是犍陀罗语。①由于口头传播传统的存在，佛教何时以何种形式进入中国并没有定论，可以确定的是中国从公元 150 年前后开始以汉语翻译佛经。"译以传道"，佛经汉译意味着佛学加入中国主流思想文化的熔炉，一种新质文化开始其锻造流程。以佛经汉译为契机，佛教介入中国文化的观念、礼俗、制度、传播等方方面面，开始了"化中国"的使命和"中国化"的征程。

　　中国人认识大乘佛教是从般若类经典开始的。流传至今的中土典籍中有记载的最早的译经家安世高和支娄迦谶（或称"支谶"），分别来自

---

① 　孙英刚、何平：《犍陀罗文明史》，三联书店，2018，第 147 页。

安息国和月氏国，这两个国家都属于犍陀罗地区。安世高译经，如《佛说大安般守意经》《佛说人本欲生经》等，主要是小乘禅经；支娄迦谶译经，以《道行般若经》为代表，主要是大乘般若类经典。支译《道行般若经》是中土知识阶层探赜般若理论的入门读物，"摩诃衍"作为"大乘"一词的梵文音译，最早即出现于这部经。① 故吕澂先生说："由这部经的译出便有了趋入大乘的途径。" ②

印度佛教传统中的小乘求自觉自利，以"灰身灭智"证"无余涅槃"，证得"我生已尽，梵行已立，所作已作，不受后有" ③ 的阿罗汉果位。大乘求"自觉觉他、自利利他"，"自觉"强调个体证悟解脱之"智"，"觉他"强调济拔他者之"悲"。如果把大乘精神概括为"悲智双运"，那么其中的"悲"即"慈悲"的缩略。佛经传译之前，汉语中只有独立成义的"慈"或"悲"，"慈悲"作为汉语双音节词，其诞生恰好仗佛经传译之缘，且"慈悲"一词的首创者，恰好是最早翻译大乘经典、最早把"大乘"一词引入中土的支娄迦谶。④ 目前可以确定由安世高传译的小乘经典中，并没有"慈悲"或"大慈大悲"的例子。可以推

① （东汉）支娄迦谶译《道行般若经》，《大正藏》第 8 册，第 427 页。

② 吕澂：《中国佛学源流略讲》，中华书局，1979，第 289 页。

③ （后秦）佛陀耶舍、竺佛念译《长阿含经》，《大正藏》第 1 册，第 12 页。

④ 如支译《般舟三昧经》中有"常立布施及戒忍，精进一心智慧事。具足六度摄一切，慈悲喜护四等心，善权方便济众生，如是行者得三昧"［（东汉）支娄迦谶译《般舟三昧经》，《大正藏》第 13 册，第 915 页］、"教语令弃众恶，视一切悉平等所致，常有大慈大悲所致"［（东汉）支娄迦谶译《般舟三昧经》，《大正藏》第 13 册，第 898 页］的例子，"慈悲"和"大慈大悲"都已出现。（东汉）竺大力、康孟详译《修行本起经》中有三处使用了"慈悲"，如"能仁菩萨，承事锭光，至于泥洹。奉戒清净，守护正法，慈悲护，惠施仁爱，利人等利，救济不倦，寿终上生兜术天上"［（东汉）竺大力、康孟详译《修行本起经》，《大正藏》第 3 册，第 462 页］。"兜术天"是慈氏（弥勒）菩萨所在。另（东汉）昙果、康孟详译《中本起经》中有"四恩慈悲，广饰群生"［（东汉）昙果、康孟详译《中本起经》，《大正藏》第 4 册，第 154 页］一例，"四恩"即三宝恩、国王恩、父母恩和众生恩。这三种经都是东汉译经，无法考其先后。

断，"慈悲"是随着大乘经典的传译而诞生的，"慈悲"和"大乘"，当同处一个思想系统之中。

　　"慈悲"作为搭载译经应运而生的汉语新词，作为大乘佛教最高价值和行动指南，需要从理论上做出定义、阐述和分疏，以指导大乘修行实践。这一理论工作借由龙树造、鸠摩罗什译之《大智度论》得以完成。

　　《大智度论》是大乘佛教百科全书，龙树定义了何谓"慈悲"："大慈与一切众生乐，大悲拔一切众生苦；大慈以喜乐因缘与众生，大悲以离苦因缘与众生。"[①]慈悲心从禅定观想中得。观想时心所攀缘的对象，也就是慈悲所要"利益"的他者，分众生缘、法缘和无缘三种，以众生为因缘、为"利益"众生而成就的慈悲心，是"小慈小悲"。小慈小悲还是凡夫境界。以"毕竟空"为因缘，是"大慈大悲"。"凡夫人众生缘；声闻、辟支佛及菩萨，初众生缘，后法缘；诸佛善修行毕竟空，故名为无缘，是故慈悲亦名佛眼。"[②]大慈大悲就是佛的慈悲。而在凡夫之小慈小悲和佛之大慈大悲之间，尚有小乘的声闻缘觉位和大乘的菩萨位。声闻缘觉和菩萨与凡夫之别在于声闻缘觉和菩萨已证悟出世间空，凡夫尚囿于世间法；与佛的区别在于证得的空性尚非"毕竟空"。这是从般若的角度考量慈悲心的大小。而从慈悲的角度考量般若心的大小，就是"六波罗蜜多"即"六度"。

　　"波罗蜜多"意译为"到彼岸"，也就是出世间的智慧。布施、持戒、忍辱、精进、禅定、般若"六度"，首先是六种利他行为。以布施度为例，布施度即"檀波罗蜜"，"布施"亦即世间法中的利他行为，两

①　〔印度〕龙树造，（后秦）鸠摩罗什译《大智度论》，《大正藏》第25册，第256页。

②　〔印度〕龙树造，（后秦）鸠摩罗什译《大智度论》，《大正藏》第25册，第350页。

者的差异就在于檀波罗蜜是一种需要出世间的般若支持的利他行为。"六度"中其他任何一度亦复如是。这使得"六度"共享一个核心特征——三轮体空，即证悟"施者""受者""所施之物"之体性皆为空。"六度"的实现是座上深观（止观）和座下广行（万行）相互配合辗转增上的过程，即"悲智双运"。这一过程臻于完善，乃至佛境。

佛的般若是"慈悲的般若"，佛的慈悲是"般若的慈悲"。"般若"是梵名"Prajna"的音译，意译为"智慧"。按照玄奘法师"五不翻"原则，"般若"指比汉语语境中的"智慧"更高明的智慧——"解脱的智慧"，不如直接以音译示人，以免世人望文生义，作颠倒想。"般若"无疑是"佛教"作为"佛之所教"的核心，佛陀教法，可用"般若"贯穿所有大小乘经典。如何让"般若"这种全新的观念在中国本有文化传统中找到恰当位置，正是朱士行、释道安等所关怀的；最早传播佛教的僧人和士大夫，或用"格义"法托命儒家的"仁""孝"、寄身道家的"空""无"，或如愍度道人"另立新说"，上下求索，种种努力，皆因中国人对佛教"心有戚戚焉"，试图为佛教在中国本有文化中先找到立足之地，再行妥帖安顿之事。

《大智度论》之《释摩诃衍品》提到，以般若波罗蜜统摄"摩诃衍"，《大智度论》曰其乃"菩萨所行"，成佛之道。① 大乘别于小乘所在，或可托命"菩萨"一词。"菩萨"即"菩提萨埵"，意译为"觉有情"。"觉"乃"自觉觉他"，"自觉"为了"觉他"，"自觉"方能"觉他"，有"觉他"之大愿，方能实现"自觉"之大心。菩萨道行者在利他信念中，完成了生命的超越。

虽然大小乘佛经同时进入中国文化语境，然安世高及其学派开

---

① 〔印度〕龙树造，（后秦）鸠摩罗什译《大智度论》，《大正藏》第25册，第393页。

创的"禅数学"主要流传于僧团内部，小乘一直未能和中土文化传统相应。由于中土本有思想文化系统的成熟与强大，东汉魏晋时期的士人一直借助中国本土思想资源尤其是黄老之学和玄学理解和表达外来的佛学，"格义"成为中国思想史中的重大问题。① 在鸠摩罗什译经之前，汉地佛教学者对大小乘没有孰高孰下的分别心，甚至对两者间的分野亦没有特别明确的概念。魏晋时代玄学盛行，小乘禅法和庄子"坐忘"有相通处，般若学亦能和老子"有无"会通，佛教行者往往"禅""慧"并行。以南北朝时期鸠摩罗什到长安译经以及其门下弟子僧肇、僧叡、道生等人佛学思想的成熟为标志，中土士人终于登堂入室——不仅逐步理解了印度佛学的精义，而且渐渐为印度佛教思想寻找到汉语语境下的恰当表达。鸠摩罗什通过译经与弘传，正本清源、扬大抑小，延续了印度本土的大小乘之争，并把大乘初期般若学思想带进中国，为中国学人指点了大乘门径。后经齐梁时代竟陵王萧子良、梁武帝萧衍之推崇，大乘思潮在教内教外渐成主流。在北方，从北魏到北周，随着《十地经论》等瑜伽行派经论的传入，地论学派建立；在南方，从刘宋到萧梁，随着《摄大乘论释》译出，摄论学派成立。地论和摄论都是世亲、无著瑜伽行派的思想传统，成熟的印度大乘佛教思想从此传入中国。

　　隋唐以后，天台宗、三论宗、唯识宗（法相宗）、华严宗、律宗、禅宗、净土宗等以汉译佛典为本的中国化佛教宗派纷纷成立，各宗派判教立宗，推出各具特色的判教方案，以对传入四百多年的佛教资源进行

---

①　相比"慈悲"，"智慧"并不是借助佛经传译的因缘才有的汉语新词，其被定格于大乘佛教，属于在广义上把佛教义理托命于中土原有文化的"格义"策略。仅以此而论，作为大乘精神的"悲智双运"，若表达为"悲般（般若）双运"应该更恰切，不叫"悲般（般若）双运"而叫"悲智双运"，本身就是一种"博施"和"接济"的大慈悲。

清点和总结。隋唐宗派佛学吸收并融合了中国固有的儒道思想观念，形成了区别于印度佛学的中国佛教观念和精神维度。宋代以后，中国佛教日渐走向世俗生活和社会文化领域，佛教义理与宋代儒学的彼此增益、禅与净的合流、佛教观念与民间信仰的交织，都为佛教在中土的传播开辟了新天地。中国佛教慈悲观尤其体现于佛教理论家对"孝亲观"所作出的一系列发覆、整理和建设。明清时期，中国佛教在理论上无甚创新，趋于沉寂和边缘化，但晚近以降在"救亡"和"启蒙"这两大动力的驱使下，一些锐意思变的士人意欲从"慈悲"中找到自我认同，重振民族精神，激励世道民心；佛教内部亦为谋求革新和自救，由太虚法师首倡"人生佛教"，继而以"人间佛教"为旗帜，掀起"教理革命"、"教制革命"和"教产革命"，余韵绵延至今。

几代中国学者不懈努力，通过对印度佛教思想的沙汰、融通、调适，通过翻译经典、讲习经义、编撰佛典和判教立宗，建构了以大乘佛教为主体的中国佛教。作为中国文化殿堂的三大支柱，"儒释道"中的"释"，即指以大乘佛教为主体的中国佛教。

可以说，大乘佛教参与了中国文化基本景观的构造和内在精神的形塑，这是从器物制度、思维方式到信念伦理交互作用、彼此调适的历史过程，也是合乎逻辑的必然之路。诉诸"菩萨"的大乘佛教慈悲精神主张"上求菩提、下化众生"。其"向上"和"向下"这两个维度和中国本土主流文化——儒家思想和道家思想有着天然契合性。

其一，大乘菩萨具有人本倾向，大乘菩萨道之成佛理想和中国本土儒家之希圣理想相契合。这是"向上一路"。

鸠摩罗什及其弟子僧肇、道生注解《维摩诘经》（又称《维摩诘所说经》《不可思议解脱经》）时，使用了一种独特的诠释策略——本迹论，其核心是"法身"问题。"法身"与凡夫、二乘所见佛之"丈六之身"相对，乃真实的佛境界，唯佛能证知，是"不思议之本"。[①] 但对凡夫、二乘而言，法身非遥不可及，"法身在天为天，在人而人"，"佛无定所，应物而现，在净而净，在秽而秽"，[②] 众生所见之佛身，有大小精粗之别，是法身无常应化，是"诸佛方便，不可思议"。[③] 若依小乘，则佛早已入灭，自求解脱即罢，言何成佛？而依本迹论，佛之法身常在，不落时空，众生及二乘见过的业已入灭的佛，仅是应化于古印度的一期之佛，若众生向往佛法，行菩萨道，终能由假返真，悟无形法身，断一切过患，而与佛无异。法身为真、为实、为本，则众生之成佛理想不致因时空转移、因缘假合而起变；迹身为假、为权、为末，则众生之修行实践有了着手处，从众生到佛的过程有了落实处。这是大乘理想的内在结构。

而这一理想的实行者是"菩萨"。在《大智度论》中，"菩萨"既是倒驾慈航的觉悟者，也指发心慕道的众生。《大智度论》又认为，人道苦乐交织，更能体现"中道"，最易教化的众生广泛处于人道中，人道众生比之天道众生更易成佛，"菩萨"的概念自然有了浓厚的人本倾向。这也意味着出世间的解脱理想不能离开世间法的现实人生而实现。

虽然小乘自求解脱，不歆慕人间生活，但解脱的主体却和人心有关。佛教大小二乘均开拓出丰富的心性论思想。小乘佛教以为心有染污和清净之别，超凡入圣，乃转染污之心为清净之心。小乘佛教认为佛性是佛界与众生界的区别，只有一人有佛性，而非众生皆有佛性，只有一人累劫而能成佛，余人皆不能成佛。大乘佛教并不这样认为。译经事业持续三百年后始现的南本《大般涅槃经》，阐扬了大乘佛教"佛性

①　（后秦）僧肇：《注维摩诘经》，《大正藏》第 38 册，第 383 页。

②　（后秦）僧肇：《注维摩诘经》，《大正藏》第 38 册，第 405 页。

③　（后秦）僧肇：《注维摩诘经》，《大正藏》第 38 册，第 405 页。

论"——三世十方遍有恒河沙数诸佛。众生皆有佛性，人人皆可成佛。[1]

　　中国先秦思想文化自孔子起现一大转折，如果说之前有对"帝""天"信仰的强调，之后便转向对"人"的关注。大乘心性论和儒、道二家有差别：儒家心性论关注善恶，要求改恶从善，实现修齐治平、天下大同；道家心性论重视真伪，主张"无以人灭天，无以故灭命，无以得殉名。谨守而勿失，是谓反其真"（《庄子·秋水》）[2]，反对人为干预自然；大乘佛教心性论关注染净，主张转染成净，转识成智，超凡入圣。但是，三家都在为理想人格寻求心性依据，都认为众生通过修养陶冶，是可以成就最高的理想人格的。西汉武帝以后，儒家思想成为国家意识形态，大乘菩萨道的成佛理想，在儒家语境里很容易被理解成希圣希贤的圣人理想，佛之德性犹如圣人之德，菩萨的修行过程犹如儒家理想人格的完成过程。

　　大乘佛教的"人人皆有佛性"，正与孟子所谓"人皆可以为尧舜"（《孟子·告子下》）[3] 高度对应。虽然大乘佛教"佛陀观"和儒家"圣人观"有大不同，但两者共有对"向上一路"的肯定、对人性本然具足和先天善端的肯定，从而鼓励每个人在理想之光的照耀下，在初心的激励下，不懈努力，不断追求，不畏艰难，让人格日趋完美，人性日渐完善。最终的成佛或成圣，既是高远目标的实现，也是先天潜能的无限展开，人的本来之性和可能生活，由此得到最大限度的肯定。

　　其二，大乘菩萨的天职就是要行大慈大悲的菩萨道，救度无量无边众生。这和儒家圣贤以行"仁"为天职而博施于民、救世济众相契合。

---

① （北凉）昙无谶译《大般涅槃经》，《大正藏》第 12 册，第 520 页。

② （清）郭庆藩辑《庄子集释》，影印《诸子集成》第 3 册，上海书店出版社，1986，第 260—261 页。

③ （清）焦循：《孟子正义》，影印《诸子集成》第 1 册，第 477 页。

这是"向下一路"。

　　发心行大乘道的众生是"初发心菩萨"，行大慈大悲的菩萨即"菩萨摩诃萨"——大菩萨。《大智度论》卷五："问曰：云何名'摩诃萨埵'？答曰：'摩诃'者大；'萨埵'名众生，或名勇心，此人心能为大事，不退不还大勇心故，名为'摩诃萨埵'。复次，'摩诃萨埵'者，于多众生中最为上首故，名为'摩诃萨埵'。复次，多众生中起大慈大悲，成立大乘，能行大道，得最大处故，名'摩诃萨埵'。复次，大人相成就故，名'摩诃萨埵'。"① 大菩萨也是众生，是众生中悲心最大者，其悲智皆与佛等齐，却为完成普世救度的大誓愿而不愿成佛。

　　孔子将圣贤人格涵盖于"仁"这一总范畴之下，孟子则将其开展为仁、义、礼、智等具体方面。其中"仁"和"智"至为重要："仁且智，夫子既圣矣！"（《孟子·公孙丑上》）② 如果说"圣人"因其圆满而不能以凡人的心量和眼识相见，立志成贤成圣、不断趋近完美人格的"君子"却是可见和可堪作楷模的："圣人，吾不得而见之矣；得见君子者，斯可矣。"（《论语·述而》）③ 君子的美德一言以蔽之，即"仁"。"仁"的极诣就是"圣"。子贡问孔子："如有博施于民而能济众，何如？可谓仁乎？"子曰："何事于仁，必也圣乎！尧舜其犹病诸！"（《论语·雍也》）④ "博施济众"和"慈悲救度"的精神感召力量何其一致——君子自强不息，菩萨精进不已。君子行天下之大道，"得志，泽加于民；不得志，修身见于世"（《孟子·尽心上》）⑤ 。菩萨行无缘大慈同体大悲，

---

① 〔印度〕龙树造，(后秦) 鸠摩罗什译《大智度论》,《大正藏》第25册，第94页。

② （清）焦循：《孟子正义》，影印《诸子集成》第1册，第126页。

③ （清）刘宝楠：《论语正义》，影印《诸子集成》第1册，第148页。

④ （清）刘宝楠：《论语正义》，影印《诸子集成》第1册，第133页。

⑤ （清）焦循：《孟子正义》，影印《诸子集成》第1册，第525页。

自他同体，如慈父慈母般平等对待众生，为使众生度脱而甘愿历经无以计量的轮回之苦，不惜"以其所有国城、妻子、头目、髓脑惠施于人"。事实上道家的清净自然也不是一味离群索居，或如小乘，只求自了。老子就提出"挫其锐，解其纷，和其光，同其尘"（《道德经》第四章）[①]，以"无为"而使天下"无不为"。庄子既"独与天地精神往来"，又"不敖倪于万物，不谴是非，以与世俗处"（《庄子·天下》）。[②] 无论儒家之"仁"、道家之"和同"还是佛教之"慈悲"，俱鼓励世人见贤思齐，以仁成己，以悲济人，以慈普覆，化成天下。

大悲以化，文明以止。"慈悲"一词，应佛经传译之运而生，大乘佛教的慈悲精神，注定要担当起外来的佛教和中土本有文化传统对话、调适、融通的使命。荷兰汉学家许理和把"佛教在中国中古早期的传播与适应"这一过程描述为"佛教征服中国"，[③] 若对历史作出更精微的观照，我们看到，更本质的描述勿如说是"慈悲征服中国"。

本书前五章讨论中国佛教文化中的慈悲精神，内容分述如下。

第一章"传译与载道：慈悲进入中国"，运用观念史和思想史的研究方法，梳理中国传统典籍和佛教基本文献，对"慈悲"进入中国文化的过程进行溯源和考证。"慈悲"跻身中国文化观念，继而在中国文化时空中的观念史演进，始于东汉时的佛经汉译。此前的汉语世界没有复音词"慈悲"，只有单音词"慈"或"悲"；在中国固有文化中，"悲"是一种极为重要的音乐风格，与"悲"相关的观念变迁是华夏礼乐文明生成史的一部分。慈悲观念在中国文化传统中扎根，这一事件的源头，

---

① （三国·魏）王弼注《老子注》，影印《诸子集成》第 3 册，第 12 页。

② （清）郭庆藩辑《庄子集释》，影印《诸子集成》第 3 册，第 475 页。

③ 〔荷〕许理和：《佛教征服中国——佛教在中国中古早期的传播与适应》，李四龙、裴勇等译，江苏人民出版社，2005。

当抽丝剥茧，追溯至中土礼乐教化观念中的"慈"与"悲"。慈悲观念的确立、慈悲思想的成形和慈悲实践的展开，意味着一个新的意义世界和文化传统在中国生长。在这个过程中，佛教教理之本和教化之迹不断被权衡，印度文化和中国文化不断被调适，佛教思想和儒道思想不断融合，"中国大乘佛教"逐渐完成其主体性建构。在"佛教中国化"的历史脉络中，"慈悲"作为大乘佛教的核心观念，内化为中国文化精神的组成部分。

第二章"救弊与明本：慈悲遭遇孝道"分为两个部分，第一部分以《弘明集》中的各家观点为例，论述佛教初传之时，中土士人和佛教知识分子以"孝"观念为桥梁，会通儒家之"仁"和佛教之"慈悲"。第二部分以北宋契嵩《辅教编》为中心，梳理历史上儒佛关于"孝"的各种论争。被认为是"佛门《孝经》"的《辅教编》，基于大乘佛教慈悲思想，把"大慈"解释为"出世间"的"大孝"，把儒家主张的"孝"归入"世间孝"，从而集佛教孝道理论之大成。

第三章"戒杀与不害：慈悲再造礼俗"，运用文化史的研究方法，梳理大乘佛教慈悲精神在中国文化时空中的"表法"方式——"蔬食"。"蔬食"观念作为佛教慈悲观的自然延伸，在南朝尤其是梁武帝统治时期的梁朝，深刻影响了民众生活方式（风俗）和国家祭祀仪式（礼制）。慈悲的最高境界是"平等心"，慈悲的底线是"不害心"，慈悲的普遍表达是"舍心"。该章先以南朝祭祀制度史无前例地从"血祭"变为"蔬祭"为问题核心，梳理了佛教传入中土前后"斋戒"和"戒杀"观念的演进，继而全面考察汉传佛教素食制度的首创者、"皇帝菩萨"梁武帝萧衍如何以一己之力确立了汉传佛教的素食传统。

第四章"一心与六度：走向人间的慈悲心"探讨中国佛教心性理论，梳理永明延寿以"中道超越"为理论范式的中国佛教慈悲观。永明延寿整理了中国佛教最辉煌时期——隋唐五代的佛学成果，立足华严宗教义和禅宗，形成了有关中国佛教慈悲精神的一系列论述。其"一心六度"理论体现出中国佛教慈悲观的人本化特征，对中国佛教影响深远，是近代中国"人间佛教"思潮的先声。

第五章"人间佛教：走向现代的慈悲行"考察了太虚的慈氏信仰，发覆了他首倡之"人间佛教"思想体系的大乘根基和慈悲内核。"人间佛教"思想在近代中国"三千年未有之大变局"中应运而生，是"佛教中国化"一千多年历程中的关键一环。太虚在判教基础上把"人生佛教"定位为"从人道开始"的"大乘渐教"，这是他为近代社会佛教形态所作的抉择，近现代佛教的发展方向由此奠定。作为佛学大师，太虚竭力进行"人生佛教"的理论建设；作为佛教僧人，太虚把"人生佛教"理论付诸实践，承担起爱国救亡的时代使命。太虚后半生为创建慈宗陆续进行了几次努力，把作为思想形态的"人生佛教"，落实为作为宗教形态的"慈宗"。太虚之解行，正如其所说，是"融贯的新"：既和传统佛教一以贯之，亦能接洽近代中国的新思潮和新局面。

本书第六章到第十一章旨在探讨中国佛教艺术中的慈悲精神。从东汉末年三国纷争，经两晋、十六国、南北朝的分裂，到隋重新统一中国，这四百多年，无疑是大乘思想萌芽、发展并落足中土的关键时期。作为中国佛教主体的大乘思想是如何于治乱更迭、华梵劙荡中确立的？既然大小乘经典同时被翻译成汉语，中国人何以独择大乘？大乘思想如何为各个社会阶层接纳，并在政治、经济、制度、伦理、文化、艺术、风俗等方面呈现出来？发覆"中国佛教艺术中的慈悲精神"，我们实际上是要讨论这样一个问题：如果大小乘佛经是同时传译的，大乘思想如何在中国中古早期获得传播并扎根，最终成为中国文化的要素，参与建构和定义了中国文化？如何通过对中国历史时空中的佛教艺术遗存的考察，解读大乘思想的传播策略，还原大乘思想的流布线索，甚或体认兴乱无常国土危脆之际，帝王之所谋、精英之所虑和民众之所求？

通观隋唐以前的佛教传世文献和文物遗存，我们约略总结出大乘佛教慈悲思想在中国社会的演进线索：大乘佛教的菩萨道成佛思想和转轮王（又称"转轮圣王""轮王"）思想为帝王尤其是少数民族政权所采纳并应用于治国之术；大乘佛教般若思想，在哲学上开出了中观思想，在伦理上开出了慈悲济度思想，在宗教上开出了菩萨道修行思想，知识阶层以此会通儒家仁学思想；在自利的修行中，则以实践空观的般舟三昧为主，三昧即禅定，因此而有不同的禅定理论、禅定教学，并产生了用以观想和禅定的石窟；而民众教化和日常生活中的大乘慈悲观念，则落脚在素食、放生、孝慈、神通、报应、斋戒、方术、祠祀等礼俗和文化习惯中。同时，由于佛教僧人的推动，民众中并有弥勒信仰、观音信仰、法华信仰、阿弥陀佛信仰和东西方净土信仰等信仰形态，这些信仰形态通过造像、壁画、说唱文学等形式表达和传播，"石窟"这种中土未曾有的神圣空间，以及"变文""变相""梵呗""赞偈"等中土未曾有的新的艺术体例的出现，莫不和大乘佛教的传播相关。

尔时有佛，尔时所化。根据以上线索，本书择取中国历史时空中七个佛教艺术案例，把分散于其中的大乘佛教慈悲精神抟以成形。

第六章"化声与化身：音声与佛像中的慈悲教化"立足佛教义理，讨论佛慈悲教化的方式：以何媒介、以何形式、何以如此。依照佛经，所谓"佛教"，就是菩萨证悟成佛后开始说法，向众生教授其在甚深禅定中之所见。这是慈悲的本源。佛最先开始说法，调用了两种"神通"去实现慈悲教化："无量音声"和"变化其身"。"化声"观是佛教音声的基石，后世总结的"音声佛事"，就是佛用音声慈悲教化；"化身"观是佛教造像的基石，故佛教有"像教"之称。该章讨论了大乘佛教音声理论以及佛教传入中国后出现的"音声佛事"，以呈现"化声说教"；又讨论了源自《法华经》的经典佛造像样式"二佛并坐"和丝绸之路沿线出土的"双头分身瑞像"，分别呈现"化身说教"中的两种类型，即"化无量身遍无量界"和"为破众生贫穷困苦"。前者表法"智慧"、"实相"和"般若"，后者表法"慈悲"、"利他"和"平等心"。

第七章"大舍：本生壁画中的慈悲之路"以中国佛教艺术遗存中的本生故事图像为例，探讨大乘佛教慈悲精神的渊薮——本生经，并从中国石窟壁画中的"舍身"类本生图像切入大乘慈悲精神的讨论。佛在过去生的修行事迹是对菩提心、慈悲心的最好诠释，以大乘的佛陀观，不论过去、现在和未来，佛都是理想的佛，具足了大智慧和大慈悲。"本生""譬喻""因缘"的主人公，可以是六道轮回中的各类生命形态，但都是佛的法身的示现，佛以此示范何为菩提心、何为空性见、何为大悲行。本生故事以壁画、雕刻的方式呈现，即本生图像。本生图像的精神内核就是"大慈大悲"，所谓"大"，体现在"六道平等，怨亲无别，四大皆空，舍己利他"，本生图像的内容离不开对这四种精神特指的诠释。本生故事中的主人公对生命的认识建立在"空观"上，并把"利他"作为最高价值而践行，这是几乎所有本生故事的义理基础。作为"大慈大悲"精神的直接图解，该章以"萨埵太子舍身饲虎"本生故事为例探讨了"舍身"类本生故事的义理基础，通过对比克孜尔石窟和敦煌石窟中同类题材图像，呈现佛教东传过程中，慈悲精神的图像表达经历了从"悲观"到"悲济"的变化。该章还介绍了"六牙白象本生""尸毗王本生""忍辱仙人本生""须大拿太子本生"等对菩萨的成佛之路有特定意义的修行事迹及相关图像在中国的分布情况。

第八章"大慈：石窟中的转轮圣王"以石窟中的转轮圣王为例，考察大乘佛教慈悲思想如何影响中古早期国家意识形态的选择和确立。转轮圣王治国思想得之于大乘佛教慈悲思想和贵霜王朝政治实践的相互结合，其在中土传统王权观之外提供了另一种政权合法性来源。从后赵始，转轮圣王治国思想获得胡人政权的认同，成为胡人政权实现"君临诸夏"的意识形态工具。自北凉始，石窟成为转轮圣王治国思想最好的表法载体。水泉石窟主尊的"二佛并立"模式和胡灵太后的佛教政治理想相关联，北响堂"高洋三窟"的转轮圣王坐姿正是大乘佛教慈悲思想的表法符号，也和北齐文宣帝的佛教治国方案密切相关。

　　第九章"平等：'七世父母'与庶民之祭"以汉译《佛说盂兰盆经》中的"七世父母"思想为切入点，通过藏内汉译佛经，梳理作为知识和观念的"七世父母"的教理依据；通过中古时期的造像记、写经题记等，考察作为民众信仰的"七世父母"从佛教经典进入社会生活的途径。"七世父母"最早出现在支娄迦谶译《道行般若经》中，这部经是最早传译的大乘佛经之一，是大乘佛教慈悲思想在中土传播的滥觞。在西晋竺法护译《佛说盂兰盆经》中，"七世父母"和"所生父母"对举，两者共同成为救助和济拔的对象，这是大乘佛教慈悲思想的应有之义。"七世父母"是佛教缘起平等观念的表达，虽然在汉语语境中也被理解为代际的血缘关系。唐代高僧宗密在《佛说盂兰盆经疏》中发覆了"七世父母"的佛教意蕴，并把盂兰盆会仪式作为悲智六度法门予以强调。"七世父母"的"七"和"天子七庙"的"七"有内在关联，前者代表佛教追求的最高境界——"解脱""圆满"，后者对应儒家礼制中庙祭的最高等级。按儒家礼制，庶民无庙，不配祭祀七代祖先，佛教却鼓励庶民为"七世父母"荐福禳灾，平等济拔六道众生。作为来自佛教译经的新观念，"七世父母"乃中土文化所未曾有。"父母"即"生身父母"，这在儒家知识和观念系统里是不言而喻的。佛教把"父母"分成"生身父母"和"七世父母"，迫使儒家重新思考孝道乃至忠孝思想的边界。

借助"七世父母"这一独特的知识和观念，作为信仰的佛教得以在民众中获得一席之地。《佛说盂兰盆经》中规划的下及庶民的祭祀祖先方案，挑战儒家的宗法等级，契合大乘佛教慈悲精神和平等观念，"七世父母"成为《佛说盂兰盆经》对中土观念和伦理的独特贡献。在南朝，盂兰盆会成为佛门主导的孝亲祭祀仪式，惠及庶民；在北朝，虽然《佛说盂兰盆经》未被民众抄写，但大量造像碑题记和敦煌写经题记显示，"七世父母"成为庶民祈愿祝福的对象，乃至进入儒家传统的家国系统，得以和皇帝、国家、师长等并列。我们看到《佛说盂兰盆经》自西晋竺法护译出后在中古社会流布的轨迹：在"目连救母"故事因僧人讲唱而传播的同时，"七世父母"观念以及相应的佛教祭祀仪式也在民众中潜移默运。梳理"七世父母"在观念世界的生成和在中古生活世界的流布，旨在呈现大乘佛教慈悲观念如何进入中国思想文化，佛教慈悲精神如何参与塑造中国文化精神。

第十章"报恩：从观念到艺术"以汉译《大方便佛报恩经》为例，梳理大乘慈悲思想如何随着佛经传译，通过观念的建构、习俗的渗透和艺术的表达进入中国文化时空，成为中国文化的有机组成部分。大乘佛教慈悲精神，在世间法中，在六道中，落实在"上报四重恩、下济三途苦"的利他行动，以平等的缘起法为理论依据的报恩思想乃慈悲精神的应有之义。从汉译佛教经典《大方便佛报恩经》，到视觉化的"报恩经变相"和说唱化的"报恩经变文"（《双恩记》），"慈悲"从经典中抽象的观念，敷衍为生动的艺术形式，以视听打动百姓情感，以形象完成日常教化，在随俗中化俗，在化俗中寻找佛教自身的"中国化"道路。

第十一章"大悲：文学与美术中的《观音传》"以《观音传》和妙善公主故事壁画为例，考察大乘佛教慈悲精神如何与中国本土孝道思想相结合。观音身世和因地修行事迹在大乘佛典中的缺失，导致唐以前观音成道类变文和变相的缺失。千手千眼大悲观音为观音大悲行门表法，妙善公主的故事是从中国本土诞生的大悲观音本生，据此创作的妙善公主故事壁画，相当于大悲观音变相中的妙善本生变相或大悲观音成道变相。这两种本土变文和变相弥补了观音成道类变文和相关故事性图像缺失的遗憾，是大乘佛教精神在中国文化时空中合乎逻辑的呈现，是佛教中国化的特殊案例。同时，作为本土创造的观音本生故事，妙善成道的每一个环节皆和大乘佛教六度思想若合符契，分析妙善孝亲故事中的大乘思想，可以得出这样的结论：以平等为内核的大乘佛教思想，以儒家孝道思想为"善巧方便"，完成了其在中国社会的表法和传播。

第一章

传译与载道：慈悲进入中国

在佛经传译之前，中土思想和文化中并没有"慈悲"这个双音词以及与之相应的思想和观念，"慈"和"悲"皆单独使用，生发出各自的意义系统，未见有把"慈"和"悲"合并使用的例子。在汉语佛经所从移译的梵文或巴利文中，"慈悲"亦并无一个专属词，"慈"和"悲"也是各自独立的。"慈"对应的巴利语 metta、梵语 maitri（或maitra），原意是"真实的友情""纯粹亲爱之念"；"悲"对应的巴利语或梵语 karuna，在印度一般文献中代表"爱怜""同情""温柔""有情"。我们要探寻的问题是，最早的译经者何以选择汉字"慈"与"悲"，用来匹配外来词，并生成汉语新词"慈悲"以表法佛教的根本精神。

事实上，最早的译经家选择"悲"，把大乘佛教的核心观念和根本精神赋以文字之形，并将之和"慈"一起并称"慈悲"，和东汉末年的"悲音为美（善）"观念密切相关。在中国固有文化中，"悲"是一种极为重要的音乐风格，与"悲"相关的观念变迁是华夏礼乐文明生成史的一部分。慈悲观念在中国文化传统中得以扎根，这一事件的源头，当抽丝剥茧，追溯至中土礼乐教化观念中的"慈"与"悲"。

第一节　中国礼乐文化中的"慈"和"悲"

以周公制礼作乐为标志，中土礼乐文化传统有了明确的开端，但其精神气质的确立则成于孔子。一般以"周公制礼作乐"的记载为礼乐文化的滥觞，但周公当本于更早的文明传统，如孔子言："周监于二代，郁郁乎文哉！吾从周。"（《论语·八佾》）① 故有"三代礼乐"之称。"乐合同，礼别异"，② 礼乐对内和同人心，对外差异等级，成为西周宗法社会道德和秩序的源泉。在周代，最上等的音乐是能匹配上天之德的音乐，"雷出地奋，豫；先王以作乐崇德，殷荐之上帝，以配祖考"。③ 这种音乐，具有雷霆万钧、大地震动的感通天地的力量，只有上帝、王的祖先和王本人才能相配，人心在怵惕敬畏中接受王道教化。儒家的诞生与周代礼乐系统密切相关，更是主张把"礼乐"作为统治和教化的利器："移风易俗，莫善于乐；安上治民，莫善于礼。"（《孝经·广要道》）④ "是故先王之制礼乐也，非以极口腹耳目之欲也，将以教民平好恶，而反人道之正也。"（《礼记·乐记》）⑤ "反人道之正"，是儒家对于"乐"的教化功能的基本期待。而人道之正，乃系于天道之正。

《左传·昭公二十五年》载赵简子向子太叔问什么是"礼"，子太叔对曰：

---

① （清）刘宝楠：《论语正义》，影印《诸子集成》第 1 册，第 56 页。

② （清）王先谦：《荀子集解》，影印《诸子集成》第 2 册，第 255 页。

③ 黄寿祺、张善文撰《周易译注》，上海古籍出版社，1989，第 146 页。

④ （唐）李隆基注，（宋）邢昺疏，金良年整理《孝经注疏》，上海古籍出版社，2009，第 62 页。

⑤ 杨天宇撰《礼记译注》，上海古籍出版社，1997，第 631 页。

吉也闻诸先大夫子产曰:"夫礼, 天之经也, 地之义也, 民之行也。"天地之经, 而民实则之。则天之明, 因地之性, 生其六气, 用其五行。气为五味, 发为五色, 章为五声。淫则昏乱, 民失其性。是故为礼以奉之: 为六畜、五牲、三牺, 以奉五味; 为九文、六采、五章, 以奉五色; 为九歌、八风、七音、六律, 以奉五声; 为君臣上下, 以则地义; 为夫妇外内, 以经二物; 为父子、兄弟、姑姊、甥舅、昏媾、姻亚, 以象天明; 为政事、庸力、行务, 以从四时; 为刑罚威狱, 使民畏忌, 以类其震曜杀戮; 为温慈惠和, 以效天之生殖长育。①

"温慈惠和", 也就是"慈"与"和", 乃上天之德。《说文解字》释: "慈, 爱也。"② 慈从兹从心, 由心生发的爱的情感是"慈"的本义。《诗经·大雅·皇矣》有"克顺克比"一句, 毛传:"慈和遍服曰顺。"孔颖达疏引服虔曰:"上爱下曰慈。"③ 礼乃"天经地义", 最后要落实在人事。故对天之慈德的模仿和遵行, 就是体现在父对子、兄对弟等人伦关系中的"慈爱"。《大学》载:"为人君, 止于仁; 为人臣, 止于敬; 为人子, 止于孝; 为人父, 止于慈; 与国人交, 止于信。"④ 这是儒家宗法制度的纲要, "仁"和"敬"乃"君君臣臣"的德目, "慈"和"孝"乃"父父子子"的德目。家国同构, 齐家依于慈孝, 立国依于仁敬, 各安其位, 相互成全, 则天道通畅, 人事和顺, 天下太平。

老子《道德经》第六十七章载:"我有三宝, 持而保之。一曰慈,

① 杨伯峻编著《春秋左传注》(修订本), 中华书局, 1990, 第1457—1458页。
② (汉)许慎撰《说文解字》, 中华书局, 1963, 第218页。
③ 《诗经·大雅》,(清)阮元校刻《十三经注疏》, 中华书局, 1980, 第520页。
④ (宋)朱熹撰《四书章句集注》, 中华书局, 1983, 第5页。

二曰俭，三曰不敢为天下先。慈故能勇，俭故能广，不敢为天下先，故能成器长。今舍慈且勇，舍俭且广，舍后且先，死矣。夫慈，以战则胜，以守则固。天将救之，以慈卫之。"① 老子的"慈"，既是终极价值——自然之"道"，亦是道路与方法。作为"道路"的"慈"，乃"任万物之自然"。这种"任"，从圣人和百姓的关系中可见一斑："圣人无常心，以百姓心为心。善者，吾善之；不善者，吾亦善之；德善。信者，吾信之；不信者，吾亦信之；德信。圣人在天下，歙歙焉，为天下浑其心。百姓皆注其耳目，圣人皆孩之。"② 圣人不以自己是圣人而干涉百姓的心意，圣人的心是能全然与百姓同构的心，他不执着于自我之心，而是以百姓之心为己心、以百姓的耳目为耳目。圣人这种普遍平等的关切，最终成就百姓彼此之间普遍平等的关切。"故圣人云我无为而民自化，我好静而民自正，我无事而民自富，我无欲而民自朴。"③ 作为方法的"慈"，乃运用高明的手段。圣人关切对象不限于"人"和"物"，且圣人有最恰当的方法去救人和救物，故圣人不会舍弃任何人与物："是以圣人常善救人，故无弃人；常善救物，故无弃物。是谓袭明。"④

雅乐五声中，"角声"和"商声"能表达人性中的"慈爱"，抒发恻隐之情。《白虎通义》卷三载："闻角声，莫不恻隐而慈者；闻徵声，莫不喜养好施者；闻商声，莫不刚断而立事者；闻羽声，莫不深思而远虑

---

① （三国·魏）王弼注《老子注》，影印《诸子集成》第 3 册，第 41 页。

② （三国·魏）王弼注《老子注》，影印《诸子集成》第 3 册，第 30 页。刘笑敢谓，王弼本脱"百姓皆注其耳目"一句，"然王弼注云'百姓各皆注其耳目焉，吾皆孩之而已'，可见王弼本原本有此句，俞樾、朱谦之等皆补之"。刘笑敢：《老子古今：五种对勘与析评引论》，中国社会科学出版社，2006，第 488—489 页。

③ （三国·魏）王弼注《老子注》，影印《诸子集成》第 3 册，第 35 页。

④ （三国·魏）王弼注《老子注》，影印《诸子集成》第 3 册，第 15—16 页。

者；闻宫声，莫不温润而宽和者也。"① 《礼记·乐记》载："肆直而慈爱者，宜歌《商》，温良而能断者，宜歌《齐》。夫歌者，直己而陈德也，动己而天地应焉，四时和焉，星辰理焉，万物育焉。""宽而静、柔而正者，宜歌《颂》；广大而静、疏达而信者，宜歌《大雅》；恭俭而好礼者，宜歌《小雅》；正直而静、廉而谦者，宜歌《风》。"② "志微、噍杀之音作，而民思忧；啴谐、慢易、繁文、简节之音作，而民康乐；粗厉、猛起、奋末、广贲之音作，而民刚毅；康直、劲正、庄诚之音作，而民肃敬；宽裕、肉好、顺成、和动之音作，而民慈爱；流辟、邪散、狄成、涤滥之音作，而民淫乱。"③

总之，"慈"是上天生育万物的德性，也是圣人无为化民的德性。父母对子女的生养是慈，国君对臣民的仁爱是慈，圣人对百姓的不离不弃亦不干涉也是慈。儒家认为，只有通过制礼作乐，人才能感应天道，并作用于人事。"慈"是上天之德，自然是儒家礼乐教化的理想；道家的"慈"则具有"清净无为"的特征，强调凡圣之间的平等。不管儒家还是道家，都认为"慈"是一种周遍无外的恻隐之心和卓尔不凡的共情能力。在儒家礼乐文化框架下，"慈"在雅乐的五音范围之内，商声和角声能表现慈。"其爱心感者，其声和以柔"（《礼记·乐记》）④，与"慈"相应的音乐风格主要特征是"和"与"柔"。

与"正"相关的是"雅"，所谓"雅正"；与"雅乐"相对的是"郑声"。"子曰：恶紫之夺朱也，恶郑声之乱雅乐也，恶利口之覆邦家者。"（《论语·阳货》）⑤ 西周礼乐制度有两个特征：一是规定等级，二是规

---

① （清）陈立撰《白虎通疏证》卷三《礼乐》，吴则虞点校，中华书局，1994，第95页。

② 杨天宇撰《礼记译注》，第674页。

③ 杨天宇撰《礼记译注》，第645页。

④ 杨天宇撰《礼记译注》，第628页。

⑤ （清）刘宝楠：《论语正义》，影印《诸子集成》第1册，第379页。

定祭祀、朝贺、宴飨所用音乐必须是雅乐。雅乐意味着遵从礼仪、形制、场合等礼制规范，这些规范符合天道，有益于生发人内心和天道之间的感应。雅正也意味着对过度的欲望进行约束和节制：以雅乐之中和，利导人心之平正；以人心之平正，得风俗之淳厚和家国之安宁。孔子闻韶乐，三月不知肉味，谓之"尽美矣，又尽善也"（《论语·八佾》）①，《大韶》就是传说中的"六代（从黄帝到西周）雅乐"之一，孔子向往三代礼乐，提倡"行夏之时，乘殷之辂，服周之冕，乐则韶舞"。孔子告诫要"放郑声，远佞人"，因为"郑声淫，佞人殆"（《论语·卫灵公》）。② 孔子担心"人无远虑，必有近忧"（《论语·卫灵公》）③，慨然而叹"吾未见好德如好色者"（《论语·子罕》）④。"郑声"意味着人对情感和欲望的盲目放纵，连"最为好古"的魏文侯都不得不对子夏抱怨"寡人听古乐则欲寐，及闻郑卫，余不知倦焉"⑤，可见"礼崩乐坏"导致人性不再得到适宜的教化和引导，人心不知节制，被滥情蒙蔽，失去了和天道的感通，乃至昏寐颠倒，好色甚于好德。"郑卫之音，乱世之音也。"（《礼记·乐记》）⑥ 世道之乱，始于人心之乱；人心之乱，始于雅音不彰；雅音不彰，则郑卫之音入，天道和人心之间失去了沟通媒介，人走上自我放逐之路。

如何阻止郑卫之音侵入雅正之音？扬雄《法言》卷三有一段对话：

---

① （清）刘宝楠：《论语正义》，影印《诸子集成》第1册，第73页。
② （清）刘宝楠：《论语正义》，影印《诸子集成》第1册，第337—339页。
③ （清）刘宝楠：《论语正义》，影印《诸子集成》第1册，第340页。
④ （清）刘宝楠：《论语正义》，影印《诸子集成》第1册，第188页。
⑤ （汉）班固撰《汉书》卷二十二《礼乐志》，中华书局，1962，第1042页。《礼记·乐记》有类似的记载："魏文侯问于子夏曰：'吾端冕而听古乐，则唯恐卧。听郑卫之音，则不知倦。'"杨天宇撰《礼记译注》，第656页。
⑥ 杨天宇撰《礼记译注》，第630页。

　　或问："交五声、十二律也，或雅或郑，何也？"曰："中正则雅，多哇则郑。""请问本？"曰："黄钟以生之，中正以平之，确乎郑卫不能入也。"①

"多哇"，晋代李轨注曰"淫声繁越也"，用黄钟律来产生其余的律，用中正的原则来节制音调，就能遏制"郑声"。

"中正以平之"的"平"，解为"节制"。如何做到"节制"？或可从《左传》"相成"和"相济"两种状态中获得启示："一气、二体、三类、四物、五声、六律、七音、八风、九歌，以相成也；清浊、大小、短长、疾徐、哀乐、刚柔、迟速、高下、出入、周疏，以相济也。君子听之，以平其心。心平，德和。"②"相成"是发声过程中各种因素的互相成就，"相济"是乐音中各种情绪的互相调和。而这些情绪，源于人心之"感"和"动"："乐者，音之所由生也，其本在人心之感于物也。是故其哀心感者，其声噍以杀；其乐心感者，其声啴以缓；其喜心感者，其声发以散；其怒心感者，其声粗以厉；其敬心感者，其声直以廉；其爱心感者，其声和以柔。六者非性也，感于物而后动。"③

那么郑声属于以上哪一种呢？钱穆在《论语新解》中说："声过于乐则淫。乐之五音十二律长短高下皆当有节。郑声靡曼幻眇，失中正和平之气，使听者导欲增悲，沉溺而忘返，故曰淫。"④ 显然钱穆把郑声

---

① （清）汪荣宝撰《法言义疏》，陈仲夫点校，中华书局，1987，第53页。

② 杨伯峻编著《春秋左传注》（修订本），第1420页。

③ 杨天宇撰《礼记译注》，第627—628页。

④ 钱穆：《论语新解》，三联书店，2002，第404—405页。这段解说，取自陈启源之论："古之言淫多矣……皆言过其常度耳。乐之五音十二律长短高下皆有节焉。郑声靡曼幻眇，无中正和平之致，使闻之者导欲增悲，沉溺而忘返，故曰淫也。"（清）陈启源：《毛诗稽古编》卷五，山东友谊书社，1991，第170页。

的特点归纳为二，分别是过度的乐和顺从欲望而产生的悲。"过度"，换一种说法就是不对欲望进行节制，也就是说，"乐心"可以有，"过度"则成"淫"；"悲心"和"乐心"不一样，"悲心"本于感官欲望的泛滥，从源头开始就比"乐心"多一层原罪。"其乐心感者，其声啴以缓"，这正是雅乐的风格；"其哀心感者，其声噍以杀"，此处"哀"和"悲"基本同义。适度的"乐心"发出的乐音有"雅正"之德，悲哀之心发出的乐音，很可能有"郑声"的负面效果。

《礼记·孔子闲居》中，孔子答子夏问时说："志之所至，诗亦至焉；诗之所至，礼亦至焉；礼之所至，乐亦至焉；乐之所至，哀亦至焉，哀乐相生。"[①] 此句中第二个"乐"，从历代注疏看，乃兼备"礼乐"和"哀乐"两种意思，中间省略的判断是"乐之所至则乐亦至焉"。荀子明确把经过"乐"（礼乐）约束和陶冶后的人的心理状态摹画为"乐"（和乐），所谓"致乐（和乐）以治心"。如《礼记·乐记》中说："致乐以治心，则易、直、子、谅之心，油然生矣。易、直、子、谅之心生则乐，乐则安，安则久，久则天，天则神。天则不言而信，神则不怒而威，致乐以治心者也。致礼以治躬则庄敬，庄敬则严威。"[②] 礼能令人的行为举止庄敬威严，乐能令人的内心和乐充盈，礼乐并治、雅正和乐，儒家生命理想和社会理想盖寄托于"乐"之一字而已矣。

"悲"和"哀"都是"乐"的反面，两者很相近。但"哀"偏向于哀伤的情绪，如春秋时郑国卿大夫子产认为，人从自然界"六气"中感得六种情绪，六种情绪以六种行为方式表达，这六种情绪都需要加以约束，不能放逸："民有好、恶、喜、怒、哀、乐，生于六气。是故审

---

① 　杨天宇撰《礼记译注》，第 874 页。
② 　杨天宇撰《礼记译注》，第 669—670 页。

则宜类，以制六志。哀有哭泣，乐有歌舞，喜有施舍，怒有战斗；喜生于好，怒生于恶。是故审行信令，祸福赏罚，以制死生。生，好物也；死，恶物也；好物，乐也；恶物，哀也。哀乐不失，乃能协于天地之性，是以长久。"[1] "悲"偏向于音声品格，春秋时吴公子季札听完了卫国最著名的音乐家孙林父的演奏后，说："不乐，音大悲，使卫乱乃此矣。"[2] 《淮南子·泰族训》："今取怨思之声，施之于弦管，闻其音者，不淫则悲。淫则乱男女之辨，悲则感怨思之气，岂所谓乐哉？"[3] 哀怨的情绪落在弦管上，则生发出"悲音"——"哀"和"悲"的关系大致如是。

既然"德音之谓乐"，何以孔子删定的诗教教材《诗经》中有"黍离之悲"？诗乐同源，诗教温柔敦厚，乐教广博易良，礼教恭俭庄敬。[4] 而且，《黍离》篇乃《王风》第一篇，《王风》是成周王城一带流传的诗。"彼黍离离，彼稷之苗。行迈靡靡，中心摇摇。知我者，谓我心忧，不知我者，谓我何求。悠悠苍天，此何人哉？"[5] 何以《小雅》——雅正的西周作品——有"昔我往矣，杨柳依依；今我来思，雨雪霏霏。行道迟迟，载渴载饥。我心伤悲，莫知我哀"[6] 这样的悲伤哀怨之作？"诗三百，一言以蔽之，曰：思无邪。"（《论语·为政》）[7] 在孔子心目中，面对"礼崩乐坏"，难免怨刺伤怀、情动中，只要符合

---

[1] 杨伯峻编著《春秋左传注》（修订本），第 1458—1459 页。

[2] （汉）司马迁撰《史记》卷三十七《卫康叔世家》，中华书局，1982，第 1598 页。

[3] （汉）刘安著，（汉）高诱注《淮南子》，影印《诸子集成》第 7 册，第 365 页。

[4] 《礼记·经解》："其为人也，温柔敦厚，《诗》教也"，"广博易良，《乐》教也"，"恭俭庄敬，《礼》教也"。杨天宇撰《礼记译注》，第 849 页。

[5] 程俊英译注《诗经译注》，上海古籍出版社，1985，第 121 页。

[6] 程俊英译注《诗经译注》，第 304 页。

[7] （清）刘宝楠：《论语正义》，影印《诸子集成》第 1 册，第 21 页。

"哀而不伤、怨而不怒"的中和原则，"悲哀"就不在禁止之列。

钱锺书在《管锥编》中有一个著名论断："奏乐以生悲为善音，听乐以能悲为知音，汉魏六朝，风尚如斯。"① 孔子论韶乐："尽美矣，又尽善也。"（《论语·八佾》）② "子在齐闻《韶》，三月不知肉味，曰：'不图为乐之至于斯也。'"（《论语·述而》）③《汉书·艺文志》云："孔子适齐闻《韶》，三月不知肉味，曰'不图为乐之至于斯'。美之甚也。"④ 钱穆注曰："尽美：指其声容之表于外者。如乐之音调，舞之阵容之类。尽善：指其声容之蕴于内者。乃指乐舞中所涵蕴之意义言。"⑤ 和"以悲为善"比，"以悲为美"或许更适合概括音声风尚。如《诗经》所呈现的，"悲美"的音声（诗乐不分）不仅见于汉魏六朝，在先秦亦时有所见。那么，在乐音才是治国治心的雅正之音，而"哀声""悲音"几成乱国乱性的"郑卫之音"的主流意识形态中，"悲音为美（善）"如何能成为潜流，且日渐彰显，乃至六朝之时反客为主、蔚然成风呢？

雅正之音（德音、乐音）来自天道的教化和圣人的垂范，是实现天人合一的终极理想的必由之路。如果说雅乐得之于天道而感之于人心，那么悲音则得之于自然界中的神秘力量，比如雨师风伯、虎狼鬼神等破坏性力量。在礼崩乐坏的过程中，失去了约束和教化的人感通天道（正音、和乐之音）的能力越来越弱，感通悲音的能力却越来越强。故春秋时期的晋平公听师涓弹琴，先从清商中听出了悲，问："清商固最悲乎？"师旷说不如清徵。平公求听，师旷被迫弹奏，引来一群玄鹤，列

① 钱锺书：《管锥编》，中华书局，1979，第946页。
② （清）刘宝楠：《论语正义》，影印《诸子集成》第1册，第73页。
③ （清）刘宝楠：《论语正义》，影印《诸子集成》第1册，第141页。
④ （汉）班固撰《汉书》卷二十二《礼乐志》，第1039页。
⑤ 钱穆：《论语新解》，第81页。

队而鸣，舒翼而舞。平公又问："音莫悲于清徵乎？"师旷说不如清角。平公求听，"师旷不得已而鼓之"，结果有玄云起，再奏则大风大雨，"裂帷幕，破俎豆，隳廊瓦"。座中人惊恐之极，平公吓得伏于廊室之间。不久晋国大旱三年，平公也得了重病。根据师旷的讲述，清商乃商纣王时乐人师延所作的靡靡之乐，武王伐纣，师延自投濮水，"故闻此声者必于濮水之上"，"先闻此声者其国必削"。清角的破坏力更大——"昔者黄帝合鬼神于泰山之上，驾象车而六蛟龙，毕方并辖，蚩尤居前，风伯进扫，雨师洒道，虎狼在前，鬼神在后，腾蛇伏地，凤凰覆上，大合鬼神，作为《清角》"（《韩非子·十过》）[1]。师旷劝诫晋平公德薄之人不可听，听之将恐有败。平公坚持要听，果然招致天灾人祸。其后韩赵魏三家分晋，魏文侯对子夏抱怨听雅乐昏昏欲睡，听郑卫之音却不知疲倦，子夏反复伸张辩解，都不被采纳。《汉书·礼乐志》把这一事件视为礼崩乐坏的标志："自此礼乐丧矣！"[2] 礼崩乐坏的过程也是人心感知"乐"的能力日渐迟钝、感知"悲"的能力日渐敏锐的过程。悲音越来越容易侵入人心了。

礼乐的精髓在于等级秩序，周王室认可三家分晋，此乃礼崩乐坏的标志性事件，战国时代由此拉开帷幕。"七雄"中，楚地巫风盛，悲声多，如《楚辞》常怀忧含戚，或"哀时命"，或"悲回风"；燕赵清曲"音响一何悲，弦急知柱促"（古诗十九首《东城高且长》）[3]，"赵、中山地薄人众，犹有沙丘纣淫乱余民。丈夫相聚游戏，悲歌慷慨，起则椎剽掘冢，作奸巧，多弄物，为倡优。女子弹弦跕屣，游媚富贵，遍诸侯

---

① （清）王先谦：《韩非子集解》，影印《诸子集成》第1册，第43—44页。
② （汉）班固撰《汉书》卷二十二《礼乐志》，第1042页。
③ 逯钦立辑校《先秦汉魏晋南北朝诗》"汉诗"卷十二，中华书局，1983，第332页。

之后宫"。① 所谓燕赵"慷慨悲歌"，其实是此地倡优的本色当行，本义乃关乎声色之娱。及至荆轲渡易水刺秦，这种有感染力的"悲歌"才被披上正义的外衣。齐地善歌哀曲，西汉的两首挽歌《蒿里》和《薤露》相传出自田横门下客，汉武帝时经李延年改造而风行。《汉书》的《艺文志》和《礼乐志》都提到"赵、代、秦、楚之讴"，代讴流行于代郡周边，以胡乐为主体，是游牧民族的音乐风尚。游牧民族多用角、笳、箫等乐器，这些乐器善发悲音。

《汉书·礼乐志》慨叹："周室大坏，诸侯恣行……陪臣管仲、季氏之属，三归《雍》彻，八佾舞庭，制度遂坏，陵夷而不反。桑间、濮上，郑、卫、宋、赵之声并出……庶人以求利，列国以相间……自此礼乐丧矣。"② 战国时期各诸侯国的新声和悲音一路流布至汉王朝。孔子曰："殷因于夏礼，所损益，可知也；周因于殷礼，所损益，可知也。其或继周者，百世可知也。"（《论语·为政》）③《汉书·礼乐志》以为："今大汉继周，久旷大仪，未有立礼成乐，此贾谊、仲舒、王吉、刘向之徒所为发愤而增叹也。"④

礼乐未立，难免有新调填补空白，"楚声"因为帝王的偏爱而占领了先机。秦末楚汉战争的双方首领项羽和刘邦均出自西楚，那里属于楚文化的流风所及之地。刘邦军队以"四面楚歌"击溃项羽军队的心理防线。汉高祖刘邦既定天下，"过沛，与故人父老相乐，醉酒欢哀，作'风起'之诗，令沛中僮儿百二十人习而歌之"。⑤ 醉酒尽欢之时，悲哀之情也随之而起，即所谓"欢哀"，遂唱《大风歌》。《大风歌》即楚地音

① （汉）班固撰《汉书》卷二十八下《地理志下》，第1655页。
② （汉）班固撰《汉书》卷二十二《礼乐志》，第1042页。
③ （清）刘宝楠：《论语正义》，影印《诸子集成》第1册，第39页。
④ （汉）班固撰《汉书》卷二十二《礼乐志》，第1075页。
⑤ （汉）班固撰《汉书》卷二十二《礼乐志》，第1045页。

声，亦"慷慨悲歌"之属。先前好为倡优的赵国和中山国男儿相聚游戏时唱的"慷慨悲歌"，终于因帝王的崇尚而进入主流。"汉初雅乐，既已沦亡殆尽，故不得不别寻新调，取其雅乐而代之者，则楚声也。楚声在汉乐府中，时代最早，地位最高，力量亦最大。"[①]"悲"成为一代新风并蔚为大观，概起始于汉代。

"欢哀"，极欢乐之时，悲哀突如其来。《淮南子·原道训》："夫建钟鼓，列管弦，席旃茵，傅旄象，耳听朝歌北鄙靡靡之乐，齐靡曼之色，陈酒行觞，夜以继日，强弩弋高鸟，走犬逐狡兔：此其为乐也，炎炎赫赫，怵然若有所诱慕。解车休马，罢酒彻乐，而心忽然若有所丧，怅然若有所亡也。是何则？不以内乐外，而以外乐内；乐作而喜，曲终而悲；悲喜转而相生，精神乱营，不得须臾平。察其所以，不得其形，而日以伤生，失其得者也。"[②] 又如《抱朴子·畅玄》："然乐极则哀集，至盈必有亏，故曲终则叹发，燕罢则心悲也。实理势之攸召，犹影响之相归也。"[③] 这种沉痛的生命体验，当相承于道家的老子和庄子。"天地尚不能久，而况于人乎？"（《道德经》第二十三章）[④]"人生天地之间，若白驹之过隙，忽然而已。""乐未毕也，哀又继之。哀乐之来，吾不能御，其去，弗能止。悲夫！世人直为物逆旅耳！"（《庄子·知北游》）[⑤]钱锺书旁征博引，进而论曰："人情乐极生悲，自属寻常，悲极生乐，斯境罕证……忘悲减痛则有之，生欢恋喜犹未许在。"[⑥] 乐有所恃、有所

---

① 萧涤非：《汉魏六朝乐府文学史》，人民文学出版社，1984，第28页。

② （汉）刘安著，（汉）高诱注《淮南子》，影印《诸子集成》第7册，第14页。

③ （晋）葛洪：《抱朴子》，影印《诸子集成》第8册，第1页。

④ （三国·魏）王弼注《老子注》，影印《诸子集成》第3册，第13页。

⑤ （清）郭庆藩辑《庄子集释》，影印《诸子集成》第3册，第325、334页。

⑥ 钱锺书：《管锥编》，第884页。

求，依于外在的条件。美好的音乐响起时，快乐随之而起，曲终，快乐散失，伤悲顿时生起。寻求快乐乃生而为人的欲望使然，然而，人寿有限，而宇宙无限。以有限而思量无限，以有条件的快乐而思量永恒的存在，悲从中起。苦是人生的底色，悲，传达了觉悟"人生之苦"后的情绪状态。

　　琴音历来被视作"德音""正音"，"舜弹五弦之琴，歌南风之诗，而天下治"[1]，汉儒更直截了当："琴者，禁也，所以禁止淫邪，正人心也。"[2] 然而到了东汉，琴曲也以演绎悲音为上乘，且琴曲之悲，被附会于伯牙。如传为蔡邕撰的《琴操》中提到伯牙学琴逸事："伯牙学琴于成连先生。先生曰：'吾能传曲，而不能移情。吾师有方子春者，善于琴，能作人之情，今在东海上，子能与我同事之乎？'伯牙曰：'夫子有命，敢不敬从？'乃相与至海上，见子春受业焉。"[3] 这是中国史籍中首次出现"移情"一说。然何为"移情"？《乐府解题·水仙操》有所发挥："……乃与伯牙俱往，至蓬莱山，留宿伯牙曰：'子居习之，吾将迎师。'刺（划）舡而去，旬时不返。伯牙近望无人，但闻海水洞滑崩澌之声，山林窅寞（冥），群鸟悲号，怆然而叹曰：'先生将移我情！'乃援琴而歌。曲终，成连回，刺（划）船迎之而还。伯牙遂为天下妙矣。"[4] 可见，所谓"移情"，乃感通天地间最本质的声音。《琴操》并没有确定这种声音究竟是何种风格，汉末《乐府解题》等则径直名之为"悲"。阮籍《乐论》记："桓帝闻楚琴，凄怆伤心，倚扆而悲，慷慨

---

①　屈守元笺疏《韩诗外传笺疏》卷四，巴蜀书社，1996，第366页。

②　（清）陈立撰《白虎通疏证》卷三《礼乐》，吴则虞点校，第125页。

③　吉联杭辑《琴操（两种）》，人民音乐出版社，1990，第31—32页。

④　（宋）李昉等撰《太平御览》卷五七八《乐部一六·琴中》，中华书局，1960，第2608页上栏。

长息曰：'善哉乎！为琴若此，一而已足矣！'"① 可见至东汉末年，帝王已经把"正音之琴"变成"悲音之琴"视为理所当然了，这在嵇康的《琴赋》中亦有发挥："八音之器，歌舞之象，历世才士并为之赋颂，其体制风流莫不相袭。称其材干，则以危苦为上；赋其声音，则以悲哀为主；美其感化，则以垂涕为贵。"② 琴音从"得万国之欢心"的"南风之诗""生长之音"③，演变为"慷慨长息"的"危苦之音""垂涕之音"，意味着儒家名教、乐教、诗教不再能一统天下，道家思想、民间风俗等中国本土思想文化资源日渐加入主流。此时，佛教虽然已经进入中国，但以桓帝建和二年（148）安世高在洛阳译经为标志，综合信仰、思想、制度、礼俗的佛教，才有了汉文字作为载体。佛教从此加入中国本土思想文化中，开始参与新的意识形态的建构。

第二节　"慈心三昧"：安世高译经与小乘禅观

关于印度佛教何时传入中国，从古至今存在许多传说，汤用彤在《汉魏两晋南北朝佛教史》中归纳出十种，任继愈在《中国佛教史》中并为八种。其中"伊存口授佛经"、"楚王英奉佛"和"永平求法"三种采信者较多。晋代以后的很多文献采信"永平求法"说——东汉明帝夜梦金人，派人到西域求法并得《四十二章经》，此为佛教入华之始。近代学人对此事颇有疑义，附带讨论《四十二章经》以及最早记录此事的《牟子理惑论》的真伪。《四十二章经》的真伪姑且不论，即便其在东汉

---

① （三国·魏）阮籍著，陈伯君校注《阮籍集校注》，中华书局，1987，第 99 页。
② （三国·魏）嵇康著，戴明扬校注《嵇康集校注》，中华书局，2014，第 140 页。
③ （汉）司马迁撰《史记》卷二十四《乐书》，第 1235 页。

明帝时期出现，佛教经典的大规模翻译却是在东汉桓、灵之际。有学者
依据近代以后的造像、壁画等考古成果推论，佛教比较广泛地在中国传
播也应该是在这一时期。①　佛教观念在中土的确立，有赖于佛教经典
的汉译，以及汉译经典的流传和接受。《出三藏记集》记载这一时期的
译经家有安世高、支娄迦谶、支曜、严佛调、安玄、康孟详、康巨、昙
果、竺大力等九位，最有影响的是安世高和支娄迦谶。安世高译出的小
乘佛经——世称"安译"，以及支娄迦谶译出的大乘佛经——世称"支
译"，代表了最早一批在中土流传的佛经。"慈悲"在中土的演进史当从
安译和支译起步。

相传安世高为西域安息国王子，"博综经藏，尤精阿毗昙学，讽持
禅经，略尽其妙"。②　安世高擅长印度小乘上座部佛教中说一切有部的
"禅数"之学。"禅"即禅观之学，"数"即"数法"，即阿毗昙学中的
"事数"，以数字编排的方式对佛教教义进行分类，如四谛、五蕴、十八
界、八正道、十二因缘等。阿毗昙即"对法""胜法""无比法"。关于
安世高翻译出的经典数量，各种文献所说不一。依据僧祐《出三藏记
集》、道安《综理众经目录》以及吕澂先生整理和考订的安译目录，安
译中属于"阿毗昙学"的有一种，属于"阿含类"的有十六种，属于
"禅学"的有五种。

安译中有三种出现了"慈"。如《长阿含十报法经》卷一："二为若
行者言：'我有慈意定心，已作已行已有，但有杀意不除。'可报：'不
如言。何以故？已慈心定意，已行已作已有，宁当有杀意耶？无有是。
何以故？已有慈意定心，为无有杀意。'"③　《佛说大安般守意经》有两

①　葛兆光：《中国思想史》，复旦大学出版社，2013，第342—343页。

②　（南朝·梁）僧祐撰《出三藏记集》，《大正藏》第55册，第95页。

③　（东汉）安世高译《长阿含十报法经》，《大正藏》第1册，第236页。

处："安般守意得自在，慈念意，还行安般，守意已，复收意行念也"及"数息亦堕八行，用意正，故入八行。定意、慈心、念净法，是为直身；至诚语、软语、直语、不还语，是为直语"。① 《佛说七处三观经》卷一："如是，人亦有三病共生共居道德法见说。何等为三？一者欲，二者恚，三者痴。是比丘三大病有三大药，欲比丘大病者，恶露观思惟大药；恚大病，等慈行大药；痴大病，从本因缘生观大药。是比丘三大病者三药。"② 《长阿含十报法经》、《佛说大安般守意经》和《佛说七处三观经》，皆属于教授禅观的禅经，"慈意"、"慈念意"、"慈心"和"等慈行"，都是指"慈心三昧"的修习方法。

佛教戒定慧"三学"，在实践上是以禅定为中心的，佛教以为佛陀开悟后所说法，即佛在定中所见。"定慧"又称"止观"，戒为定基，由戒生定，因定生慧。作为"三解脱门"的"三三昧禅观"，以佛教缘起法则为本，遍观身心及经验世界的一切现象皆系无常、苦、无我，从而生起对三界生死流转的怖畏厌离，树立一切苦、空、无我的坚定观念，并依此观念离断烦恼，求得无生。

安世高的禅法，主要通过"坐禅数息"等方法"摄心定意"，也就是"止"；在"止"的基础上观察四谛、五蕴、十二因缘，趋向无为，获得解脱，这就是"观"。"慈心三昧"在入定前的方便念想阶段又称"慈悲观"，是"五停心观"中的一种。五停心观是声闻乘人入定前，用来帮助止息、定心的五种方便，包括不净观、慈悲观、因缘观、念佛观和数息观。不净观观想一切根身器界皆属不净，停止贪欲；慈悲观念想一切众生痛苦可怜之相，停止嗔恚；因缘观观想一切法皆从因缘生，停

---

① （东汉）安世高译《佛说大安般守意经》，《大正藏》第15册，第163页。

② （东汉）安世高译《佛说七处三观经》，《大正藏》第2册，第882页。

止愚痴；念佛观观想佛身相好，功德庄严，停止造业；数息观观呼吸一出一入历历分明，停止散乱。

"慈悲观"这种观法适用于根性中多嗔的人练习对众生的慈悲心，但就像药力的大小，慈观的对治力量不如悲观。比如有人伤及自身发肤，因此而生嗔恨，慈观可对治；有人欲夺我生命，因此而生嗔恨，只有悲观能对治。最严重、最细密、隐藏最深的嗔恨，修慈观或修悲观都不能对治，只有修空慧才能去除。

值得一提的是，五停心观中的数息观属于"观息"，不净观和念佛观、因缘观属于"观想"，慈悲观属于"念想"。"观想"限于想象某种具体的形相，"念想"尤指想象某种抽象的意境或情怀。

修习"慈心三昧"时，可以用"三段观想法"或"七周观想法"。"三段观想法"分三个阶段逐段观想。第一阶段，"若初习行者，当教言慈及亲爱"。当修行者得到种种身心快乐之时，譬如寒时得衣、热时得凉、饥渴得饮食、贫贱得富贵、劳作到极点时得止息等，应当推想观照自己的亲人、爱友，希望他们能和自己一样离苦得乐。第二阶段，"若已习行，当教言慈及中人"。修行者若得种种身心快乐，应当推想观照那些和自己亦非亲爱、亦非仇怨的"中人"，方法与第一阶段同。第三阶段，"若久习行，当教言慈及怨憎"。方法同上。如此，利乐他人的心从亲爱之人扩展到中人又扩展到无量众生，由近及远，由少而多，以这样的广大心量，"是时即得慈心三昧"。① "三段观想法"呈现出直线递进的模式。"七周观想法"观想步骤要复杂得多，以回环往复的模式观想上亲（父母师长）、中亲（兄弟姊妹）、下亲（朋友及遇到的人）、中人（非怨非亲）、下怨（害下亲者）、中怨（害中亲者）、上怨（害上亲者），

———————————

① （后秦）鸠摩罗什译《坐禅三昧经》，《大正藏》第 15 册，第 278 页。

给予他们利乐。① 两者都从最亲爱的人起"与慈"之观想，最后把慈心赋予最怨恨的人。

五停心观是由观入定的初级修行课目，五停心观、总相念处、别相念处、暖法、顶法、忍法、世第一法，这七种方便是声闻乘行人见道前所必修的加行法，或菩萨乘行人登地前所必修的方便法。从七种方便，而入"四禅八定"——色界的一禅、二禅、三禅、四禅，无色界的空无边处定、识无边处定、无所有处定、非想非非想处定。一般在第四禅定心中可以修习"慈悲喜舍"四无量心。② 其中"慈无量心"和"悲无量心"的观想方法和"慈悲观"有很多共同之处，是更高阶段的"慈心三昧"。

安世高所传译的禅经典中，"数息观"影响最大。《佛说大安般守意经》以数息观为叩击佛教基本教义和解脱实践的门径。安世高的禅法为三国时的康僧会和东晋时的道安所继承，康僧会的《安般守意经序》整理和阐发了安般禅法，以上述"四禅"对应安世高译经中安般禅法的"六事"——数息、相随、止、观、还、净等六个步骤。康僧会也主张"止观俱行"，他把"止"看作明心的工夫，明心引发的神通即成为观的内容。通过凸显安世高禅法中的"心"，康僧会把安般禅法称为"诸佛之大乘"。

安世高以"清静无为"译"安般守意"，上述观呼吸法和本土已有的身心修炼法，如道家的"辟谷""导引""吐纳""食气"等有一定相似性，这些中国人陌生的佛教禅定术语，比附于道家修养术语而走入中国人的观念世界。安世高译经中的"慈"，以其"平等"义，和老子《道德经》"我有三宝，持而保之。一曰慈，二曰俭，三曰不敢为天下

① 〔印度〕世亲造，（唐）玄奘译《阿毗达磨俱舍论》，《大正藏》第29册，第150页。
② （隋）智顗说《释禅波罗蜜次第法门》，《大正藏》第46册，第516页。

先"中的"慈"是可以会通的。汤用彤说，两汉之际，佛教传入中国，初始的传播乃依附于"神仙方技"，和托始于黄老的本土道术一起，祭祀鬼神，服食修炼。[①] 佛教这种情形，从"慈"如何成为佛教观念的过程中亦可见一斑。

安译涉及"悲"的有两处，分别是《佛说大安般守意经》之"仰瞻云日，悲无质受"[②] 和《佛说人本欲生经》之"如是，阿难！从爱求因缘受，从受因缘有，从有因缘生，从生因缘老、死、忧、悲、苦、不可意、恼生，如是为具足最苦阴"[③]。"悲"当为"苦"引发的感受，和中土原有的"悲故乡""女心伤悲"中的"悲"，大致同义。安译中另有"哀"，它可算作"悲"的同义词，如"哀别离，为何等？有是，贤者！人为所，自所入哀，令从是相别离亡，相别相离、不相俱、不会、不共居、不相逢、不更，是为苦"[④]。

无论"安那般那"还是"慈心三昧"，止观为大小乘兼修。虽说安世高翻译了大量小乘禅经，但这些禅经是大小乘通用的，止观也是修行大乘的必经阶段。事实上安世高翻译的《五十校计经》中有"十方佛""菩萨度人"等提法，当属大乘观念系统。吕澂认为"支谶译籍的种类恰恰和当时安世高所译的相反，几乎全属于大乘，可说是大乘典籍在汉土翻译的创始"[⑤]，"相反"只是一面，另一面是"相成"——如果说支娄迦谶传译了大乘般若学经典，也可以说安世高传译了修习大乘的禅观教材。

---

① 汤用彤：《汉魏两晋南北朝佛教史》，商务印书馆，2015，第49页。

② （东汉）安世高译《佛说大安般守意经》，《大正藏》第15册，第170页。

③ （东汉）安世高译《佛说人本欲生经》，《大正藏》第1册，第242页。

④ （东汉）安世高译《佛说四谛经》，《大正藏》第1册，第815页。

⑤ 吕澂：《中国佛学源流略讲》，第289页。

第三节 哀鸾与悲声：支译等大乘经中的"佛音声"

支娄迦谶的译经年代在公元178—189年，比安世高稍迟。支译中对后世义学影响最大的莫过于东汉灵帝光和二年（179）译成的《道行般若经》。《道行般若经》与支谦译《大明度经》、鸠摩罗什译《小品般若经》、玄奘译《大般若波罗蜜多经》第四分等经同本，是最早传入中国的大乘般若类经典，"由这部经的译出便有了趋入大乘的途径"。① 又因其时中土思想界正流行道家"无名天地之始"，有人以道解佛，以道家"有无"比附佛教"性空"，以道家"道行"比附佛教"波罗蜜"，《般若经》借此机缘而得流布。

大乘佛教追求的目标是"成佛"，小乘佛教的目标是成就"阿罗汉果"；大乘的最高境界是能住世而般涅槃，小乘的则是通过观空而灰身灭智。《道行般若经》最大的特色，就是确立了般若波罗蜜的地位。般若波罗蜜是大乘般若信仰的核心，般若波罗蜜在六波罗蜜中具有决定性地位："般若波罗蜜者是地，五波罗蜜者是种。""受般若波罗蜜者，为悉受六波罗蜜。"行般若波罗蜜可以成佛，十方诸佛皆从般若波罗蜜中出。学习大乘的菩萨，要以般若波罗蜜为统摄，去学习阿罗汉法、辟支佛法："如是菩萨以在般若波罗蜜中住，欲学阿罗汉法，当闻般若波罗蜜，当学、当持、当守；欲学辟支佛法，当闻般若波罗蜜，当学、当持、当守；欲学菩萨法，当闻般若波罗蜜，当学、当持、当守。何以故？般若波罗蜜法甚深，菩萨如学。"②

① 吕澂：《中国佛学源流略讲》，第289页。

② （东汉）支娄迦谶译《道行般若经》，《大正藏》第8册，第426页。

《道行般若经》提出，菩萨在济度众生时要学习"沤和拘舍罗"，即"善巧方便"，这种善巧方便，也只有依靠般若智慧实行："菩萨摩诃萨当学沤和拘舍罗，未得般若波罗蜜者不得入，已得般若波罗蜜乃得入。"般若波罗蜜和善巧方便的关系，是"权"和"实"的关系，般若是实智，"方便"是权智。慈悲喜舍四种平等心，在《道行般若经》中，被统摄为"布施于人"、"欢乐于人"、"饶益于人"及"等与"这四种"善巧方便"。菩萨以建立在"无所得"的实智之上的四种"方便"，护持萨和萨（有情众生）。①

《道行般若经》中的"慈"亦指专门对治嗔恚的"慈心"，此经指出，慈心定这种禅观，大乘菩萨也必须学习。如："须菩提白佛言：'何等为成就于菩萨？'佛言：'一切人皆等视中，与共语言当善心，不得有害意向，常当慈心与语，不得嗔恚，皆当好心中心，菩萨当作是住。'"② 另外，经中多处出现"慈哀"，如："菩萨如是学，为疾得阿惟越致；菩萨如是学者，为疾近佛树下坐；菩萨如是学，为悉学佛道；菩萨如是学，为习法也；菩萨如是学，为极大慈哀。如是为学等心。菩萨学如是，三合十二法轮为转；菩萨学如是，为学度灭十方天下人；菩萨学如是，为学甘露法门。"③ "阿惟越致"即"不退转"，"大慈哀"当是"慈悲"这种固定用法的雏形，"极大慈哀"当等同"极大慈悲"。联系上下文，此处指"慈悲喜舍"四种无量等心。

除了"悲观"的"悲"，"悲"在《道行般若经》中还有另外一种用法，那就是用于描绘音声品质的"悲"。在该经的第二十九品《摩诃般若波罗蜜昙无竭菩萨品》中，萨陀波伦菩萨带领五百女人，克服"弊

① （东汉）支娄迦谶译《道行般若经》，《大正藏》第 8 册，第 462 页。

② （东汉）支娄迦谶译《道行般若经》，《大正藏》第 8 册，第 454 页。

③ （东汉）支娄迦谶译《道行般若经》，《大正藏》第 8 册，第 464 页。

魔"的捣乱，为昙无竭菩萨准备好庄严的说法座，聆听昙无竭菩萨说法，得各种三昧，入诸菩萨经法中。萨陀波伦菩萨问昙无竭菩萨："师愿说佛音声，当何以知之？"昙无竭菩萨言：

> 贤者明听！譬如箜篌不以一事成，有木、有柱、有弦、有人摇手鼓之，其音调好自在，欲作何等曲。贤者欲知佛音声亦如是。菩萨有本初发意，世世行作功德，世世教授，世世问佛事，合会是事乃成佛身，佛音声亦如是。其法皆从因缘起，亦不可从菩萨行得，亦不可离菩萨行得，亦不可从佛身得，亦不可离佛身得。贤者欲知佛身音声，共合会是事乃得佛耳。复次，贤者！譬如工吹长箫师，其音调好，与歌相入，箫者以竹为本，有人工吹，合会是事，其声乃悲。……成佛身亦如是，不用一事，亦不用二事，用数千万事。有菩萨之行，有本索佛，时人若有常见佛作功德，用是故成佛身，智慧变化飞行，及成诸相好。成佛如是。①

　　这段经文，以佛之音声为例，引导听者悟入般若波罗蜜，即空性智慧。一切法皆从因缘和合所生，不可执着于菩萨行，亦不可离于菩萨行。佛之音声，乃佛身相好之一，佛身亦因缘和合，其性本空。但佛要说法，要行功德，所以佛以智慧向众生示现各种变化神通，以及各种相好庄严。"其声乃悲"的"悲"，指美好的音声，这种音声，来自竹箫和工于吹箫的乐师等各种因缘的和合。"箫声"如是，一切最美好音声亦复如是，何况佛的音声。故"悲"也是佛的音声的特征。

　　本书之前提到，表现为音声的"慈"，主要特征是"和"与"柔"，

---

① （东汉）支娄迦谶译《道行般若经》，《大正藏》第 8 册，第 476 页。

中土本有文化中的"慈"，原本就是上天的德范，故慈的音声和雅乐的五音是相合的。而中土本有文化中的"悲"原本并不在"正音"之列，秦以前的礼乐传统中，乐音和悲音是相对立的，乐音兴国而悲音亡国。所谓"雅音"，一定是"乐"的音声，而非"悲音"或"哀音"。然稍晚于支谶的东汉支曜译《佛说成具光明定意经》，用"烧众名香，悬诸缯幡，其所行道，即便广平。色如水精，树木行伍，自然音乐，雅声相和甚悲，说法之音，释梵八种"① 描述佛说法场所的庄严美好，"悲"来自"和"，所谓"相和甚悲"，"悲"已然等同于"和雅"。

"悲"甚至为"爱乐"表法。支谶译《阿閦佛国经》："舍利弗！阿閦佛刹人民无有治生者，亦无有贩卖往来者，人民但共同快乐，安定寂行。其佛刹人不着爱欲、淫妷，以因缘自然爱乐。其刹风起，吹梯陛树便作悲音声。舍利弗！极好五音声不及阿閦佛刹风吹梯陛树木之音声也。舍利弗！是为阿閦如来昔行佛道时所愿而有持。"② 此处"悲音声"生起于"安定寂行""自然爱乐"的阿閦佛国。

与"慈"一样，"悲"最重要的禀赋也是"和"与"柔"。值得注意的是，早期佛经中以"哀鸾"的鸣叫声指代佛说法音声，其音声特征是微妙、和雅、柔软、清亮。如"音如哀鸾，声如天帝，其响哀和"③、"广舌如莲华，出口覆其面，是故种种音，受者如甘露。语声哀鸾音，诵经过梵天，是故说法时，身安意得定"④ 和"尔时梵声，其音柔软，响若哀鸾"⑤ 等。一般以为《高僧传》中的"哀鸾孤桐上，清音彻九

① （东汉）支曜译《佛说成具光明定意经》，《大正藏》第15册，第452页。
② （东汉）支娄迦谶译《阿閦佛国经》，《大正藏》第11册，第756页。
③ （西晋）竺法护译《大哀经》，《大正藏》第13册，第437页。
④ （东汉）竺大力、康孟详译《修行本起经》，《大正藏》第3册，第464页。
⑤ （西晋）竺法护译《佛说普曜经》，《大正藏》第3册，第507页。

天"① 是鸠摩罗什以"哀鸾"自况，实则哀鸾之音声就是佛之音声，鸠摩罗什以此表达对佛说法音声的仰慕，对"改梵为秦失其藻蔚，虽得大意，殊隔文体。有似嚼饭与人，非徒失味，乃令呕哕也"② 深表遗憾。

"和"是悲得以产生的机制，此处"和"乃因缘和合之义，自然也和中土文化传统中的"中和""太和"相关联。缘起则生，缘尽则灭，因缘和合也意味着变化和短暂，人生逆旅，生老病死，佛教从苦谛开始对宇宙人生的解剖。苦而有"悲"和"哀"，"百鸟悲鸣，哀音感情"，悲音具有强大的共情能力。一切皆苦，一切众生听闻悲哀的音声，皆能起共鸣。佛以如此音声愍伤世俗，以如此平等普护群生。《正法华经》中大梵天见到佛时如此赞诵："礼无等伦，则为大仙，天中之天。声如哀鸾，唱导普护，诸天人民，愿稽首礼。愍伤世俗，得未曾有，在在难值，久思光颜，今日乃见。"③《佛说海龙王经》中，大海神光耀赞叹佛"行慈以等心，修哀摄众生，喜心导御众，常护度彼岸，妙音如哀鸾，所说喻梵声，其响甚柔软，愿以稽首礼"。④ 有悲心才有悲音，佛的音声，得成于佛的慈悲喜舍如是等心。

第四节　"大慈大悲"：《大智度论》与大乘慈悲思想

般若类经典在印度大乘佛教中出现最早，中国佛教界历来重视对般

① （南朝·梁）慧皎撰《高僧传》，《大正藏》第50册，第330页。

② （南朝·梁）慧皎撰《高僧传》，《大正藏》第50册，第330页。

③ （西晋）竺法护译《正法华经》，《大正藏》第9册，第90页。

④ （西晋）竺法护译《佛说海龙王经》，《大正藏》第15册，第152页。

若经典的传译、讲解和注疏。在佛教东传并和中国本有文化传统劘荡交融的最初阶段，般若思想和中观思想登上了玄学语境下的中国学术思想舞台。对般若性空思想的摸索、探究和调适，造就了最早一批包括僧人在内的中国本土佛教学者。

支谶译《道行般若经》属早期《般若经》，和鸠摩罗什译《小品般若经》同本。《大品般若经》稍后成立，最早的汉译者也是鸠摩罗什。鸠摩罗什以前，对《般若经》的翻译注疏都比较混乱，鸠摩罗什东来，重新译出了《般若经》《维摩诘经》《法华经》等大乘经藏，以及《中论》《百论》《十二门论》《大智度论》等大乘论藏，这些经藏和论藏中的大乘般若思想和大乘中观思想，奠定了中国佛教的基础，对中国佛教思想的确立影响至为深远。鸠摩罗什和慧远之间的往来书信《大乘大义章》，回答了慧远的疑问，通过对《大品般若经》和《法华经》的剖析，阐明此二经和小乘之别。鸠摩罗什对中国佛教史的一大贡献，就是引领中国佛教走向大乘之道。鸠摩罗什译于后秦弘始七年（405）的《大智度论》，是印度中观学派创始人龙树专为《大品般若经》所作之注解，是大乘佛教的奠基之作。在这部卷帙浩繁的论典中，龙树发覆了大乘佛教慈悲思想。虽然在支谶的译经中，"慈悲"作为汉语新词用法已逐渐固定，大乘佛教慈悲观也成为般若思想的重要组成部分，但最早对"慈悲"进行楷定、对大乘慈悲观进行系统分疏的，当数龙树造、鸠摩罗什译的《大智度论》。

佛经传译到中土以后，"慈"和"悲"的意思，首先是"慈观"和"悲观"，即以爱和怜悯为情感取向的禅定观想法门。《大智度论》为大乘思想张目时，首先辨析的也是"慈悲喜舍"四无量心。大乘禅观认为，四无量心的修习在大小乘佛教慈悲心的修习中可谓枢纽和关钥，可以在四禅时起修四无量心。《大智度论》对"慈悲喜舍"进行了分疏："'慈'名爱念众生，常求安隐乐事以饶益之；'悲'名愍念众生，受五道中种种身苦、心苦；'喜'名欲令众生从乐得欢喜；'舍'名舍三种心，但念众生不憎不爱。修慈心，为除众生中瞋觉故；修悲心，为除众生中恼觉故；修喜心，为除不悦乐故；修舍心，为除众生中爱憎故。"[①]"慈"对应爱，"悲"对应怜悯，这都依循了"慈"和"悲"在中土的本来用法。但是稍后译出的大乘经典《大般涅槃经》却相反："为诸众生除无利益是名大慈，欲与众生无量利乐是名大悲。"[②] 净土宗祖师昙鸾予以沿用："拔苦曰慈，与乐曰悲。依慈故拔一切众生苦，依悲故远离无安众生心。"[③] 从礼乐传统的变迁看，汉末"慈"与"悲"都成为最高价值，都关联"和"与"乐"，故"慈悲"也可视作同义反复，作为双声词的"慈悲"由此生成。历史地看，约定俗成的还是前一种用法：慈为与乐，悲为拔苦。

慈悲喜舍的排序，体现了度化众生的方便。慈是把乐给予他者，把有益于别人的事交付出去，算比较容易做到的，所以可先修慈。悲是把他者从眼前的苦中济拔出来，通过和他者交流才能达到这个目的，较慈难作，故在慈后修悲心。看到他者苦而生怜悯的悲心，比较容易，比如有人看到怨家受苦也能生悲；而看到他者乐却未必能生随喜之心，喜心生起不易，故悲后次修喜心。根据亲疏而行有等差有偏向的饶益之行比较容易，平等地饶益广大众生，殊为难作，故最后修舍心。另外，慈悲喜是有行，舍是空行，空行难发，最后修。菩萨以慈心令众生发菩提心，以悲心救众生脱离苦海，以喜心看到众生住于正法不动摇，以舍心所生般若空慧摄受一切众生的菩萨行。

---

① 〔印度〕龙树造，(后秦)鸠摩罗什译《大智度论》，《大正藏》第25册，第208页。

② （北凉）昙无谶译《大般涅槃经》，《大正藏》第12册，第454页。

③ （北魏）昙鸾注解《无量寿经优婆提舍愿生偈注》，《大正藏》第40册，第842页。

　　修四无量心时观想的对象亦可分疏为三。"慈悲心有三种：众生缘，法缘，无缘。凡夫人众生缘；声闻、辟支佛及菩萨，初众生缘，后法缘；诸佛善修行毕竟空，故名为无缘，是故慈悲亦名佛眼。"[①]《大智度论》以为，"众生缘慈"未破"我相""法相"，既缘众生相而起慈悲，也缘一切众生法相而起慈悲。"法缘慈"即观因缘所生法，不见父母、妻子、亲属等众生相，只见一切法皆从因缘生，由此而生起平等之慈悲。法缘慈破"我相"，没有"一"和"异"的分别，观众生但为五阴假和合而起慈悲。能生起"法缘慈"的众生，只破我空，未破法空，对法尚起执着。"无缘慈"只有佛能生起，佛不住有为、无为，不住过去、现在、未来，心无所缘；以其无缘而愍念众生不知诸法实相，为令众生得诸法实相而生起慈悲。

　　盖因以上三种不同的观想实践，遂有"小慈小悲"和"大慈大悲"的差别："大慈与一切众生乐，大悲拔一切众生苦。大慈以喜乐因缘与众生，大悲以离苦因缘与众生。譬如有人，诸子系在牢狱，当受大罪；其父慈恻，以若干方便，令得免苦，是大悲；得离苦已，以五所欲给与诸子，是大慈。如是等种种差别。问曰：'大慈、大悲如是，何等是小慈、小悲，因此小而名为大？'答曰：'四无量心中慈、悲名为小；此中十八不共法次第说大慈悲，名为大。复次，诸佛心中慈、悲名为大，余人心中名为小。'问曰：'若尔者，何以言菩萨行大慈、大悲？'答曰：'菩萨大慈者，于佛为小，于二乘为大，此是假名为大；佛大慈、大悲真实最大。复次，小慈，但心念与众生乐，实无乐事；小悲，名观众生种种身苦心苦，怜愍而已，不能令脱。大慈者，念令众生得乐，亦与乐事；大悲，怜愍众生苦，亦能令脱苦。'"[②]声闻缘觉亦即小乘行人并非没有慈

---

① 〔印度〕龙树造，（后秦）鸠摩罗什译《大智度论》，《大正藏》第25册，第350页。

② 〔印度〕龙树造，（后秦）鸠摩罗什译《大智度论》，《大正藏》第25册，第256页。

悲心，然仅以"四无量心"为禅定观想之途径，以灰身灭智不受后有的个人解脱为终极目标，本质是以利他的观想为途径而实现自利，这种慈悲，只能算是"小慈小悲"；只有付诸方便，以行动济度众生，最后实现众生平等解脱，才是大乘菩萨自利利他的慈悲，才是"大慈大悲"。然而大乘菩萨之"大"只是相对于小乘而言，相对于佛的慈悲，则为"小"。真正的"大慈大悲"只能是佛的真实法身，佛通过修习十八种与二乘不共的大智慧法而成就大慈悲。

从印度佛教史看，先有声闻乘，后有大乘，大乘以自为大，以声闻乘为小，而有"小乘"一名。那么，大乘何大之有？《大智度论》卷三十六："虽三解脱门、涅槃事同，而菩萨有大慈悲，声闻、辟支佛无。菩萨从初发心行六波罗蜜乃至十八不共法，欲度一切众生、具一切佛法故胜。"[1]"菩萨见众生老、病、死苦，身苦、心苦，今世、后世苦等诸苦所恼，生大慈、悲，救如是苦，然后发心求阿耨多罗三藐三菩提；亦以大慈、悲力故，于无量阿僧祇世生死中，心不厌没；以大慈悲力故，久应得涅槃而不取证。以是故，一切诸佛法中，慈、悲为大；若无大慈、大悲，便早入涅槃。"[2]首先，大乘之大在发大心——济拔无量众生的菩提心；其次，大乘之大在有大慈悲力；最后，大乘之大在大涅槃。《大智度论》卷十七："常乐涅槃从实智慧生，实智慧从一心禅定生。"[3]大乘和小乘一样，也会从空三昧、无相三昧和无愿三昧这三种禅定观行法门进入解脱道，以证涅槃，但小乘只求自己从"苦"中解脱，最后证灰身灭智的无余涅槃；大乘发了"四弘誓愿"，要永不疲倦济（慈）拔（悲）无量众生，最后证不离世间的般涅槃。

---

[1] 〔印度〕龙树造，（后秦）鸠摩罗什译《大智度论》，《大正藏》第 25 册，第 323 页。

[2] 〔印度〕龙树造，（后秦）鸠摩罗什译《大智度论》，《大正藏》第 25 册，第 256 页。

[3] 〔印度〕龙树造，（后秦）鸠摩罗什译《大智度论》，《大正藏》第 25 册，第 180 页。

　　大乘佛教的纲要可以用一句话概括：发菩提心，行菩萨道，证悲智双运的般涅槃。大乘菩萨道，仅从禅观中获得"慈悲喜舍"四无量心是不够的，于定中生起无量慈悲，还要继续以此为方便，行菩萨行、行慈悲行，在自利利他中完成大乘理想。有了"深观"，还要"广行"。"须菩提白佛言：'世尊！何等是菩萨摩诃萨道——菩萨行是道，能成就众生、净佛国土？'佛告须菩提：'菩萨摩诃萨从初发意已来，行檀波罗蜜，行尸罗、羼提、毗梨耶、禅、般若波罗蜜，乃至行十八不共法，成就众生、净佛国土。'"[①]　小乘自利，大乘自利利他，大乘菩萨道和小乘解脱道的区别在于菩萨道特有的修行课目——布施、持戒、忍辱、精进、禅定、智慧六种波罗蜜。六种利他行为是大乘独有，或者说，大乘佛教慈悲思想，贯彻在六种慈悲实践中。

　　菩萨道六度理论是大乘慈悲思想的主体，在六度理论指导下，大乘佛教的慈悲实践在中国历史中流行、展开。《大智度论》中的六度思想极为宏富、精深，堪称"百科全书"，其中第六十八品《释六度相摄品》，专门阐发了"六度相摄"理论，对后世中国禅宗的慈悲精神深有影响。

　　对于"相摄"一事，《大般若波罗蜜多经》主要用"住……取……"的句式表达，如"云何菩萨摩诃萨住檀波罗蜜取尸罗波罗蜜？""云何菩萨摩诃萨住尸罗波罗蜜取檀波罗蜜？"等。"住"和"取"的对象在六种波罗蜜中辗转替代、层层罗织，衍生出"六度相摄"的三十种形态。菩萨看似行持一种波罗蜜，实际已具足其余五种波罗蜜。"以一摄五"之所以可能，盖基于菩萨行的两大特征：其一，菩萨有方便力，六度皆自利利他的方便，以一摄五，自然也是一种方便；其二，菩萨所行法是

[①]　〔印度〕龙树造，（后秦）鸠摩罗什译《大智度论》，《大正藏》第 25 册，第 700—701 页。

因缘相续的，而"因缘所生法，我说即是空"，故菩萨所行皆"性空之法"——"善法"，就空性而言，六波罗蜜是一致的。

所谓"方便力"，即把无为法的空性智慧应用于有为法的假名世界，令"如、法性、实际"和"作法、有为、数法、相法"不一不二，既不以空性而废大千世界的万相纷呈，也不以无为而废慈悲喜舍的六度万行，所谓"以有为故，可说无为"，"见无生法故，能离有生法"。"若得如是智慧，以方便力、本愿、悲心故，不取二乘证，直至阿耨多罗三藐三菩提。"[①] 菩萨其实是以济度众生的"本愿"、自利利他的"悲心"和能行能忍的"方便力"统摄了六度万行，每一度都不离这三个要素，自然能互相融摄。

很多佛经中都举过菩萨被节节肢解而无嗔恨的著名例子。《大智度论》中分析，其一，因布施和慈心相应，慈心能起慈身、口业，六波罗蜜中以布施为先。众生最珍惜的，无过身命，菩萨能以身命行布施，不惜不嗔，布施时便具足忍辱波罗蜜；菩萨行忍辱波罗蜜时，把衣食等物全部给予众生。而受者逆骂、打害菩萨，破其布施行和忍辱行。菩萨已于无量劫为众生修集慈心，有慈心故，不生嗔心，就像父母不会作怪不懂事的婴儿。"菩萨作是念：'我不应为虚诳身故毁波罗蜜道，我应布施，不应生恶心，不以小恶因缘故而生废退。'"[②] 如此菩萨便不断增益其布施心和慈悲心。菩萨命终时，布施忍辱二波罗蜜所产生的福德和愿力，又令其获得更高的生命境界，从而能在新的生命形态开始时，继续行布施、度众生。这是"布施波罗蜜"和"忍辱波罗蜜"的互摄。

其二，"戒"的核心是不夺他命，"忍"的核心是一切侵夺能忍，即

---

① 〔印度〕龙树造，（后秦）鸠摩罗什译《大智度论》，《大正藏》第 25 册，第 625 页。

② 〔印度〕龙树造，（后秦）鸠摩罗什译《大智度论》，《大正藏》第 25 册，第 628 页。

便被他人节节肢解，亦能做到不起一点嗔恚的念头，不惜自命，不夺他命，自然就做到持戒了。没有受持戒法的忍辱是"畏罪忍辱"，这种忍辱没有对众生生起最深的悲悯心；若受持戒法，菩萨行忍辱时就会这样想："持戒是成佛道路上的必须，是和佛发生的因缘，佛对众生有最深的慈愍，不受众生行为的影响。如果和众生一样心生嗔恚，就和众生无异了。"这是"持戒波罗蜜"和"忍辱波罗蜜"的互摄。其余类推。

从布施到持戒，到忍辱，到精进，到禅定，到般若，这是六度相摄的一种次第。而般若波罗蜜既参与这个次第，又如海纳百川，既融摄前五波罗蜜，又是前五波罗蜜的内在依据。所谓"住忍辱波罗蜜而取般若波罗蜜"，即菩萨能忍一切众生所行的恶事而得大福德力，以此福德力，心变柔软；心柔软故，得无生法忍；住是法忍中，得观一切法空；观一切法空，便知空中无骂者、害者，无被骂者、被害者，无詈骂之语、施害之具，复增长众生忍；具足二忍故，不见"忍法、忍者、忍处"三事，终趣涅槃。又因为菩萨有度众生的本愿，众生未尽，菩萨不尽有为，不住无为，故菩萨继续其大慈大悲的度生事业。总之，般若波罗蜜成，则大悲大智成；大慈悲成，则利益众生的大福德成；大智慧成，则利益众生的大方便成。

"六度相摄"思想的重要性体现在三个方面。其一，指出六种慈悲行的内在次第，慈悲心的修习尤其以布施为先。其二，指出六种慈悲行俱可"以一摄五"，菩提道行人可以根据自身情况主要修行其中一种，任何一种的成就都意味着其他五种的成就。其三，确立般若波罗蜜的统摄地位，同时又强调，住般若波罗蜜、证悟毕竟空时，般若波罗蜜其实已含摄其余五波罗蜜，菩萨还在继续行慈悲利生事业。自利利他具足的心才是慈悲心，在前五波罗蜜中，有自利的方便也有利他的方便，有增长慈悲的方便也有增长智慧的方便，般若波罗蜜含摄前五，自利和利他同时成就，大智和大悲达到平衡。另外，"六度相摄"思想也是日后禅宗尤其是南宗贯彻慈悲行的依据，所谓"一心六度"。南宗旨在"顿悟""不历阶级"，不谈"渐修"和"次第"，亦很少直接谈菩萨道次第中的"慈悲"。但禅宗自认得释迦传迦叶的"心法"，一样追求悲智双运的佛境。由六度互摄尤其是般若波罗蜜和前五度的互摄，必然推导出"一念具摄"和"一心六度"。从"明心见性"到"一心六度"，惠能以下的禅宗祖师立足于"心"而开展大乘慈悲行。

　　回到本章起始处提出的问题：最早的译经者何以选择汉字"慈"与"悲"用来匹配梵文、巴利文外来词，并生成汉语新词"慈悲"，以表法佛教的根本精神？从中土礼乐文明的演进线索看，"慈"即"爱"，是上天之德，慈的音声本来在礼乐教化的理想——雅正之音之列，雅正之音的特征是"和乐"。"悲哀之音"在秦以前属于礼乐教化所排斥的"郑卫新声"，战国时"礼崩乐坏"之势已不可遏制，以楚风为代表的"悲音"流行于民间。至汉，高祖出自楚地，"慷慨悲歌"等因帝王偏爱而成一时风尚，人最本能的情感"悲"，不再受礼制的约束和涤荡，"悲音"因其强大的共情能力，也拥有了孔子所说的"尽善尽美"的价值特征。最早译经的安世高和支谶都是汉桓帝时人，"桓帝闻楚琴，凄怆伤心，倚房而悲，慷慨长息"[1]。时风所及，最早的佛经翻译者遂以"悲"作为佛的音声特征。安世高译禅经中的"慈"指"慈心三昧"，支娄迦谶译《道行般若经》中的"悲"，首先指悲的音声，"悲"作为其时艺术作品的最高价值，自然用以匹配佛的音声。不管"慈"的音声还是"悲"的音声，佛的音声和乐、柔软、清亮、微妙，能和众生平等感通。这是因为佛修成了无上平等之心，这四种平等心，就是佛经中的"慈悲喜舍"

---

[1]　（三国·魏）阮籍著，陈伯君校注《阮籍集校注》，第99页。

四无量心。发心成佛的众生，若要修成这四种平等心，则要实践禅定和止观，尤其是"慈观"和"悲观"。只有修成"慈悲喜舍"四种平等无量心，才能消除嗔恨，平等普施，无有差别，才能行"慈悲"的音声佛事，乃至成佛。

虽然在支谶的译经中，"慈悲"作为汉语新词用法已逐渐固定，大乘佛教慈悲观也成为般若思想的重要组成部分，但最早楷定"慈悲"、系统分疏大乘慈悲观的，当数龙树造、鸠摩罗什译的《大智度论》。《大智度论》定义"慈即与乐，悲即拔苦"，《大般涅槃经》反之，定义"慈即拔苦，悲即与乐"。从中土礼乐传统的变迁看，汉末"慈"与"悲"都成为最高价值，都关联"和"与"乐"，故"慈悲"也可视作同义反复，作为双声词的"慈悲"由此生成。历史地看，约定俗成的还是《大智度论》中的定义："大慈与一切众生乐，大悲拔一切众生苦。"①

"慈"的本义是"爱"或"笃爱"，作为一种强烈的情感形式，其生发的动力来自人类对上天养护之德的感通和模仿。当人成为父母，对子女的"笃爱"本能就产生了，人际关系中的"慈"就是对这种情感的命名。中土各家文化皆鼓励人把这种本能而特定的"爱"渐次向外扩充，施之于关系更远的乡人乃至天下人，儒家则将"慈"意识形态化，纳入宗法体制，使之和"孝"一起作为家庭稳定的基石，乃至把"慈"的心理结构征用为君臣关系的内在依据。无论上对下的爱，还是君对臣的爱，中土本有文化中的"慈"是有差等的。中土本有文化中的"悲"，既表达痛苦的情绪，也用于定义最高明的音乐风格，同时，和"慈"一样，有"同情心""恻隐"之意。在早期佛经中，"伤悲"的"悲"和作为音乐风格的"悲"皆被延续，但小乘佛经中和"慈"一起出现或组合

---

① 〔印度〕龙树造，（后秦）鸠摩罗什译《大智度论》，《大正藏》第25册，第256页。

为"慈悲"的"悲"，承续并强化了"慈"的内涵，"悲观"是力量更强大的"慈观"。

安译作为最早译成汉语的小乘佛经，其中的"慈"指"慈心三昧"和"慈悲喜舍"四无量心。"慈心三昧"的修习基于对佛教"苦、空、无我"这一教义的体认，通过消除嗔恨，养成平等心。慈心三昧从观想最亲的人起修，从愿给最亲的人以快乐，渐次修到愿意给最怨恨的人以解脱之乐。正是在这样的观想中，平等与众生乐的广大心得以修成。支译作为最早的汉译大乘佛经，以大乘菩萨道融摄小乘阿罗汉道，慈心三昧和四无量心也成为大乘慈悲心的助缘。

安译禅经中止观禅定的方法，和中国本有的道家身心修养方法有可比附之处，处于这一观念系统中的"慈"，和《道德经》"三宝"之一的"慈"有内在的关联。"大乘"一词最早出现在支译《道行般若经》中，这部经有"慈哀"和"大慈哀"的表达。而《般舟三昧经》中同时出现了"慈悲"和"大慈"、"大悲"。这是中土最早的大乘观念系统的"慈悲"。大乘佛教慈悲观念从此滥觞。

鸠摩罗什是把大乘思想带进中国的关键人物，可以说鸠摩罗什的译经事业以及鸠摩罗什本人的佛学思想，把中国佛教真正引向了大乘。龙树造、鸠摩罗什译《大智度论》，楷定了大乘思想体系中的"慈悲"——从概念到观念，从思想到实践。《大智度论》确定"慈悲"为大乘佛教的最高价值，是"佛道之根本"；慈悲和智慧，是大乘佛教的"两轮"或"两翼"，悲智双运才能成就佛道。《大智度论》中关于慈悲实践的"六度"思想对中国佛教影响深远，中国思想和文化中流行不止、广被众生的慈悲精神，正是来源于中国历史上发生的种种"六度"实践。

佛教中的"慈"和"悲"最重要的特征是"平等"，这是中土本有文化中的"慈"和"悲"所不能覆盖的。在中土，儒家文化中表达家庭关系中父子一伦的慈，恰恰要强调等级差别，强调"天"的秩序和人间的制度之间的对应，强调社会分工和各安其位，这种"不平等"在儒家思想中恰恰是顺乎天道、合乎礼法。《道德经》"三宝"之一的"慈"也有"平等"的意蕴，但其所本的自然之"道"，和小乘佛教的"空"、大乘佛教的"般若"，终归异趣。

通过大小乘佛经汉译，佛教给中国文化带来了全新的知识、观念和价值取向："慈悲"。慈悲观念的确立、慈悲思想的成形和慈悲实践的展开，意味着一个新的意义世界和文化传统在中国生长。在这个过程中，佛教的教理之本和教化之迹不断权衡，印度文化和中国文化不断调适，佛教思想和儒道思想不断融合，"中国大乘佛教"逐渐完成其主体性建构。在"佛教中国化"的历史脉络中，"慈悲"作为大乘佛教的核心观念，内化为中国文化精神的组成部分。

第二章

救弊与明本：慈悲遭遇孝道

"孝"是儒家全部理论的归结点，不仅是伦理体系的基石，也是政治体系和宗教体系的核心。"孝"也是"行仁"，是"仁"的具体展开。关于中国佛教孝亲观的梳理和讨论经常被置于"佛教中国化"和"儒佛交涉"的大题目下，佛教对孝道的阐发和推举，经常被理解成外来宗教对本土政治、文化、伦理尤其是儒家名教的迎合，似乎这在很大程度上是以保全和光大为目的的策略性选择。但这种分析框架失之片面，且不利于问题的深入。真正的问题是："孝"是大乘慈悲观的应有之义。大乘佛教有不与共俱的孝亲观，"孝亲"作为"慈悲行"的又一种特定形式，具有和儒家之"孝"或"孝忠"完全不同的价值追求：指向出世间的解脱，而非世间的仁德；最终目标是证悟空性，而不仅仅是希贤希圣和人间社会的修齐治平。然而在世间法层面，大乘佛教"孝亲"和儒家之"孝忠"很类似，中国人在接受佛教的过程中，也很愿意于此大加敷衍，抵御儒道的排斥和进攻。如果说有"迎合"的一面，那也只能说在弘法的过程中迎合了中国人对"孝"的重视和对伦常的维护。在佛教进入中国的最初阶段，大小乘佛经是同时被传译过来的，但最后中国佛教选择了大乘佛教作为主体，大乘佛教最终成为支撑中国文化时空的三大支柱之一，这在很大程度上是因为大乘佛教的核心理念和本土原有宗教、文化形态尤其是儒道二教的核心理念重叠甚多——本书之前已指出，它们分别是"慈悲"和"仁"。

《说文解字》中"孝"的意思非常明确，即"善事父母者"。[①] 段玉裁注："《礼记》：孝者，畜（通'蓄'）也。顺于道，不逆于伦，是之谓畜。"[②] 也就是说，"孝"的对象是"父母"，孝的性质是"善"。佛经中的"孝"也特指对待亲生父母的善行。

在大乘佛教教义系统中，"对父母的善行"不仅是报恩行，更被强调是菩萨行、慈悲行和般若波罗蜜行，或者说，是六度万行之一种——以财物供养父母是财施，以佛法孝养父母是法施，财法二施，是为"布施波罗蜜"；不因不供养父母而得重罪是"持戒波罗蜜"；把父母甚或其屎溺担荷在左肩右肩，是"忍辱波罗蜜"；以财法供养父母而不懈怠，是"精进波罗蜜"；以父母为所缘起报恩想，以"慈悲喜舍"四种平等观进行观察和思维，得成四无量心，是"禅定波罗蜜"；以出世间的般若智慧行供养事，以出世间的解脱净法供养父母，最后不仅自己获得解脱，也引导父母获得解脱，不仅自己离苦得乐，更度父母脱于苦厄，与父母同证无上正等正觉、世出世间不二，慈悲与智慧皆得圆满，这是"般若波罗蜜"。以父母为所缘，以报恩为发心，以供养（财施、法施）等六度为慈悲行，以般若为智慧行，以世间为所依，以出世间为旨归的大乘孝亲思想，是大乘佛教慈悲观的应有之义。

第一节　慈悲即仁:《弘明集》与儒佛会同

把佛经中"对待亲生父母的善行"意译为"孝"，可以说只在"孝"

---

① （汉）许慎撰《说文解字》，第173页。

② （汉）许慎撰，（清）段玉裁注《说文解字注》，上海古籍出版社，1981，第398页。

的语义层面"会同"，而印度之"孝"和中土之"孝"、大乘之"孝"和儒家之"孝"之间的辨析完全是"牵一发而动全身"之事。对"孝"尤其是儒佛之"孝"的会通，是贯穿整个佛教中国化历程的主题。佛教初传之时，儒家之"仁"和佛教之"慈悲"充当了儒释两家会通的桥梁。在鸠摩罗什入长安尤其是《大智度论》译出之前，儒佛二教的知识分子普遍以"仁"释"慈悲"，甚或把"仁"与"慈悲"完全等同起来。

佛教在两汉之际传入中国，但早期信奉的人不多，主要是少数民族藩王和非知识阶层的居士，然而他们对佛教教理并不能充分理解。儒家士大夫只关心政治、道德和处世，宗教对其而言只是对应"天子、诸侯、卿、大夫、士、庶人"的等级而进行的一系列祭祀活动。虽然佛教的某些教理和制度与中土原有文化传统之间存在差异，但其时这种差异尚未构成社会问题。东晋以后，社会动荡，儒家思想和道家思想已经不能安顿这一阶层的精神苦恼，奉佛的士大夫增多。以东晋明帝（322—324 年在位）信佛为标志，中国历史上首次出现了文人士大夫向佛教寻求精神寄托的时代。①

一部分士大夫奉佛，另一部分士大夫为道统忧，有满腹疑问的，也有力辟异端的。道教也加入这场攻讦中，新宗教的传入意味着竞争拉开序幕。儒佛之争的一大焦点就是"孝忠"问题：儒家认为沙门辞亲出家、削发毁形、不敬王者，不啻"不孝不忠"；道教斥责佛教"入身而破身，入家而破家，入国而破国"，无疑是王道政治的大敌。② 奉佛的士大夫一面深入经论，令佛教教理得以明晰；一面出入儒佛，根据世人根机，主要用以儒解佛的方式为佛教辩护。他们守常知变，能既不离

---

① 〔日〕小林正美：《六朝佛教思想研究》，王皓月译，齐鲁书社，2013，"序言"第 1 页。

② 见刘勰为驳南齐道士张融《三破论》而作之《灭惑论》，（南朝·梁）僧祐撰《弘明集》，《大正藏》第 52 册，第 50 页。

佛教根本教理，又广引儒家经典及义理，论证佛教不仅没有违反圣人之道，甚或两者殊途同归。《弘明集》《广弘明集》《法苑珠林》辑录了大量相关文献，《法苑珠林》特辟《忠孝篇》。这种"责难—辩护"模式其实给佛教一个正本清源的机会，佛教僧人和奉佛士大夫借机"弘道与明教"，厘清佛教根本义理，延续印度佛教护法传统。

僧祐在《弘明集》"后序"中提出"六疑"，大体可看出在整个汉魏两晋南北朝时期，面对儒道的诘难，佛教不得不回答的六大问题："一疑经说迂诞，大而无征；二疑人死神灭，无有三世；三疑莫见真佛，无益国治；四疑古无法教，近出汉世；五疑教在戎方，化非华俗；六疑汉魏法微，晋代始盛。"[①] 对于佛教"不忠不孝"的辩护大多集中在第三疑和第五疑，尤其能体现辩护者"会通"和"护法"这两大努力。

孝亲是大乘佛教慈悲观的应有之义，也可以说孝亲是慈悲之本。孔子亦云孝悌为仁之本。所谓"会通"，与其说会通的是儒佛之孝，不如说要会通的是"周孔"与"佛"、"仁"与"慈悲"。《弘明集》中的牟融《牟子理惑论》、孙绰《喻道论》、慧远《三报论》《明报应论》《沙门不敬王者论》、宗炳《明佛论》等俱有相关内容，其中尤以《明佛论》的弘教之心最为殷切，其对佛教义理的发明和对儒佛同异的辨析最为精当，后世学者、僧人论及此类问题时，思路策略亦不过如此，气势情怀则未必能企及也。

会通"周孔"与"佛"大体以四个步骤推演。

其一，"周孔即佛，佛即周孔"。[②]《弘明集》中孙绰《喻道论》云，周孔和佛的差别仅仅是名称不同罢了，"佛者，梵语，晋训觉也。觉之为义，悟物之谓。犹孟轲以圣人为先觉，其旨一也。应世轨物，盖亦随

① （南朝·梁）僧祐撰《弘明集》，《大正藏》第52册，第95页。
② （南朝·梁）僧祐撰《弘明集》，《大正藏》第52册，第17页。

时，周孔救极弊，佛教明其本耳"。^①　佛是觉悟者，圣人是先觉者，都是对"大道"的觉悟。如果说有不同，则周孔之教侧重对崩坏的世道人心的拯救，佛教侧重明本及探究宇宙人生的本质和真实。

慧远《沙门袒服论》亦云："常以为道训之与名教、释迦之与周孔，发致虽殊，而潜相影响；出处诚异，终期则同。但妙迹隐于常用，指归昧而难寻，遂令至言隔于世典，谈士发殊途之论。何以知其然？圣人因弋钓以去其甚，顺四时以简其烦；三驱之礼，失前禽而不吝；网罟之设，必待化而方用。上极行苇之仁，内延释迦之慈，使天下齐己、物我同观，则是合抱之一毫，岂有间于优劣而非相与者哉。然自迹而寻，犹大同于兼爱。远求其实则阶差有分，分之所通未可胜言。故渐慈以进德，令事显于君亲。从此而观，则内外之教可知，圣人之情可见。但归涂未启，故物莫之识。"^②　佛之所教和周孔所教，入手处不一样，而目标是一样的。圣人之仁，泽被草木芦苇、飞鸟走禽；释迦之慈，泯灭物我之别，视群生如同自己。如果说圣人的理想是大同，释迦的理想就是兼爱。从最根本处而言，这两者的确有阶差，其相通处，言不尽意。所以一步步修慈心以提高自己的德性，并运用于君臣之道和亲亲之途，如此，则于内修心修身，于外齐家治国，圣人的情怀也就豁然可见了。

其二，"慈悲爱施与中国不异，大人君子仁为己任"。^③　这是何承天《释均善难》中的话。何承天注重儒教，不信佛法，但依然以为佛之慈悲与儒之仁爱没有两样。可见这是当时的共识。宗炳在《明佛论》中亦借质疑者之口云："仁之至也，亦佛经说菩萨之行矣。"^④　仁和慈悲，皆

---

①　（南朝·梁）僧祐撰《弘明集》，《大正藏》第 52 册，第 17 页。

②　（南朝·梁）僧祐撰《弘明集》，《大正藏》第 52 册，第 32 页。

③　（南朝·梁）僧祐撰《弘明集》，《大正藏》第 52 册，第 19 页。

④　（南朝·梁）僧祐撰《弘明集》，《大正藏》第 52 册，第 12 页。

为行救济之事，皆为拔生民于水火。圣人之道是始自一念不忍之心，"弘道敷仁，广济群生"①，是为仁德；圣王之道重在"仁爱"，"钓而不网，弋不射宿"，"议狱缓死，眚灾肆赦；刑疑从轻，宁失有罪；流涕授钺，哀矜勿喜"，是为仁政。②"是以圣王庖厨其化，盖顺民之杀以减其害。践庖闻声则所不忍。因豺獭以为节，疾非时之伤孕。解罝而不网，明含气之命重矣。孟轲击赏于衅钟，知王德之去杀矣。"③圣王之仁，正是从一念不忍中体现出来的。圣王用庖厨之道施行教化，既顺应民众捕杀动物的需要，又尽量减轻对动物的伤害。在庖厨听到动物惨叫，人心必有不忍。圣王亦规定在动物受孕时不得用罗网和毒药捕猎。④这些都是为了明确这样的宗旨：每种生命都是宝贵的。孟轲击节赞赏齐宣王衅钟时的不忍心⑤，因为真正的王德是应该远离杀伐的。"圣慈御物，必以隐恻为心耶"⑥，隐恻即恻隐，恻隐之心也即仁心、慈心。

对于执着现世快乐的人，佛法揭示"一切皆苦、万法性空"之理。如果兼爱之德不能弘扬，佛则示现舍身饲虎、割肉贸鸽这样的大慈悲。每个人的禀赋不一样，佛以慈悲摄三乘之方便；每个人累世造作的业因不一样，佛施设六度法门，开显慈悲之道。和圣人一样，慈悲心也是从不害众生的心开始修持的，佛法不仅戒杀，还教人明三世果报，懂得今生之苦皆过去世不能闻道持戒，若来世不愿受坑身之报，今世一定

---

① （南朝·梁）僧祐撰《弘明集》，《大正藏》第52册，第17页。

② （南朝·梁）僧祐撰《弘明集》，《大正藏》第52册，第16—17页。

③ （南朝·梁）僧祐撰《弘明集》，《大正藏》第52册，第13页。

④ 《荀子·王制》："圣王之制也：草木荣华滋硕之时，则斧斤不入山林，不夭其生，不绝其长也；鼋鼍、鱼鳖、鳅鳝孕别之时，罔罟毒药不入泽，不夭其生，不绝其长也。"（清）王先谦：《荀子集解》，影印《诸子集成》第2册，第105页。

⑤ 《孟子·梁惠王上》。（清）焦循：《孟子正义》，影印《诸子集成》第1册，第47—50页。

⑥ （南朝·梁）僧祐撰《弘明集》，《大正藏》第52册，第63页。

要崇信佛法，严守戒德。"戒德后臻，必不复见坑来身。""洒神功于穷迫，以拔冤枉之命者，其道如斯，慈之至矣。"① 让穷困窘迫、冤屈无助之人能听闻佛法，从根本上拔除他们的轮回之苦，这就是慈悲的最高境界。

其三，"孔氏之训，资释氏而通"。② 奉佛士大夫和僧人一边回应诘难一边反戈一击。出于护教的立场，他们以为周孔之教"粗"，只通一世，只重世间，只能救一时之急，只能拔一时之苦；而释迦之教"精"，贯通三世，世出世间并重，能拔永世之苦，能得涅槃常乐。

宗炳以为，各家学说都有针对性。只是因为时值乱世，儒家才大谈治世之道，老子《道德经》二篇，也是为了止息世人动荡不安的妄心。佛教高出周孔之处，在于"涅槃"："儒以弘仁，道在抑动，皆以抚教得崖，莫匪尔极矣。虽慈良、无为与佛说通流，而法身、泥洹无与尽言，故弗明耳。"③ 儒家之仁爱、慈良和道家之抑动、无为，都和佛教有相通之处，而佛教关于法身、涅槃的学说，却不是语言能完全表达的，所以世人还不能通明。所以"孔氏之训，资释氏而通"，"孔老如来，虽三训殊路，而习善共辙也"。④ 三教皆导人为善。宗炳在《明佛论》的最后指出，作为一国之圣王，应以周孔之教养育民众，体味佛法以长养精神。要看到佛教对国家和民众的长远利益，"尊其道，信其教，悟无常，空色有，慈心整化，不以尊豪轻绝物命，不使不肖窃假非服。岂非导之以德，齐之以礼，天下归仁之盛乎！"⑤ 孔子追求的礼教道德的最高境

---

① （南朝·梁）僧祐撰《弘明集》，《大正藏》第52册，第13页。
② （南朝·梁）僧祐撰《弘明集》，《大正藏》第52册，第13页。
③ （南朝·梁）僧祐撰《弘明集》，《大正藏》第52册，第12页。
④ （南朝·梁）僧祐撰《弘明集》，《大正藏》第52册，第12页。
⑤ （南朝·梁）僧祐撰《弘明集》，《大正藏》第52册，第15页。

界"仁"，不正是悟无常与空从而生起化导众生的慈心吗？

　　其四，"幽明永济，孝之大矣；众生沾仁，慈之至矣"。[①]　讨论完周孔和佛、仁和慈的关系后，"孝"的问题终于浮出水面，因为孝既是儒家"仁"的根本，也是大乘佛教"慈悲"的根本（对父母的报恩行）。儒佛之孝的争论起于儒家对佛教的讥讽，有的言辞甚为激烈，完全是攻击异端、灭之而后快的姿态，如南齐张融的《三破论》称佛教出家有五大过失——"一有毁伤之疾，二有髡头之苦，三有不孝之逆，四有绝种之罪，五有亡体之诫"，其后果是"三破"——"入身而破身""入家而破家""入国而破国"。[②]　奉佛士大夫和佛教僧人以护法为目的展开了种种辩驳，甚或宣称，佛之孝大，儒之孝小。

　　《三破论》并未见收于《弘明集》，然刘勰在《灭惑论》中对之逐句引用、逐条辩驳。所谓"破身""破家""破国"高度概括了儒道两家攻击佛教的三大要点，这三大要点又可归结为"忠孝"两个字，或一言以蔽之：孝。"孝"的问题解决了，身、家的问题就解决了，国的问题迎刃而解。奉佛人士的所有辩驳其实也不出这三点内容。如慧远曰："出家则是方外之宾，迹绝于物。其为教也，达患累缘于有身，不存身以息患；知生生由于禀化，不顺化以求宗。求宗不由于顺化，则不重运通之资；息患不由于存身，则不贵厚生之益。此理之与形乖，道之与俗反者也。若斯人者，自誓始于落簪，立志形乎变服，是故凡在出家，皆遁世以求其志，变俗以达其道。变俗则服章不得与世典同礼，遁世则宜高尚其迹。夫然，故能拯溺俗于沉流，拔幽根于重劫，远通三乘之津，广开天人之路。如令一夫全德，则道洽六亲，泽流天下。虽不处王侯之位，

---

① 　（南朝·梁）僧祐撰《弘明集》，《大正藏》第 52 册，第 13 页。

② 　（南朝·梁）僧祐撰《弘明集》，《大正藏》第 52 册，第 50 页。

亦已协契皇极,在宥生民矣。"① 慧远以为,出家之举是对佛教根本教义的践行。出家之人,通达人生之苦难缘于有人身,所以不以养身保命来息除祸患;知晓生命延续不息是由于自然化育,所以不顺从这种力量去追求终极解脱。既然消除人生的终极苦难不由顺从生生不尽中来,出家人就不看重生活资财;既然息除祸患不从养生存身中来,出家人就不以养生为贵。这个道理和世俗通行的见解是相反的,所以出家人要以落发为誓,以变服装明志,不合于流俗,最后达到拯救沉溺、济拔劫难、为众生谋求人天福报的目的。一家中如有一人能成就如此皇皇功德,那么他的六亲就会得到道的浸泽,他的恩泽就会流布天下,虽身不在王侯高位,但他的作用已经和帝皇一样,即护佑和教化天下人民。

慧远拈出"拯溺"——这和慈悲的精神暗合——和王道政治的"在宥生民"相会通后,笔锋一转,把论题落在"孝"这个关键点上:"是故内乖天属之重,而不违其孝;外阙奉主之恭,而不失其敬。从此而观,故知超化表以寻宗,则理深而义笃;照泰息以语仁,则功末而惠浅。"② 这段话有三个要点:其一,出家人看起来内不重亲亲之情,外缺乏敬王之礼,但不违逆真正的"孝道";其二,真正的孝道是要超越外在显现形式而去寻求根本旨趣的,只有这样,才合乎宇宙真实,才是最笃实的情义;其三,只看到生生不息的自然化育而言仁孝,其功德如毫末,其恩惠如浅水。③

郗超在《奉法要》中亦以"兼拯"架通慈悲与忠孝之间的桥梁。他如是解说"慈悲":"何谓为慈?愍伤众生,等一物我,推己恕彼,愿令

---

① (南朝·梁)僧祐撰《弘明集》,《大正藏》第 52 册,第 30 页。

② (南朝·梁)僧祐撰《弘明集》,《大正藏》第 52 册,第 30 页。

③ 《庄子·天运》:"至仁无亲","夫德遗尧舜而不为也"。(清)郭庆藩辑《庄子集释》,影印《诸子集成》第 3 册,第 220—221 页。

普安，爱及昆虫，情无同异。何谓为悲？博爱兼拯，雨泪恻心，要令实功潜著，不直有心而已。"[1] 关于"忠孝"，他又说："忠孝之士，务加勉励，良以兼拯之功，非徒在已故也。"[2] 郗超实际要指明，真正的忠孝不能只顾及一己之私，如自己的父母、自己的国家，而要贯彻"兼拯"精神。如何做到"兼拯"？那就要行恕道，平等爱护普天下一切生命体，比如昆虫，并把一念恻隐之心落实到行动中去——这就是"慈悲"。

第二节　情而不情：《辅教编》与儒佛辨异

汉魏两晋南北朝是佛教进入中国的第一个阶段，这期间又以鸠摩罗什入长安为界，之前大体是格义佛教阶段。鸠摩罗什来华后，不仅主导了早期中国佛教史上最辉煌的译经事业，翻译了诸多大小乘经论，而且第一次让中国佛教徒了解到印度佛教有大小乘之分——大乘自利利他，小乘自利，大乘统摄小乘，大乘思想胜于小乘思想——从而奠基了中国佛教大乘意识。大乘佛教的世出世间不二、悲智双运等重要思想在罗什翻译的《摩诃般若波罗蜜经》《大智度论》中得到充分展开。虽然鸠摩罗什以前的奉佛人士已经把佛教的基本精神归结为"慈悲"，把"慈悲"的精神核心归结为"兼拯"，然而他们并不能区分大小乘，并不能准确界定并表达大乘慈悲思想的终极旨趣，如郗超的《奉法要》相对而言已经是很纯正的佛教论著了，也未能对"慈悲"和"仁"做出决定性的区分。鸠摩罗什将"慈悲"分为"大慈大悲"和"小慈小悲"，其实这可

① （南朝·梁）僧祐撰《弘明集》，《大正藏》第 52 册，第 88 页。

② （南朝·梁）僧祐撰《弘明集》，《大正藏》第 52 册，第 86 页。

视作大乘意识确立的一种标志，"大慈大悲"和"小慈小悲"换一种说法就是"大乘"和"小乘"。"兼拯"只是"小慈小悲"之功德，必须加上"般若""平等"的"一切智智"，才是"大慈大悲"的功德。也就是说，"慈悲即仁、仁即慈悲"这一命题尚嫌粗糙，仅适用于鸠摩罗什以前格义佛教阶段的儒佛会通。当大乘理论逐渐建立并完善后，慈悲理念必须细分为大一（中）一小三个层次（其中菩萨慈悲相对于小乘是大，相对于佛是小，可方便安立为"中慈中悲"）。最究竟的慈悲是"无缘大慈、同体大悲"，亦即与般若智慧不一不二的慈悲，亦即世出世间不一不二的智慧。在佛教护教人士看来，"仁"只是限于世间之善的"小慈小悲"，而"大慈大悲"是儒家之"仁"所不能企及的，是佛教的不共特征。由此推论，佛教之"孝"与儒家之"孝"也有大小之别。

鸠摩罗什在《大智度论》中对慈悲的内涵界定得很明确，鸠摩罗什之后的中土佛教文献中，如不做专门区分，"慈悲"就是指"大慈大悲"。所以，隋唐以后尤其是有宋一代的佛门人士述及的佛教孝亲理论，一般会包含两层意思：其一，在世间法层面与儒家之"孝"会通，这种策略接续了《弘明集》诸作者的做法；其二，在出世间法层面与儒家辨异，强调佛教慈悲（即大慈大悲）理念的殊胜、不可比拟，"孝"是慈悲的应有之义，故佛之"孝"高于儒之"孝"。套用佛教"法印"的说法，如果从汉语语词上无法把佛教之"孝"和儒家之"孝"加以区分的话，那么"慈悲"可以说是佛教之"孝"的"法印"。

虽然大乘佛教的"济拔""兼拯"理念客观上有助于佛教融入中国，也促使中国原有文化传统吸纳大乘佛教，从而共同筑起中国文化的大厦，但隋唐以后由于大一统局面的形成和宗法制度的加强，重建道统的呼声越来越高，佛教在这一轮道统之争中又成为受攻击的对象。唐朝反佛最剧者，先有傅奕，后有韩愈。攻击佛教的重点也依然延续了儒门一贯的"传统"：不忠不孝、紊乱纲纪。护法人士依然由僧人和同情佛教的士大夫两部分组成，如僧界的法琳、道世、道宣、善导、宗密，士大夫中的李师政。文献多见于道宣《广弘明集》、道世《法苑珠林》。若论这一时期的辩护策略和魏晋时有何不同，最明显的特征是各个护法人士在引征文献时，更重视佛教经论，用佛教的方式为佛教辩护，《弘明集》所呈现的借老庄甚或儒典说佛教义理的格义色彩已渐渐消退。如道宣在《四分律删繁补缺行事钞》的"导俗化方篇"中强调："佛言：若人百年之中，右肩担父，左肩担母，于上下大小便利，极世珍奇衣服供养，犹不能报须臾之恩，从令听比丘尽心供养父母，不者得重罪。"[1] 这种以报恩为本质的肩担父母的孝行，是《阿含经》中反复宣扬的，恰恰是佛教之孝的印度化体现，最吻合印度佛教的本义。宗密则为《佛说盂兰盆经》作疏，并对《梵网经》中"孝名为戒，亦为制止"的思想做了诠释和发挥。可以说，这一时期的僧人在孝的问题上，既有辩驳，又有护法，还有弘道，比之魏晋，更为自信和主动。由此可见，"中国佛教"的主体意识日渐生成和成熟。

　　宋以后中国思想文化界的主流趋势是三教合一，佛教已经从"如何在中土立足"这样的基础性问题中解脱出来，有了从容回转的余地，弘法活动趋于常态化、世俗化，寺庙和社区生活互为增上，佛教成为社会生活的有机组成部分，民众的佛教信仰和佛事活动渐渐内化为不同形式的小传统。儒家士大夫中学佛的风气不可谓不深厚，但排佛者也是代有人出，如北宋那些声望颇隆的士大夫石介、欧阳修、孙复、李觏、张载等，仁宗皇帝也确有"佞佛"倾向。由于靡费过度，某些僧人的庸俗行径客观上也给朝廷官员以攻讦佛教的口实。

---

① （唐）道宣撰《四分律删繁补缺行事钞》，《大正藏》第40册，第138页。

　　皇帝的"佞佛"和民众倾家荡产布施的狂热又一次引发儒家士大夫挥之不去的"道统焦虑"，他们担心以儒家"三纲五常"为核心的王道政治和伦理规范从上到下被佛教篡改。但是也有一些文人、士大夫并不反感教下尤其是宗门的心性之说，对高僧大德的懿言嘉行敬慕不已，对佛门敦风化俗的事实赞颂有加。换句话说，热心佛事的是皇帝和普通民众，他们不关心佛教义理；关心义理的是儒家知识分子，然而真正深入研究者少，误读和误解不断产生，他们辟佛有时候是误打误撞，"以己意进退佛说"，真正忧心的在于儒学不振，自家生命无处措置。无由"可参"，只好参禅成风。

　　禅僧契嵩可谓北宋最著名的以护法为己任的佛门思想家，他的《原教》《劝书》《广原教》《孝论》《〈坛经〉赞》《真谛无圣论》等，都是为应对士大夫排佛而作，为护法而作，为正本清源而作，为开显佛陀本怀而作。如何在儒家名教制度中妥善安置佛教伦理，这也是契嵩的一大怀抱。契嵩将上述文章编为一书，名《辅教编》，先寄献给上层士大夫，又自抱其书进宋仁宗。仁宗为之所感，终将《辅教编》及契嵩的另一部关于禅宗源流的著作《传法正宗记》"诏付传法院编次"。《辅教编》编成后，契嵩恐人不悉其意，又亲自作了注释，辑成《夹注辅教编》。

　　《孝论》被誉为"佛门《孝经》"和"佛教孝亲思想的集大成"，在中国佛教思想史上有极为重要的地位。然《孝论》其实只是《辅教编》中的一章，顾名思义，契嵩论孝的目的在于"辅教"，即阐明佛法、襄助教化。《孝论》既要放在《辅教编》的整体框架中来看，又要放在儒佛孝亲观之争的历史线索中来看。故对《孝论》的解读须建立在对契嵩的运思逻辑进行系统分疏的基础之上。《孝论》所论可约之为三。

　　其一，"以实相待物，以至慈修己"。这既是契嵩作为信仰笃实的佛徒的自况，也是他对佛教教理和精神的解悟和体证。"以实相待物"即观空，"以至慈修己"即行无缘大慈，所谓菩萨道，无非观空而不舍大悲，观无漏而不断诸漏。可以看出契嵩继承了龙树世出世间不二的中道实相思想，以践行菩萨道为己任，以大乘佛教慈悲行砥砺身心。

其二，"佛行情而不情"。这是契嵩首倡的命题，此前未有。契嵩把"性"楷定为人的资质，即人之所以为人的究极理由和最终皈依；把"情"楷定为人的欲望，即种种世间相、种种无明烦恼产生的缘由。性真情妄，性寂情动。如来性德无善恶，而情有善恶。他以佛教的性空之慧和平等之智阐释儒家的"大诚"，以大慈阐释"大诚"在具体人生中的外化——仁义。"佛欲引导众生同趣其所同之道、清净安乐之处，故推广其所证诸法性性，谓与众生本同也。""佛俯推其圣性，甘同众生之卑微，岂得不谓佛有至实大信之胜德乎？佛推其无缘至慈之心常在乎众生，岂得不谓佛有大慈之胜德乎？有此大慈，故自然交感入人心之深冲也；有此至诚大信，故自然交感致人自化之速疾也。"[1] 契嵩以为世间德行本于大诚，行于大慈，是佛之大诚大慈与人心的感应道交。可见契嵩的"儒佛会通"是把儒家义理置于佛教的框架下使用和解释，以佛为本，以佛解儒。

其三，"余志在《原教》而行在《孝论》"。契嵩自注"以实相待物，以至慈修己"："唯以真实一相之法接待于人物，以广大极慈而慎修于其心也。以是之故，在于天下之人也，能必然和同，能普行恭敬。盖如其实相之理，佛与众生平等而然也。"[2] 其所谓"志"，即通达实相；其所谓"行"，即"佛行情而不情"的"行"。《孝论》从某种意义上可理解为契嵩在人伦道德事务上为佛代言，是契嵩为佛法设计的具体使用方

---

①　（宋）释契嵩著，邱小毛校译《夹注辅教编校译》，西南交通大学出版社，2011，第15页。

②　（宋）释契嵩著，邱小毛校译《夹注辅教编校译》，第90页。

案，他要让人类有限的生命历程与无限的佛法真理相贯通，他要让具体的人伦义务找到不受时空拘限的永恒依止处。

契嵩用《孝论》解决两个问题：孝亲是佛法本有之义，不是如儒家一贯指责的那样；依止佛法的孝才是大孝，佛教之孝才是人类社会生活和谐的根本保障，才是人类获得解脱的根本之路。故此，契嵩为佛家之孝行设计了操作规范，解决了出家求真是否会妨碍孝养之责这种蔓延在僧人群体中的普遍疑惑，也清除了大众对佛教的误解和"黑鬣为患"之类的无稽之忧。和《原教》的纲领性与思辨性相比，《孝论》更像是一部具体的行动手册。

如果说契嵩之前的佛教孝亲理念尚被儒家左右，未能脱离儒家窠臼，未能从迎合儒家规范中解脱出来的话，此时契嵩其实以会通之名而行"建立专属于佛教的孝的内涵"之实——孝即"大慈"。"以实相待物，以至慈修己"、"佛行情而不情"和"余志在《原教》而行在《孝论》"这三句话背后的逻辑构架和义理内涵再明白不过地彰显了他的真实心迹。契嵩以慈悲为孝的"法印"，楷定了佛教的孝只能是大乘佛法的人间表达和人伦日用，是世出世间不一不二的中道法门，是求取无上正等正觉的悲智大行。《孝论》是汉传佛教孝亲理论的制高点和里程碑，也是大乘佛教慈悲理念流行于中土文化时空而孕育出的丰硕果实。

第三章

戒杀与不害：慈悲再造礼俗

大乘佛教以空性见和利他行统摄的"广大行"，即布施等六波罗蜜。布施并非为大乘所独有，《阿含经》中，布施、持戒、忍辱是获得人间福报的"三福德门"，佛陀劝导修行者，以衣、食等物施与大德和贫穷者，培植"敬田"和"福田"。大乘布施殊胜之处在于"具足"——施者、受者和所施之物三轮体空。大乘布施发出离心以离不净布施和世间布施，发大悲心以别于小乘布施，与般若波罗蜜相应而平等、无量。

　　大乘经典中经常提到，菩萨用于度众生的四种方便法，名"四摄"，分别是布施、爱语、利行、同事。"四摄"主要是菩萨度人道众生的方便法，至于地狱、饿鬼、畜生三恶道和声闻、缘觉二圣道，菩萨又有别的方便法门。布施是六度之首，因布施和慈心相应，慈心能起慈身、口业，六波罗蜜中以布施为先。布施也是"四摄"之首，对众生有超乎寻常的摄受力。譬如一个身陷囹圄的犯人有两个亲友，其中一人愿意供给狱中所需，另一人愿意代其赴死。众人自然会说："能代死者，是为大慈悲。"佛就是这样，世世为一切众生，头目髓脑尽以布施。众生自然会一齐赞叹佛，把佛的品德称作"大慈大悲"。①

　　布施分"财施"、"法施"和"无畏施"。"财施"只能得到有限的

---

① 〔印度〕龙树造，(后秦)鸠摩罗什译《大智度论》，《大正藏》第 25 册，第 257 页。

欲界果报，"法施"可得三界果报。"无畏施"有"济拔""不害"两层含义："一切众生皆畏于死，持戒不害，是则无畏施。"[1] 从行动的角度，救拔是积极的布施行为，持戒不害是消极的布施行为。

菩萨"念是诸众生，没在苦恼泥，我当救拔之，令在安隐处"而"深生悲心"。生悲心已，菩萨复作济拔之念，令众生远离贪嗔痴缠缚，永无生老病死的苦患。此"与乐"之心，即慈心。[2]

在唯识学心法和心所法中，和慈悲心有关的善心所是"不嗔"、"不害"和"行舍"。可以说，慈悲的最高境界是"平等心"，慈悲的底线是"不害心"，慈悲的普遍表达是"舍心"。这也是大乘佛教慈悲观在中国文化时空中流行演变时所遵循的内在规定。这些观念犹如不证自明的公理，中土社会慈悲传统，如素食传统和慈善传统，以及和"慈悲"有关的历史事件，如作为素食传统确立的关键事件的梁武帝颁布《断酒肉文》，佛门慈善事业"悲田坊""无尽藏"，居士慈善组织"义邑"等，都是"不害"观念和"布施"观念在中土社会生活中的落实。

佛教业报轮回论和中土原有的善恶报应论也找到了会通的契机，形成中国佛教特有的基于业感缘起的善恶报应论。业、三世轮回、善恶果报等理论成为佛教慈悲观在伦理生活领域运行流变的内在动力。在中古社会，三世轮回思想甚至被视作佛教区别于儒道二教的根本标志。三世轮回的理论基石则是大乘平等观，大乘佛教的"两翼"是智慧和慈悲。从"智慧"论，平等观是"空观"——《佛说无量寿经》曰："等观三界，空无所有。"[3] 从"慈悲"论，平等观是"慈观"——《大般涅槃经》曰："等观众生，如视一子。"[4] 首先，"众生平等"是众生成佛权利的平等。

---

① 〔印度〕龙树造，(后秦) 鸠摩罗什译《大智度论》，《大正藏》第25册，第162页。

② 〔印度〕龙树造，(后秦) 鸠摩罗什译《十住毗婆沙论》，《大正藏》第26册，第49页。

③ (三国·魏) 康僧铠译《佛说无量寿经》，《大正藏》第12册，第273页。

④ (北凉) 昙无谶译《大般涅槃经》，《大正藏》第12册，第366页。

其次,"众生平等"是缘起法则规定下的平等,诸行无常故法空,诸法无我故我空,人法二空故,人人平等、法法平等。最后,"众生平等"是众生皆随业力流转,出入六道的机会的平等。从无限长的时间和无限广的空间角度来观照,众生无始以来出入每一界的机会是均等的,众生之间因缘不可思议。《梵网经》谓:"一切男子是我父,一切女人是我母,我生生无不从之受生,故六道众生皆是我父母。"既然六道众生皆是"生我"的父母,则"杀我父母,亦杀我故身"①——杀生就是杀父母,杀父母就是杀自己。"(菩萨)谓观有情犹如父母、兄弟、亲戚,令一切众咸亲附我。何以故? 无始时来流转六趣皆为亲戚,若诸有情在怖畏难,尚以身命而救拔之,况应于彼而加恼害!"②所以,从观念世界的"众生平等",必然推导出生活世界的"众生生存权利平等",保全他者,就是保全自我。"素食"乃成为奉行大乘、致力弘扬佛教慈悲精神的僧人、居士、国王、大臣、士人、庶民的自觉行持。"不害"思想,开出了中国佛教的护生观念,以及汉传佛教独有的素食传统。

菩萨从初发心始,精勤布施,由初地而次第增上。然菩萨在未得无生法忍前,其心不能平等一味,或者恭敬心多,或者悲悯心多。恭敬心多者,应依先圣后凡、先善后恶的顺序布施。圣者是"恭敬福田",福德多,田亦广,对圣者的恭敬即"恭敬布施",种广大的福田,施者易得大心。悲悯心多者,应先施贫贱和恶行众生。贫穷下贱及诸畜生是"怜悯福田",此"田"能助施者陪护悲心,田越下劣,施者收获的悲心越大。前者相辅相成,后者相反相成。"敬田"思想和"福田"思想,开出了中国佛教慈善传统。

---

① (后秦)鸠摩罗什译《梵网经》,《大正藏》第24册,第1006页。

② (唐)玄奘译《大般若波罗蜜多经》,《大正藏》第7册,第922页。

第一节　蔬果以祭：戒杀对南朝祭祀制度的影响

众生平等，各于六道中生生死死，轮转不息，他们曾经都是父母兄弟、男女眷属、亲戚朋友，不能忍心取食之，不能加害于对方。基于平等观和业报轮回观，佛教把"不害"理念带入中土。"不害"又进一步直观化为"不杀生"，和人的生活挂搭，最终具体为"选择什么食物"而落实在日用行持中。《大佛顶如来密因修证了义诸菩萨万行首楞严经》（简称《楞严经》）以杀羊举例："以人食羊，羊死为人，人死为羊。如是乃至十生之类，死死生生互来相啖，恶业俱生穷未来际。"① 杀生作为十恶业之第一，将令人堕入恶道，遭受果报："凡杀生者多为人食，人若不食，亦无杀事。是故食肉与杀同罪。"②《大般涅槃经》谓："夫食肉者，断大慈种。"③ 为防非止恶，大乘戒法把"不杀生戒"当作"第一戒"："第一戒者，尽一日一夜持，心如真人，无有杀意，慈念众生，不得贼害蠕动之类，不加刀杖，念欲安利莫复为杀，如清净戒以一心习。"④ 不杀生戒，又名"慈悲戒"。

不杀生和素食有关联但并不能等同，不杀生观念必然导致素食，但素食不一定和"戒杀"观念相关。素食在中土传统典籍中又作"蔬食""菜食"，本义是没有肉的、等级在肉食之下的食物，所以"蔬食"代表清净、节制欲望，或作为一种自我约束的苦行。

佛教传入之前，中土文化中有"斋"或"斋戒"的观念，虽然

① （唐）般剌蜜谛译《大佛顶如来密因修证了义诸菩萨万行首楞严经》，《大正藏》第19册，第120页。

② （唐）实叉难陀译《大乘入楞伽经》，《大正藏》第16册，第624页。

③ （北凉）昙无谶译《大般涅槃经》，《大正藏》第12册，第386页。

④ （三国·吴）支谦译《佛说斋经》，《大正藏》第1册，第911页。

"斋戒"是不是等同于"蔬食"尚有待讨论，但《太平御览·礼仪部九·斋戒》规定："斋必变食，去其荤膻也。"① 《说文解字》："膻，肉膻也。"② "膻"指有膻味的兽肉，泛指肉类、鱼类食物。《礼记·玉藻》："子卯〔日〕，稷食，菜羹。"③ 意即在"子卯日"④ 这样特定的斋戒日子，不得饮酒食肉，应以粟米饭和菜羹为食物，实际上也就是"菜食"或"素食"。《礼记·月令》称"君子齐戒"需要"薄滋味，毋致和，节嗜欲，定心气"⑤，可见斋戒和君子之德的养成有对应关系，斋戒使人的心灵洁净，因此能获得和神沟通的能力。

国力不强、家境贫寒等皆可能导致某些人无力肉食，只能被动选择蔬食，蔬食自然被视为"苦行"。安于这种"苦"的境遇而不改对仁道的向往和追求，遂成为值得赞颂的君子之德。如孔子以"疏食"明志："饭疏食，饮水，曲肱而枕之，乐亦在其中矣。不义而富且贵，于我如浮云。"（《论语·述而》）⑥ 《庄子·人世间》记载颜回问道于孔子："回之家贫，唯不饮酒不茹荤者数月矣。如此，则可以为斋乎？"孔子回答："是祭祀之斋，非心斋也。"⑦

主动选择蔬食苦行的，主要是当政者和隐逸之士。如王莽受阴阳灾异之说的影响，每当国家遭遇水旱灾害，即素食。太后王政君遣使者诏莽曰："闻公菜食，忧民深矣。今秋幸孰（熟），公勤于职，以时食肉，

---

① （宋）李昉等撰《太平御览》卷五三〇《礼仪部九·斋戒》，第2403页。

② （汉）许慎撰《说文解字》，第88页。

③ 杨天宇撰《礼记译注》，第493页。

④ 指甲子、丙子、戊子、庚子、壬子日，以及丁卯、己卯、辛卯、癸卯、乙卯日。

⑤ 杨天宇撰《礼记译注》，第261页。

⑥ （清）刘宝楠：《论语正义》，影印《诸子集成》第1册，第143页。

⑦ （清）郭庆藩辑《庄子集释》，影印《诸子集成》第3册，第67页。

爱身为国。"① 而隐逸之士的修炼方法中有"木食""辟谷"等。蔬食有了某种宗教意义。

儒家"蔬食"最重要的社会功能体现在丧礼制度。所谓"哀之发于饮食"，服丧期间不得肉食，以表达对死者的哀思。《礼记·间传》："斩衰三日不食，齐衰二日不食，大功三不食，小功、缌麻再不食。士与敛焉则壹不食。故父母之丧，既殡，食粥。朝一溢米，莫一溢米。齐衰之丧，疏食，水饮，不食菜果。大功之丧，不食醯酱。小功、缌麻，不饮醴酒。此哀之发于饮食者也。"② 根据服丧者与死者的亲疏远近，素食的时间有长短之别。以父母之丧斋戒的时段为最长，这是对儒家孝亲观的贯彻。

儒家仁恕思想中的"不忍"和"恻隐"约略能和戒杀观会通，然"不忍"之心并不导致"不杀"之行，齐宣王看到用来祭祀的牛走过，"不忍其觳觫"，他安抚自己的方法是把牛放了，用小一点的羊替代。③ 孟子说："见其生，不忍见其死；闻其声，不忍食其肉。是以君子远庖厨也。"④ 他的应对方法只是和厨房保持远距离，看不见动物生死、听不见动物惨叫。儒家对待众生的基本态度是"厚生利用"，在尊重动植物的基础上让动植物"为人所用"，儒家认为，这是天地间的应有之义。

"祭"古音同"杀"，本义是杀牲以腥血荐神。祭祀能贯通天地秩序，"国之大事，在祀与戎"。⑤ 关系国家政治的天地祭祀和关系宗法礼制的宗庙祭祀一般都要用到"牺牲"，"色纯曰牺，体完曰牷，牛羊豕

---

① （汉）班固撰《汉书》卷九十九上《王莽传上》，第 4050 页。

② 杨天宇撰《礼记译注》，第 995 页。

③ 《孟子·梁惠王上》，（清）焦循：《孟子正义》，影印《诸子集成》第 1 册，第 47—48 页。

④ 《孟子·梁惠王上》，（清）焦循：《孟子正义》，影印《诸子集成》第 1 册，第 49—50 页。

⑤ 《左传·成公十三年》，杨伯峻编著《春秋左传注》（修订本），第 861 页。

曰牲"。^① 儒家认为"圣人制礼"的目的是行教化、立标准,"是故先王之制礼乐也,非以极口腹耳目之欲也,将以教民平好恶而反人道之正也"。^②《礼记》曰"疏食不足祭也",祭祀离不开"牺牲",儒家就不可能"戒杀",也就不可能把"不害"作为绝对价值,儒家的"仁"和佛教的"慈悲"正是由此而扞格。在儒家观念体系中,大到国家祭祀,小到饮食男女,"杀生"都是合理且必需的,然要以"仁恕"之心调和以"厥中"。儒家以蔬食为清净行和苦行,在这种不同寻常的生活实践中磨炼身体、捶打性情,以寄托哀思、举扬孝道。

大乘经典译出、大乘慈悲观进入中土文化观念后,杀生成为慈悲观念统摄下的第一戒,传统的杀生和肉食行为才被赋予某种负面意义。"周孔之教何不去杀?"^③"圣人有杀心乎?"^④ 有意会通儒佛的知识精英必须在理论层面对儒佛杀生观念的扞格做出解释。南北朝时的孙绰、颜延之、周颙、沈约等相继发表了议论。

孙绰和颜延之基于佛教观念,对儒佛差异进行会通,认为圣人杀生,自有圣人的高尚境界和教化之法,那就是"渐抑以求厥中"。孙绰在《喻道论》中答道:"圣人知人情之固于杀不可一朝而息,故渐抑以求厥中。犹蝮蛇螫足,斩之以全身。痈疽附体,决之以救命。亡一以存十,亦轻重之所权。故刑依秋冬,所以顺时杀;春蒐夏苗,所以简胎乳。三驱之礼,禽来则韬弓。闻声睹生,肉至不食。钓而不网,弋不射宿。其于昆虫,每加隐恻。至于议狱缓死、眚灾肆赦,刑疑从轻、宁失有罪,流涕授钺、哀矜勿喜。生育之恩笃矣,仁爱之道尽矣。所谓为而

① 《尚书·微子》,(清)阮元校刻《十三经注疏》,第178页。

② 《礼记·乐记》,杨天宇撰《礼记译注》,第631页。

③ (晋)孙绰:《喻道论》,载(南朝·梁)僧祐撰《弘明集》,《大正藏》第52册,第16页。

④ (晋)孙绰:《喻道论》,载(南朝·梁)僧祐撰《弘明集》,《大正藏》第52册,第16页。

不恃、长而不宰，德被而功不在我，日用而万物不知。举兹以求，足以悟其归矣。"① 圣人杀生，只是权宜之计，是为了体谅人之本性，随顺万物的生长规律。圣人用渐渐抑制杀心的方式求得中道，比如圣人"钓而不网，弋不射宿"，对昆虫常有恻隐。以圣人的心意制定刑罚制度，对人民宽宏大量。圣人用日用而不知的方式让人类生存繁衍，让人民得到教化，圣人德被人民却并不居功自矜。

沈约在《均圣论》和《究竟慈悲论》中，继承孙绰和颜延之的佛教立场，用大乘慈悲观诠释"周孔制礼"，开显"圣人心意"：

> 炎昊之世，未火未粒，肉食皮衣。仁恻之事，弗萌怀抱。非肉非皮，死亡立至。虽复大圣殷勤思存救免，而身命是资，理难顿夺。实宜导之以渐，稍启其源。故燧人火化变腥为熟，腥熟既变，盖佛教之萌兆也。何者变腥为熟其事渐难？积此渐难可以成著。迄乎神农复垂汲引，嘉谷肇播，民用粒食。嗛腹充虚，非肉可饱。则全命减杀于事弥多。自此以降，矜护日广。春蒐免其怀孕，夏苗取其害谷。秋狝冬狩，所害诚多，顿去之难，已备前说。周孔二圣，宗条稍广。见其生不忍其死，闻其声不食其肉。草木斩伐有时，麛卵不得妄犯。渔不竭泽，佃不燎原。钓而不网，弋不射宿。肉食蚕衣皆须耆齿，牛羊犬豕无故不杀。②

> 释氏之教，义本慈悲。慈悲之要，全生为重。恕己因心，以身观物。欲使抱识怀知之类、爱生忌死之群，各遂厥宜，得无遗夭。

① （晋）孙绰：《喻道论》，载（南朝·梁）僧祐撰《弘明集》，《大正藏》第52册，第16—17页。

② （南朝·齐）沈约：《均圣论》，载（唐）道宣撰《广弘明集》，《大正藏》第52册，第121页。

*而俗迷日久，沦惑难变。革之一朝，则疑怪莫启。*①

不杀是圣人本义，这一本义，因圣人日用而不知的渐进的教化方案，而日渐含混。等到释教导入中土，圣人的本义终于有了开显的机会。礼对杀生的限制越严密，圣人对众生的矜护越深厚。

观念只是停留在文字中，制度的改变更能体现慈悲观念在中国社会的渗透：既然慈悲即不杀，则祭祀用的供品，是"血食"还是"蔬供"就成了个大问题，直接关涉占据主流的儒家意识形态。通过对历史的考察，我们看到魏晋南北朝以后，民间社会和士人家族中已经出现了"蔬供"的案例，而官方祭祀制度的改变则发生在梁武帝时。只有"皇帝奉佛"这种极其特殊的历史机缘，才可能对国家祭祀制度有所撼动。

南朝有一些士人要求在自己死后用蔬食祭祀。这一现象最早记载于《宋书·江夷传》，江夷"遗命薄敛蔬奠，务存俭约"。② 南朝士大夫遗命蔬祭者不乏其人，但蔬祭并未形成风尚。齐武帝也临终遗令："祭敬之典，本在因心，东邻杀牛，不如西家禴祭。我灵上慎勿以牲为祭，唯设饼、茶饮、干饭、酒脯而已。"甚至诏令全国，"天下贵贱，咸同此制，未山陵前，朔望设菜食"。③ "东邻杀牛，不如西家禴祭"一句来自《易经》，"禴祭"的意思是薄祭。虽然蔬祭的目的主要在于提倡节俭之风，但许多士大夫也确实和佛教有某种因缘，士大夫蔬食行为背后的佛教动力不能忽视。

---

① （南朝·齐）沈约：《究竟慈悲论》，载（唐）道宣撰《广弘明集》，《大正藏》第52册，第292页。

② 夏德美：《南朝祭祀与佛教》，《青岛大学师范学院学报》2012年第2期，第50页。引文见（南朝·齐）沈约撰《宋书》卷五十三，中华书局，1974，第1526页。

③ （南朝·梁）萧子显撰《南齐书》，中华书局，1972，第61页。

　　《高僧传》之《释法度》一则讲了一个以"血食"代"蔬供"的故事。虽为内典所传，亦折射出刘宋时期民间祭祀已然把"血食"归入不正当之列。初传之时，佛教以因果报应理论而在下层民众间传播。杀生导致被杀，这种因果逻辑几成不言自明的故事预设和逻辑前提。佛教推行"五戒十善"，杀生是第一戒，自当被禁止。于是，不仅人道众生，乃至鬼神之流也在高僧的教化下放弃了"血食"。

　　　　释法度，黄龙人，少出家，游学北土，备综众经，而专以苦节成务。宋末游于京师，高士齐郡明僧绍抗迹人外，隐居琅琊之嵫山，挹度清徽，待以师友之敬。及亡，舍所居山为栖霞精舍，请度居之。先有道士欲以寺地为馆，住者辄死；及后为寺，犹多恐动。自度居之，群妖皆息。住经岁许，忽闻人马鼓角之声。俄见一人持名纸通度，曰"靳尚"。度前之。尚形甚都雅，羽卫亦严。致敬已，乃言："弟子王有此山七百余年，神道有法，物不得干。前诸栖托，或非真正，故死病继之，亦其命也。法师道德所归，谨舍以奉给，并愿受五戒，永结来缘。"度曰："人神道殊，无容相屈。且檀越血食世祀，此最五戒所禁。"尚曰："若备门徒，辄先去杀。"于是辞去。明旦，度见一人送钱一万香烛刀子，疏云："弟子靳尚奉供。"至月十五日，度为设会，尚又来，同众礼拜、行道，受戒而去。嵫山庙巫梦神告曰："吾已受戒于度法师，祠祀勿得杀戮。"由是庙用荐止菜脯而已。①

　　法度因戒律谨严而避免了杀身之祸，无论"五戒"还是"菩萨戒"，

---

① （南朝·梁）慧皎撰《高僧传》，《大正藏》第50册，第380页。

不杀生戒都是第一戒。可以说法度因不杀生而全其身，没有重蹈之前道士或僧人的覆辙，这是因果报应。山神靳尚求授五戒，法度因不满其世代受"血祭"、违犯杀生之戒而拒绝，提出条件说，如果"去杀"，则可收留作门徒。靳尚依从，得受五戒。靳尚托梦给嶓山庙巫祝说：我已受戒于度法师，以后祭祀不要杀生。从此庙里的祭品只是菜脯而已。

甚至本土道教也接受了蔬供的观念。道教祖师葛洪明确提出反对"煞生血食"，把血食的山川社庙之神称为"恶神"："若有山川社庙血食恶神能作福祸者，以印封泥，断其道路，则不复能神矣。"[①] 作为道教徒，葛洪甚至亲自受了佛教的菩萨戒。

从《断酒肉文》可知，梁武帝也利用民间蒋帝信仰推行"去杀菜食"。"诸大德僧尼、诸义学僧尼、诸寺三官：北山蒋帝犹且去杀，若以不杀祈愿，辄得上教；若以杀祈愿辄不得教。想今日大众已应闻知。弟子已勒诸庙祀及以百姓，凡诸群祀，若有祈报者，皆不得荐生类，各尽诚心，止修蔬供。蒋帝今日行菩萨道，诸出家人云何反食众生、行诸魔行？一日北山为蒋帝斋，所以皆请菜食僧者，正以幽灵悉能鉴见。若不菜食僧，作菜食往，将恐蒋帝恶贱佛法，怪望弟子。是请法师当见此意。"[②]

蒋帝即蒋子文，汉末为秣陵尉，逐贼至钟山下，贼击伤额，因解绶缚之，有顷遂死，死后被封为土地神。蒋神信仰从三国时期的吴国开始盛行，六朝尤盛，梁武帝曾亲自率朝臣到蒋帝庙修谒。梁武帝以蒋神行菩萨道为号召，规定百姓祈福祭祀不得杀生为荐供。为蒋帝行斋供仪式时，之所以一律请菜食的僧人携菜食前往，是因为人间的事，在幽冥之

---

① 王明：《抱朴子内篇校释》（增订本），中华书局，1985，第313页。

② （南朝·梁）萧衍：《断酒肉文》，载（唐）道宣撰《广弘明集》，《大正藏》第52册，第297页。

地都能清楚看见。如果不这样做，蒋帝将厌恶佛法，轻贱佛法。

　　从引文可知，梁武帝让僧俗以菜食祭祀蒋帝之前，已经下令庙祭不得杀生。《广弘明集》收录的署名"梁武帝"的诏书合集《断杀绝宗庙牺牲诏（并表请）》记载："梁高祖武皇帝临天下十二年，下诏去宗庙牺牲，修行佛戒，蔬食断欲。"[①] 此举引发群臣异议。《南史》卷六《梁本纪上》载："三月丙子，敕太医不得以生类为药，公家织官纹锦饰，并断仙人鸟兽之形，以为亵衣，裁剪有乖仁恕。于是祈告天地宗庙，以去杀之理，欲被之含识。郊庙牲牷，皆代以面，其山川诸祀则否。时以宗庙去牲，则为不复血食，虽公卿异议，朝野喧嚣，竟不从。冬十月，宗庙荐羞，始用蔬果。"[②] 也就是说，梁武帝在这一年的三月，敕令太医不得用动物入药，官服纹样不得有动物形象，不得把有仙人鸟兽形象的织物任意裁剪，因为这有违仁恕之道。郊祭和庙祭不得用牺牲，代之以面做的祭品，山川四渎的祭祀则不改变。公卿对庙祭不用血食很有意见，梁武帝不理会。到这一年的十月，庙祭开始用蔬果。梁武帝还令萧子云修改了传统宗庙祭祀文书中和"杀生"有关的修辞，如"式备牲牷""牲玉孔备""我牲以洁""朱尾碧鳞"等。[③]

　　《梁书·刘勰传》载："时七庙飨荐已用蔬果，而二郊农社犹有牺牲。勰乃表言：二郊宜与七庙同改。诏：付尚书议。依勰所陈。"庙祭已改，而郊祀未改。任东宫通事舍人一职的刘勰提出这一问题。梁武帝命尚书讨论，最终按照刘勰的建议，把禁断血食扩展到天地二郊祭祀。

　　然而梁武帝的天监祭祀改革并没有持续很久，梁灭后，陈代又恢复

① （梁）萧衍：《断杀绝宗庙牺牲诏（并表请）》，载（唐）道宣撰《广弘明集》，《大正藏》第52册，第293页。

② （唐）李延寿撰《南史》卷六《梁本纪上》，中华书局，1975，第196页。

③ （唐）姚思廉撰《梁书》卷三十五《萧子云传》，中华书局，1973，第514页。

了用"特牛"祀天地。至于民间祭祀中用蔬菜瓜果，因梁武帝亲自主持确立了盂兰盆节仪轨，这一传统得以存续绵延。梁武帝以帝王之便、一己之力，令慈悲不杀的观念在中国社会烙下深刻印记。

第二节　"皇帝菩萨"：梁武帝与汉传佛教慈悲传统

唐《南史》以四句论定梁武帝萧衍亡国的原因："留心俎豆，忘情干戚，溺于释教，弛于刑典。"① "俎豆"指代礼乐制度，"干戚"指代武功，"刑典"指代法规与手段。梁武帝修改了儒家传统的庙祭和郊祭制度，以面塑的形象代替活生生的动物，言其"留心俎豆"，亦当指梁武帝对儒家礼制的撼动。致力于改制，疏于武功，沉溺于佛教，轻于刑罚，作为历史上唯一被贴上"菩萨皇帝"标签的帝王，梁武帝乃以特殊身份推动佛教治国，把大乘佛教观念及其教化体系引入传统的儒家治国意识形态体系当中。

以大乘佛教为治国意识形态，在佛教传入中土以前即不乏先例，如印度佛教历史上著名的阿育王，在中土文化语境中，几乎是"转轮圣王"的代名词。转轮圣王就是信奉大乘佛法、用大乘思想建立国家制度和社会伦理的帝王。转轮圣王经过累世修行，功德圆满，具足"金轮宝""白象宝""绀马宝""神珠宝""玉女宝""居士宝""主兵宝"等"七宝"，而成为人间帝王，乃佛在世间的应化，"转轮圣王"治理的国家，是佛法在人间最高形态的贯彻。大乘佛经产生于公元前 150 年前后的贵霜帝国，贵霜帝国就有深厚的大乘佛教和国家政治相结合的治理

---

① （唐）李延寿撰《南史》卷七《梁本纪中》，第 226 页。

传统。支娄迦谶最早翻译大乘佛经，把大乘思想带进中土，他翻译的大乘佛经，如《道行般若经》《般舟三昧经》《伅真陀罗所问如来三昧经》《大萨遮尼乾子所说经》等，都是包含转轮圣王思想的经。经中常有国王问法于长者的情节，长者于是向国王传授佛经，解释依照佛经应该如何修身、如何治国、如何获得人民的爱戴、如何面对外敌的进攻等。大乘佛教的最高价值是"智慧"和"慈悲"，依此楷定，国王最需要做到的不外乎两项：布施和持戒。因国王最易面临征战杀伐，所以，转轮圣王的布施，主要是以"不杀生"为重点的"无畏施"，转轮圣王的持戒，主要是大乘菩萨首重的"不杀生戒"。转轮圣王思想必须靠帝王才能落实，据学者研究，东汉桓帝、灵帝，北凉、后赵、姚秦及北魏平城时代的几个帝王，北魏迁都洛阳以后的胡灵太后，北齐文宣帝等，都有把佛教当作治国思想的意图或行动。① 在"华夷之辨"的视野下，这种选择和十六国及北朝帝王多出身北方游牧民族有关。"夷狄"一方面要学习华夏文明，融入主流的儒家文化；另一方面也会有意识地建立有别于儒家的意识形态。从西北通过陆路传入中原的佛教，为他们提供了相应的文化资源。

　　南朝寒门素族出身的梁武帝从小熟读儒家经典，立国后也采取了一系列措施推行儒术，沈约在《梁武帝集序》中说他"笃志经术"。而梁武帝本人在建国之初信奉的是家传的道教信仰，他和被后世立为道教祖师的陶弘景一直交好。天监三年（504），梁武帝宣布"舍道入佛"，在重云殿手书《舍事李老道法诏》，发愿未来世中"广弘经教""同共成佛"。② 梁武帝何以信佛，汤用彤先生在《汉魏两晋南北朝佛教史》中

① 古正美：《从天王传统到佛王传统——中国中世纪佛教治国意识形态研究》，台北：商周出版社，2003。

② （唐）道宣撰《广弘明集》，《大正藏》第 52 册，第 112 页。

认为与南齐竟陵王萧子良有关。"竟陵八友"以萧子良为首，经常"招致名僧，讲语佛法，造经呗新声"①，萧衍精于玄谈，位"八友"之列，对佛典和佛教义理颇有心得。

梁武帝以帝王之身"舍道入佛"，用下诏书的形式知会全国，并要求王公贵族、平民百姓都信奉佛教，这本身就是一种国家行为，而非简单的个人改信事件。其被后世正史诟病的"佞佛"，不能单纯理解为个人对佛法的崇信，而是正史对其贵为帝王，却在治统和道统中掺入佛教意识形态表达不满。梁武帝实际在儒家政治框架内推行了一定程度的佛教化变革，当时必然受到阻力，亡国之后，新秩序自然也不会被延续。然而，梁武帝的变革成果绝不是昙花一现，大乘佛教"慈悲戒杀"思想因为梁武帝制定的忏法和仪轨而得到落实并传承，汉传佛教的素食传统更是由梁武帝一手缔造并绵延至今。梁武帝对中国佛教慈悲思想的建立和传续厥功甚伟。

按照早期传译的大乘经典，佛教治国思想的核心就是大乘佛教般若思想和慈悲思想，可付诸菩萨行的具体行持的就是菩萨道六度，其中以布施和持戒为福德门之要。梁武帝从"修身自利"和"治国利他"两个方面把佛教思想予以落实，"自利行"如舍身出家、受菩萨戒、茹素弃欲等，"利他行"如废祭祀血食、翻译大乘戒经、放生禁猎、制定忏仪、下诏僧众禁断酒肉、提倡孝道、建立社会福利机构"无尽藏"等。以下撮要述之。

其一，关于梁武帝的"舍身"。梁武帝多次"舍身为奴"，今存文献中至少记载了四次：大通元年（527）"驾幸同泰寺舍身，群臣以钱一亿万奉赎，皇帝归宫"②；中大通元年（529）"京城大疫，帝于重云殿为

---

① （南朝·梁）萧子显撰《南齐书》卷四十《竟陵文宣王子良传》，第700页。

② （宋）志磐撰《佛祖统纪》卷三十七，《大正藏》第49册，第350页。

百姓设救苦斋，以身为祷。复幸同泰寺，设四部无遮大会，披法衣，行清净大舍。素床瓦器，乘小车，亲升法座，为众开《涅槃经》题。群臣以钱一亿万奉赎，皇帝设道俗大斋五万人"①；中大同元年（546）"帝幸同泰寺讲金字《三慧般若经》，行清净大舍。皇太子、群臣以钱一亿万奉赎归宫"②；太清元年（547）"帝幸同泰寺设无遮大会，行清净大舍。升妙严殿讲金字《三慧般若经》。群臣以钱一亿万奉赎归宫"③。以大乘慈悲观，六度慈悲行中布施度第一，布施分"财施"、"法施"和"无畏施"，财施分内财和外财，外财如"所有金银、珍宝、国城、妻子等"，内财如"自身肉、血、头、目、手、足、耳、鼻"。"舍身"，也就是勇于牺牲自我救度他人的牺牲精神，从来都是菩萨道的精髓。菩萨累世修行的本生故事中，以"舍身饲虎""割肉贸鸽"这种大慈大悲事迹最为动人。"舍身"是大乘菩萨道的核心价值观。梁武帝既决心把自己塑造成为"菩萨皇帝"，自然要践行这一核心价值观。一次次"舍身"同泰寺让臣子重金赎回，相当于建立一种表达佛教"舍身"精神的新的国家仪式。这是梁武帝建立佛教礼制，欲以佛教意识形态治国的努力。唐以后反佛的士子和官员对梁武帝"舍身"的行为反复嘲讽，不断污名化。如魏徵等人在《隋书》中认为，中大通元年的大雨雹，甚至后来的侯景之乱、江陵之败，都是"舍身为奴之应"。④ 姚崇《遗令戒子孙文》曰"梁武帝以万乘为奴……岂特身戮名辱，皆以亡国破家"。⑤ 韩愈《谏迎佛骨表》曰："事佛求福，反更得祸。"⑥ 梁武帝作为汉族政权的皇

---

① （宋）志磐撰《佛祖统纪》卷三十七，《大正藏》第49册，第350页。

② （宋）志磐撰《佛祖统纪》卷三十七，《大正藏》第49册，第351页。

③ （宋）志磐撰《佛祖统纪》卷三十七，《大正藏》第49册，第351页。

④ （唐）魏徵、令狐德棻撰《隋书》卷二十二《五行上》，中华书局，1973，第629页。

⑤ （后晋）刘昫等撰《旧唐书》卷九十六《姚崇传》，中华书局，1975，第3027页。

⑥ （唐）韩愈著，刘真伦、岳珍校注《韩愈文集汇校笺注》，中华书局，2010，第2904页。

帝，居然要以佛教改道统，以华夏为正朔的儒生自然群起抵制。

其二，关于梁武帝受菩萨戒。天监三年四月八日，梁武帝宣布"舍道入佛"，于重云殿带领道俗两万人，自称"弟子"，手书"发菩提心"的愿文："十方诸佛十方尊法十方圣僧伏见经云：'发菩提心者即是佛心。其余诸善不得为喻……今舍旧医归凭正觉。'愿使未来生世童男出家，广弘经教化度含识同共成佛……"至四月十一日，又敕门下："《大经》中说：'道有九十六种，惟佛一道是于正道，其余九十五种名为邪道。'朕舍邪外道以事正内。诸佛如来若有公卿能入此誓者，各可发菩提心。"[1] 天监十八年四月八日，梁武帝又幸等觉殿，"天子发弘誓，心受菩萨戒……皇储以下，爰至王姬，道俗士庶，咸希度脱。弟子著籍者凡四万八千人"。[2] 梁武帝对"菩萨戒"非常重视，不仅自己受，还劝太子、下属受。据古正美考证，梁武帝受了两次菩萨戒，且很在意受菩萨戒的仪式。[3] 而据《梵网经》，菩萨戒最重要的戒条就是"十善法"或"十戒"，即"不杀、不盗、不邪淫、不妄语、不酗酒、不恶口、不绮语、不贪、不嗔、不谤"。"定义转轮王此词及转轮王治世法最重要的经典《大萨遮尼乾子所说经》……把转轮王的定义说得非常清楚……转轮王虽是以佛教信仰教化天下的帝王，但由于有些佛教教义太艰深难行，一般人民不易了解或施行，因此大乘佛教经典从一开始便用'十善法'作为转轮王教化自己及其人民的方便法门。"[4] 作为最早在中土传译的大乘经，支娄迦谶译《道行般若经》中也明确记载了如何

---

① （唐）道宣撰《广弘明集》，《大正藏》第52册，第111页。

② （唐）道宣撰《续高僧传》，《大正藏》第50册，第469页。

③ 古正美：《中国早期〈菩萨戒经〉的性质及内容》，《南京大学学报》（哲学·人文科学·社会科学）2010年第4期，第94页。

④ 古正美：《中国早期〈菩萨戒经〉的性质及内容》，《南京大学学报》（哲学·人文科学·社会科学）2010年第4期，第98页。

行"十戒"。考察南北朝历史，帝王是否"受菩萨戒"，的确可以成为他是否要在其国内推行佛教意识形态，是否有做转轮圣王企图的一个判断指标，比如北魏胡灵太后、北齐文宣帝都有受菩萨戒的行为。和"舍身"一样，"受菩萨戒"也是梁武帝试图建立佛教国家礼制的一种努力。菩萨戒的第一戒即"不杀"，循着"不杀"的思路，梁武帝改变了庙祭制度、郊祀制度、民间祭祀制度，用蔬食代替"血食"。这是对国家最重要的祭祀制度进行改革，其社会意义和对道统的影响远远大于个人化的"舍身"和以个人为主体的"受菩萨戒"。本章上一节已有详述。

其三，关于梁武帝的《断酒肉文》。《断酒肉文》是梁武帝为推行汉传佛教僧尼素食制度而颁布的一道诏书，内容庞杂，文字繁复。梁武帝以"弟子萧衍"自称，反复"敬白诸大德僧尼、诸义学僧尼、诸寺三官"，殷勤劝嘱，一再伸张"饮酒啖肉"的恶果，劝诫断酒肉。全文大意：五月二十三日，梁武帝召集诸大德僧尼、诸义学僧尼、诸寺三官，历数肉食出家人不及外道者九事，不及在家人者十事。举《大般涅槃经》中"夫食肉者，断大慈种"一句，指出食肉者将和菩萨道中的一切善法无缘，食肉者障碍菩提心、菩萨法、佛果、大涅槃。根据因果报应，食肉也是种种不良果报的因，不仅会报应到自身，也会报应到父母子弟身上。食肉行为的背后是父母、子弟、亲戚互相啖食，如此便彻底断了佛法的因缘。梁武帝以北山蒋帝犹能菜食为例，要求僧人菜食并在祭祀时供奉蔬果。宣布已经诏告诸庙祀，从此不得荐生类。梁武帝与僧尼相约，在佛法僧三宝前发誓断酒肉。如有违犯，当"以王法治问"，"当令寺官集僧众，鸣槌椎，舍戒还俗，着在家服。依《涅槃经》还俗策使"。有人说"菜蔬冷，于人虚乏；鱼肉温，于人补益"，梁武帝以为，作如是说皆是颠倒见地。"凡食鱼肉，是魔境界，行于魔行"，吃素才能定心，治贪嗔痴。①

二十三日这一天，仪式的流程是："光宅寺法云于华林殿前登东向高座为法师，瓦官寺慧明登西向高座为都讲，唱《大涅槃经》四相品四分之一，陈'食肉者断大慈种'义。法云解释。舆驾亲御。地铺席位于高座之北，僧尼二众各以次列坐。讲毕，耆阇寺道澄又登西向高座，唱此断肉之文。次唱所传之语，唱竟，又礼拜忏悔，普设中食竟出。"但事后依然有人说，"律中无断肉事及忏悔食肉法"。二十九日，梁武帝召集义学僧一百四十一人、义学尼五十七人于华林华光殿，请庄严寺法超、奉诚寺僧辩、光宅寺宝度等三律师主持辩论，反复讨论戒律。请景猷读《大乘入楞伽经》《央掘魔罗经》中的断肉部分。诵经后，梁武帝再三强调：僧尼从今日起，不得再饮酒食肉，希望在场僧尼广为宣扬。僧尼行道、礼拜、忏悔、设会事毕，退出华光殿。

五月二十九日夜，梁武帝意兴未平，连下五篇敕文给宫内机要官周舍，再次伸张断酒肉意，要求所有僧尼绝对奉行，杀的念头连一念都不能起，以免"减慈悲心、增长恶毒"。②

总之，围绕"夫食肉者，断大慈种"这句经教，梁武帝从慈悲不杀、平等护生、因果报应、六道轮回、善恶福罪、僧尼本分、蔬食利益、社稷平安等方面论述僧尼断酒肉的必要性，强调僧尼如果饮酒吃肉就会同于甚至不及外道与居家人。印度佛教戒律中并无"蔬食"一条，佛陀制戒规定"三净肉"可食。而梁武帝颁布此诏之前，中土僧尼甚或名僧如慧琳也是食肉的，在《宋书·谢弘微传》中，谢弘微哀悼至亲，

① （南朝·梁）萧衍：《断酒肉文》，载（唐）道宣撰《广弘明集》，《大正藏》第 52 册，第 294—298 页。

② （南朝·梁）萧衍：《断酒肉文》，载（唐）道宣撰《广弘明集》，《大正藏》第 52 册，第 299—303 页。

矢志蔬食，慧琳反倒劝其恢复肉食，以免伤生。^① 《断酒肉文》未标明颁布于何年，有学者认为应该是在"祭祀素食化发起到受菩萨戒中间的时期写成"。^② 无论如何，如果说"断酒肉"是慈悲戒杀思想在逻辑上的应有之义，命令僧尼断酒肉则是梁武帝以佛弟子和"人王"的双重身份，无论从佛教义理推演还是从佛教治国的现实意愿出发，大概率会采取的行动。

《断酒肉文》标志着汉传佛教素食戒律的正式确立，梁武帝以帝王之权力为中国汉传佛教制戒，对佛教中国化、佛教制度中国化影响深远。《断酒肉文》发布后，当时的反响如何史无明言。半个世纪后，北周武帝在宗教大会上批判佛法不净时，居然以"经律中准许僧尼受食三种净肉"为佛教三大不净之一。这很难说不是梁武帝之功。以今天的视角，汉传佛教僧尼不食肉的戒律，和中国文化对"佛教素食"的默认，的确是始于梁武帝。

梁武帝"以慈悲立教"，把佛教善恶观和中土原有的善恶观、佛教轮回报应观和中土原有的因果报应观在会通的基础上区别开来，又把佛教业力观、平等观、空观这些中土文化从未曾有的大乘理念引进中土社会的日常观念和中土僧人的日常生活。可以说，梁武帝用"慈悲"夯实了中国化佛教的大乘属性，以及东传而来的佛教与中土原有儒道传统不相与共的主体特征。"皇帝菩萨"梁武帝以帝王之身行广大菩萨行，在国家治理层面试图引进和确立佛教意识形态，这对中国佛教尤其是汉传佛教慈悲传统的确立至为关键。

---

① （南朝·齐）沈约撰《宋书》卷五十八《谢弘微传》，第 1592 页。
② 陈志远：《梁武帝与僧团素食改革——解读〈断酒肉文〉》，《中华文史论丛》2013 年第 3 期，第 94 页。

第四章

一心与六度：走向人间的慈悲心

通常以为，"中国佛教"是相对于"印度佛教"而言的，是印度佛教在中国的"随行就市"。然而支撑这两个以地域命名的概念的是历史主义——涵括历史理性、历史事件与历史认识。历史主义的本质是理性和时间，是人类为世界构建的一套秩序，以人为世界的中心和世界的尺度。历史主义对时间的最直接的经验就是人从生到死的生命历程，所谓历史，就是"过往"和"将来"全体人类以生命为尺度所开拓的无始无终的时间之河。然而"无始无终"也仅仅是历史中的人的个人经验，人类历史作为"因缘所生法"必有"成住坏灭"，必有始终。相对于总体的历史而言，每个人的人生只是其中有限的一小段，总体的历史终究是由无数有限的人生所构成的。"有限性"是人自身的困境，也是历史的困境，而宗教要为有限的人生和有限的历史开显"无限"——不仅仅是"可能"，更是"真实"，即佛教所谓"实相"。维特根斯坦说，"现实的总和就是世界"[①]，"世界的意思必定在世界之外"[②]，人生的终极意义、永恒价值的源泉不能在历史中获得，而是来自对时间的超越。由此可理解为什么牟宗三既强调"只有一个佛教"，"焉有中国化"——这是从超

---

① 〔奥〕维特根斯坦：《逻辑哲学论》，郭英译，商务印书馆，1962，第26页。

② 〔奥〕维特根斯坦：《逻辑哲学论》，第94页。

越的非时间的宗教维度而言，也不否认"中国佛教"和"印度佛教"有别，前者甚或是后者的"发展"，比后者更"圆满"——这是从历史维度和直线型时间模式而言。① "中国佛教"作为历史概念与中国原有文化传统和价值体系之间有颇多调适，在此过程中，"慈悲"作为大乘佛教的最高价值，作为"佛陀圣教量"，"挂搭"于历史、时间，落实在人心、"一念"。

第一节　"内在超越"和"天人合一"

"内在超越"乃相较于"外在超越"而言。熊十力、牟宗三、唐君毅、杜维明等"当代新儒家"从中西文化比较的角度对中国传统文化精神、宗教精神和中华文明的"致思"模式进行描述和概括时，常常使用这一对概念。如牟宗三说："天道高高在上，有超越的意义。天道贯注于人身之时，又内在于人而为人的性，这时天道又是内在的（Immanent）。因此，我们可以康德喜用的字眼，说天道一方面是超越的（Transcendent），另一方面又是内在的（Immanent 与 Transcendent 是相反字）。天道既超越又内在，此时可谓兼具宗教与道德的意味，宗教重超越义，而道德重内在义。"② "超越"的前提是有"两个世界"的存在，即柏拉图所谓"超越世界"和"现实世界"，也就是中国传统儒家、道家等所谓"道"和"人伦日用"。余英时在《论天人之际：中国古代思想起源试探》中指出："柏拉图的现实世界和超越世界之间存在

---

① 牟宗三：《佛性与般若》，吉林出版集团有限责任公司，2010，第4—5页。

② 牟宗三：《中国哲学的特质》，台北：学生书局，1982，第20页。

着一种必然的内在关联。但尽管如此，这两个世界之间的高下悬殊和距离遥远，终是无可掩饰的。"[1]　人所在的现实世界是造物所在的超越世界派生出来的，后者是前者的价值源泉，现实世界中的人获得意义的过程就是"外向超越"的过程。以此为对照，"中国轴心突破[2]后关于超越世界和现实世界的构想与西方的差异是非常显著的"，其特色是"不相悬隔"和"不即不离"。[3]　他引用刘笑敢的话说："道之终极关怀与百姓人伦日用相贯通、相融会，人们体会多少，就可以享受多少；实践多少，就可以得益多少。"[4]　"道"在人伦日用，有限生命的超越、对永恒价值的体认，不需要向外转，只需反身而求，这就是以儒道为代表的中国文化和西方文化之间的根本差异，相对于西方的"外向超越"，中国文化就是"内向超越"。余英时大致描述了这一"内向超越"发生的过程。

　　"天人合一"从集体本位转变为个人本位的过程中，轴心思想家以"心"代"巫"，作为超越世界（"道"）和现实世界（"人伦日用"）之间的媒介。个人作为俗世的一员怎样才能接触到存有与价值的源头呢？他们的最后答案是：依赖"心"的媒介作用；"心"通过修炼（如荀子所谓"治气养心"）便可将"道"收入"心"中

---

① 余英时：《论天人之际：中国古代思想起源试探》，中华书局，2014，第 202 页。

② "'轴心突破'指世界古代文明在发展过程中的精神大跃动，最后导致系统性的哲学史或思想史的正式发端。"（余英时：《论天人之际：中国古代思想起源试探》，第 9 页）"第一，'轴心突破'奠定了一个文明的精神底色，所以中国、印度、希腊、以色列四大轴心文明最后无不自成独特的文化体系。第二，轴心突破以后的独特精神取向在该文明的发展中起着长时期的引导作用。"（余英时：《论天人之际：中国古代思想起源试探》，第 11 页）

③ 余英时：《论天人之际：中国古代思想起源试探》，第 203—204 页。

④ 刘笑敢：《老子古今：五种对勘与析评引论》，转引自余英时《论天人之际：中国古代思想起源试探》，第 203 页。

（如韩非所谓"虚心以为道舍"）。……在这一基本构架下，个人如果要接触"道"，第一步必须内转，向一己的"心"中求索。但这并不是说"道"全出于个人之"心"，事实上，"道"的源头在天仍是诸子的一个基本预设，孟子"尽其心，知其性，则知天"即是显证。……这在轴心思想家中是一个相当普遍的想法，不限于孟子一人……诸家（指孔孟荀韩非等）无不预设人"心"上通于"天"，否则"道"如何能进入"心"中并以之为"舍"呢？"道"在"心"中，"知天"必通过"尽心"、"知性"一道转折，这是孟子为儒家的内向超越所开示的基本方式。①

作为历史学家，余英时通过对大量文献和考古材料的爬梳，得出结论："孔子创建'仁礼一体'的新说是内向超越在中国思想史上破天荒之举，他将作为价值之源的超越世界第一次从外在的'天'移入人的内心并取得高度的成功。"总而言之，如果说孔子以前夏商周三代的礼乐传统（中国古代宗教和文化之所寄托）有巫文化的特征，"天人合一"的意味更倾向于"人与鬼神合一"的话，那么周公"制礼作乐"意味着"周初以下礼乐已从宗教—政治扩展到伦理—社会的领域"。② "天道"向"人道"方面移动的迹象昭然。轴心突破以后，鬼神退处幕后，"心"取代了"巫"的中介地位，"心道合一"作为轴心突破后的新型"天人合一"成为内向超越的最高境界。在"心道合一"的思维典范中，"道心"和"人心"成为一对关键概念，"人心之危"对应于"道心之微"，平衡"人心"和"道心"的紧张关系也是整个中国思想文化史的一条关键线

---

① 余英时：《论天人之际：中国古代思想起源试探》，第 205 页。

② 余英时：《论天人之际：中国古代思想起源试探》，第 28 页。

索，朱熹云："虽上智不能无人心"，"虽下愚不能无道心"。"我们在现实世界中一切日用常行都离不开'人心'，而我们在超越世界中寻求价值之源则不能不依赖'道心'的指引。""人心""道心"之辨盛于宋明，清朝趋于沉寂。而在余英时看来，两者的关系是"不即不离"的："就同为'一心'而言，二者是'不离'的，就各有所司而言，则二者又是'不即'的。"① 由此我们已经可以自然联想到，东汉以后传入中土的佛教尤其是大乘佛教，其"真俗二谛""世出世间"，以及真谛俗谛"不一不异"、世出世间"中道不二"的思想，其实也是一种平衡无时间性之价值和时间性之历史的"超越"模式，而与佛教传入之前中国已有思想典范隐然相通。

余英时把轴心时代以前的"天""人"关系称作"旧天人合一"，把轴心时代及以后的"天""人"关系称作"新天人合一"，后者通过"内向超越"实现，特征就是"道"与"心"合一。② 他认为新旧"天人合一"虽然在结构和模式上有延续关系，但思想内涵有大不同，最大的不同就是"心"代替"巫"成为"天"和"人"的中介，"巫"的神通转化为"心"的神通。佛教传入中国之前中国本有思想传统中的人本主义乃通过新旧"天人合一"之间的转变而实现，这是诸子百家的思想杰作。

"人本"体现在以下三个方面：其一，价值的源泉从充满了"鬼神"想象的"天"转变为"去鬼神化"的"天"，又进而转化为有"存有""理体"特征的"道"，"绝地天通"变成"道在人伦日用"；其二，"天""人"之间的中介从非人格化的"巫"转变为"心"，其实就是经过修炼的"虚室以待"的"人心"；其三，"天""人"交通的特权被

---

① 余英时：《论天人之际：中国古代思想起源试探》，第 226—227 页。

② 余英时：《论天人之际：中国古代思想起源试探》，第 56 页。

"人王"及其工具"巫"所垄断的局面被打破，"'天命'的性质发生了根本变化，从集体本位扩展到个人本位"，[①] 如孔子般的"先知"率先"知天命"，以此类推，不管"上智"还是"下愚"，每一个人都可以通达"天命"，每一个人都可能成为也有责任成为"道"的载体，从而把日常生活升华为求道体道之旅，最终成为日用伦常中的"圣贤"——"人皆可为尧舜"。

总而言之，"天人合一"是开启中国精神世界的一把钥匙，佛教传入之前，中国思想文化传统中已然具备了价值源泉"祛魅化"、价值实现模式"人心化"和价值载体"个体化"这三大"人本"特征。这有助于我们理解"中国化佛教"是如何实现其价值建构的，以及佛教的最高价值——"慈悲"是如何落实在"中国化佛教"的历史时间中的。

第二节　"中道超越"和"心本觉说"

儒家对"天人之辨"的关怀直接开启了儒学心性之学，其意趣在于把价值源泉摄于人心，并在日常人伦中外化为规范，使每个人在处理"人和天地的关系""人和人的关系""对于自我的态度""对生死的看法"时能行有所依，使个人面临选择时不致因价值虚无而承受沉重的压力。故"心性"之学又以"本体论"、"工夫论"和"实践论"分而疏之，解决"道""体道""弘道"的问题。所谓"内在超越"就是解决问题的范式。虽然《大学》有云，"自天子以至于庶人，壹是皆以修身为本"，然而形而上问题的思考和国家秩序的设计终究是知识阶层和官宦

---

① 　余英时：《论天人之际：中国古代思想起源试探》，第37页。

阶层的专利，下层民众只是被设计、被教化。

"道"到底为何？说法纷纭，但有一点是肯定的：儒家之"道"寓于"仁"，道家之"道"寓于"自然"。佛教最初传入中土时走的是下层路线，最初传译的佛经是安世高译的小乘禅经和支娄迦谶译的大乘般若经。在鸠摩罗什入关尤其是《大智度论》译出之前，以"仁"释"慈悲"，甚或把"仁"与"慈悲"完全等同，在儒佛二界俱非罕见。这意味着在最高价值的层面，原有的、作为主流意识形态的儒家思想和后来的、暂时处于文化边缘的佛教之间的会通是以"慈悲"为桥梁的。可以说印度佛教之"慈悲"甫一进入中土便被中土强大的人本传统裹挟着开始了"人间之旅"。

实际上佛教在印度的弘传历史亦呈现出明显的人本特征，尤其是在原始佛教和部派佛教阶段，佛教的中心问题是"解脱"，或者说是"离苦"。佛陀说法俱不离对人生苦难的揭橥，宣说从人生苦海中解脱出来的必要性和可能性。佛陀提出十二因缘观，说明众生轮回与解脱的因果，即众生无始以来由于无明与爱取等惑，造作身、语、意三业，由此业力，苦的生存状态遂连续不绝。而三业中又以意业为本，无明、爱取等惑及意业皆属于心。因此，轮回的根本原因在于内心的无明、烦恼与恶性的造作。要打破这种以心为根本的轮回，也必须从心上着手。众生造业的动力是烦恼，消除烦恼，则无造作，由此显示出涅槃境界。原始佛教和部派佛教中的佛陀都是人间佛陀的形象，修行主体是人，对治对象是心，知苦、断集、慕灭、修道，从轮回中解脱。《阿含经》中，佛陀教育弟子如何处理各种人间事务，具体行持其实和儒家的日用伦常颇有相通处，只不过修行目标是空、无相、无愿的解脱。小乘最高价值是灰身灭智的无余涅槃，虽然小乘也以修习"慈悲喜舍"四无量心为观门，然而这和"己立立人、己达达人"的仁德思想方凿圆枘。

在印度，上座部和大众部的分歧之一便是如何从解脱的角度看待凡夫与世间的关系。"有部说凡夫的心性非本净，众生心就是与贪嗔痴相应的，意味着对世间生活的完全否定，具有强烈的出世倾向。而大众部说凡夫心性本净，众生与圣者心本性是一，众生心只是被贪嗔痴所缠裹而已，意味着在对世间生活进行批判的同时，也拉近了凡夫与圣者、世间与出世间的距离，具有入世的倾向。这直接影响了强调慈悲与智慧的大乘佛教运动的兴起。"① 在修行上，大乘提出了"空与缘起相应"的中道思想，将传统的解脱修行论转变为觉悟中心论，将小乘佛教以烦恼解脱为最上目标转变为以成就大智慧大慈悲的觉悟为最上目标，所谓"观色即空成大智，观空即色成大悲"，色空不二、悲智双运。

对于六道轮回中沉沦的众生而言，解脱、觉悟即成就佛果。因此，佛教教化的首要目标就是为众生寻找成佛的根据。佛教的修行就是修心，这是佛教所有教派的共识。因此，成佛的根据必须落实在众生的"心体"中。围绕心、佛、众生三者，以心性与佛性的关系为核心，佛教心性论体系由此展开。

早期般若类经典以遮诠的方式谈一切法空，心性本空，心本来清净。龙树《大智度论》是对《摩诃般若波罗蜜经》的释论，经过鸠摩罗什传译，印度第一个大乘教派中观行派的思想得以走进中土思想家的视野。《大智度论》也是最早对"慈悲"一词进行定义、对大乘慈悲思想进行系统阐述的论典。龙树把"慈悲"分为"众生缘慈"（即"小慈小悲"）、"法缘慈"（可方便比附为"中慈中悲"）和"无缘慈"（即"大慈大悲"）。这厘清了"慈悲"和"仁"的分野——从空慧的角度，儒家之"仁"大致可比附为"小慈小悲"，而儒家之"道"因有实体性倾向，大

---

① 　周贵华：《唯识、心性与如来藏》，宗教文化出版社，2006，第77页。

致可比附为"中慈中悲"，与作为大乘佛教终极价值和终极目标的"大慈大悲"可谓"同途殊归"；又夯实了"慈悲"和"仁"的"交集"——在世间法层面（佛），也就是在日常人伦层面（儒），"慈悲"和"仁"的确可会通而无违，俱可作为指导民众日常生活的行为规范。

慈悲，尤其是与大智慧相应的大慈悲，作为佛教修行最终目标得以确立，并在世间法层面和儒家会通。接下来的问题是如何成就大智和大慈。如果说儒家有"内向超越"范式，那大乘佛教又将构建何种以解脱为目的的超越范式呢？不妨先考察大乘中观行派。

首先，中观派承许心毕竟空相，心性本寂，毕竟无染。凡夫心不净，皆因烦恼客尘所覆蔽。《大智度论·释劝学品》载："如虚空相常清净，烟云尘雾假来故覆蔽不净；心亦如是，常自清净，无明等烦恼客来覆蔽故，以为不净。除去烦恼，如本清净。行者功夫微薄，此清净非汝所作，不应自高不应念。何以故？毕竟空故。"① 慈悲心就是毕竟空的心，慈悲从心修得。其次，中观派提倡通过观空使本净的心离染，即通过观心造作的种种相的虚幻性，而悟达心的空相。《大智度论》："三界所有皆心所作，何以故？随心所念悉皆得见。以心见佛，以心作佛；心即是佛，心即我身。心不自知，亦不自见。若取心相，悉皆无智。心亦虚诳，皆从无明出。因是心相，即入诸法实相，所谓常空。"② 这是"观色即空"，是随顺胜义谛的观慧。最后，如《大般若波罗蜜多经》所云："若菩萨摩诃萨，以一切智智相应作意，大悲为首，说诸静虑，无量、无色时，不为声闻、独觉等心之所间杂"；"持此善根，以无所得而为方便，与诸有情平等共有回向无上正等菩提"。③ 龙树的《大智度论》

① 〔印度〕龙树造，（后秦）鸠摩罗什译《大智度论》，《大正藏》第25册，第363页。

② 〔印度〕龙树造，（后秦）鸠摩罗什译《大智度论》，《大正藏》第25册，第276页。

③ （唐）玄奘译《大般若波罗蜜多经》，《大正藏》第7册，第473页。

不仅有开显诸法真实义的诠旨，更有劝勉菩萨行者在"毕竟空"的深观基础上投入利益众生的大愿广行的意趣。这是"观空即色"，是随顺世俗谛的慈悲心行。

在世俗谛中"空"去"自性执"，在胜义谛中"空"去"假有执"，二谛当体，即中道义。中观学派的这种心性模式如果非要比附"超越"理论，则可名之"中道超越"，是"即入世而出世"：虽以出世为旨归，却不废世间任何一法的超越模式。虽然这种超越模式不应和传统儒家"天人合一"或"心道合一"的"内向超越"模式相混淆，但两种超越模式都以"心"为落实处，都肯定"心"的本来清净，以"返本还源"为路径。最重要的是，对现实人心的肯定意味着对现实人生的肯定，心的觉悟离不开现实人生，圆满智慧的实现离不开六度万行，世出世间不二，出世间的"自利"要在世间的利他行中成就。

般若类经强调一切法性空，由此"空"，引申出一切法本性清净、平等，又由此引申出众生、佛平等。一切众生与诸佛共同具有的"本净"的空相，被认为是诸佛的体性，也就成为众生成佛的内在根据，由此演变出佛性思想。被称为"佛性"的"空"，不再是纯粹的遮诠，已经带有表诠的功能。《大般涅槃经》中，"第一义空"被直接称为佛性："佛性者，名第一义空，第一义空名为智慧。所言空者，不见空与不空。智者见空及与不空、常与无常、苦之与乐、我与无我。空者一切生死，不空者谓大涅槃；乃至无我者即是生死，我者谓大涅槃。见一切空，不见不空，不名中道；乃至见一切无我，不见我者，不名中道。中道者，名为佛性，以是义故，佛性常恒，无有变易，无明覆故，令诸众生不能得见。"[①] 此佛性概念，是印度大乘佛教如来藏系学说的基础。

---

① （北凉）昙无谶译《大般涅槃经》，《大正藏》第12册，第523页。

如来藏是众生本具的如来法身，已然在众生身心中，为贪、嗔、痴三毒所覆盖，但与果位的法身在智慧功德方面无有差异。如来藏思想强调凡夫性与佛性是一，认为如来法身在因位已经本来具足，只是没有显现出来而已。在《究竟一乘宝性论》中，被贪、嗔、痴等烦恼所缠绕的佛性也称为"自性清净心"："彼真妙法日，清净无尘垢，大智慧光明，普照诸世间，能破诸暗障，觉观贪嗔痴，一切烦恼等，故我今敬礼。"① 自性清净心本有"光明"，即心本有如来智慧，这就是如来藏思想的"心本觉说"。《华严经》中有一段被中国佛教奉为思想圭臬的经文："如来智慧无处不至。何以故？无一众生而不具有如来智慧，但以妄想颠倒执着而不证得；若离妄想，一切智、自然智、无碍智则得现前……佛子！如来智慧亦复如是，无量无碍，普能利益一切众生，具足在于众生身中；但诸凡愚妄想执着，不知不觉，不得利益。尔时，如来以无障碍清净智眼，普观法界一切众生而作是言：'奇哉！奇哉！此诸众生云何具有如来智慧，愚痴迷惑，不知不见？我当教以圣道，令其永离妄想执着，自于身中得见如来广大智慧与佛无异。'即教彼众生修习圣道，令离妄想；离妄想已，证得如来无量智慧，利益安乐一切众生。"② 虽然众生心现实地具有光明智慧，但从"智慧本具"到"智慧现前"，必须经过奉教修行的破障过程。

"心本觉说"直接开启了隋唐以后出现的中国化佛教宗派天台宗、华严宗和禅宗，甚或也是中国佛教慈悲观的深层理论基础。在佛的果位，大智慧与大慈悲不二，而"心、佛、众生无有差别"。开启心本有的光明智慧的过程，也是开启本有的无尽大悲心的过程，"证得如来无量智慧"，才能"利益安乐一切众生"。大乘佛教慈悲行归结为布施、

————————

① （北魏）勒那摩提译《究竟一乘宝性论》，《大正藏》第31册，第813页。
② （唐）实叉难陀译《大方广佛华严经》，《大正藏》第10册，第272页。

持戒、忍辱、精进、禅定、般若之"六度万行"，"慈悲"作为佛教最高价值遂落实于众生之一心。本节稍前已经提出，大乘佛教的内在超越模式可比附为"中道超越"——如果说"内向（内在）超越"立足"心""道"关系，"中道超越"则立足"一心"和"万行"的关系。

第三节　"一心开二门"：中国佛教的"中道超越"

隋唐以后相继出现的佛教宗派（学派）天台宗、华严宗和禅宗，是"中国化佛教"日渐成熟的标志。其中天台宗和华严宗建构了复杂的理论体系，但天台宗的"一念无明法性心"之"性具说"，以及华严宗的"如来藏自性清净心"之"性起说"，皆是在《大乘起信论》的直接影响下形成的。《大乘起信论》可说是中国化佛教的根本经典，中国化佛教的两大支柱——"心本觉说"和"真如缘起说"，以及中国化佛教的结构模式"一心二门说"，皆出自该论。"一心""真如""生灭"是该论的核心概念。

《大乘起信论》云："摩诃衍者，总说有二种。云何为二？一者法，二者义。所言法者，谓众生心。是心则摄一切世间法、出世间法，依于此心显示摩诃衍义。何以故？是心真如相，即示摩诃衍体故。是心生灭因缘相，能示摩诃衍自体相用故。所言义者，则有三种。云何为三？一者体大，谓一切法真如平等不增减故。二者相大，谓如来藏具足无量性功德故。三者用大，能生一切世间、出世间善因果故。一切诸佛本所乘故，一切菩萨皆乘此法到如来地故。"[①]　此处的"一心"是总摄义，指

----

① 〔印度〕马鸣菩萨造，（晋）真谛译《大乘起信论》，《大正藏》第32册，第575页。

法界全体，统摄一切世间法和出世间法、有为法和无为法，并在法相上有无为之"真如"和有为之"生灭"二分。"依一心法，有二种门。云何为二？一者心真如门，二者心生灭门。是二种门皆各总摄一切法。此义云何？以是二门不相离故。"[①] "真如"即不生不灭之无为法，"离言说相，离名字相，离心缘相，毕竟平等，无有变异，不可破坏"。[②] "生灭"反之，有差别相、境界相、心缘相，是"依妄念而有差别"的有为法。心真如和心生灭不一不异，心真如是"一法界大总相法门体"，即"摩诃衍体"，心生灭是"摩诃衍用"。"摩诃衍"又译为"大乘"，此处的"摩诃衍体"，从修行论的角度可理解为大乘行者所信奉的最高价值所在，即牟宗三所谓"对于一切法作根源的说明"[③]；"摩诃衍用"可理解为最高价值于事相上的流行起用。《大乘起信论》把"真如"和"生灭"二分，并非要分别诠说一心之二相，正好相反，是要依二门从分别的路径诠说完整之"一心"，也就是说，"二门"能分别摄尽一切法，在心真如门摄用以归体，在心生灭门摄体以归用。无论心真如门还是心生灭门，都是空与不空不一不异的中道法。

从修行、解脱、觉悟的角度，《大乘起信论》以一套精致的理论解决了众生成佛的根据与可能性、心觉悟的内在机制等问题。心真如门之真如，是一切如来之智慧功德，"真如自体相者，一切凡夫、声闻、缘觉、菩萨、诸佛，无有增减，非前际生，非后际灭，毕竟常恒。从本已来，性自满足一切功德。所谓自体有大智慧光明义故，遍照法界义故，真实识知义故，自性清净心义故，常乐我净义故，清凉不变自在义故。具足如是过于恒沙不离、不断、不异、不思议佛法，乃至满足无有所少

---

① 〔印度〕马鸣菩萨造，（晋）真谛译《大乘起信论》，《大正藏》第 32 册，第 576 页。

② 〔印度〕马鸣菩萨造，（晋）真谛译《大乘起信论》，《大正藏》第 32 册，第 576 页。

③ 牟宗三：《佛性与般若》，第 360 页。

义故，名为如来藏，亦名如来法身"。① 而诸佛功德亦是凡夫或圣人菩萨自体具足的大智慧光明义，正是众生的自性清净心，是众生成佛的根据和可能性。心生灭门之真如，显示为自性相、覆障相和出离相三相，即本论中所谓"本觉"、"不觉"和"始觉"。也就是说，在因位，即凡夫、声闻、缘觉、菩萨位，心性真如含藏果地一切如来德相，为无明所覆，为客尘所染。待到客尘杂染涤净，如来藏"出缠"，如来法报应三身成就，一切智慧功德显现。但无论"在缠"与"出缠"，如来藏在圣不增，在凡不减，蒙垢即有生死，离染即是法身。

《大乘起信论》既以"大乘"名，其旨趣即劝发大乘心，劝学大乘法。以三身成就论，真如体即法身，即众生本有之光明大智慧；真如用即应身和报身，即诸佛如来在因地发大慈悲、行慈悲行："真如用者，所谓诸佛如来，本在因地发大慈悲，修诸波罗蜜，摄化众生。立大誓愿，尽欲度脱等众生界。亦不限劫数尽于未来，以取一切众生如己身故，而亦不取众生相。此以何义？谓如实知一切众生及与己身真如平等无别异故。以有如是大方便智，除灭无明、见本法身，自然而有不思议业种种之用，即与真如等遍一切处，又亦无有用相可得。何以故？谓诸佛如来唯是法身智相之身，第一义谛无有世谛境界，离于施作，但随众生见闻得益故说为用。"② 心真如门的"一心"显现为心生灭门的"诸波罗蜜"，含摄心生灭门的"诸波罗蜜"，心生灭门的"诸波罗蜜"以心真如门的"一心"为体，含摄心真如门的"一心"，两者互融互摄，体用一如，不一不异。众生与佛平等一如，慈悲之路落实于众生一心，落实于佛摄化众生的慈悲万行。

该论中说，凡夫修习大乘道首先要立四种信心："一者信根本，所

① 〔印度〕马鸣菩萨造，（晋）真谛译《大乘起信论》，《大正藏》第32册，第579页。
② 〔印度〕马鸣菩萨造，（晋）真谛译《大乘起信论》，《大正藏》第32册，第579页。

谓乐念真如法故。二者信佛有无量功德，常念亲近供养恭敬，发起善根，愿求一切智故。三者信法有大利益，常念修行诸波罗蜜故。四者信僧能正修行自利利他，常乐亲近诸菩萨众，求学如实行故。"[1]　而用"施门""戒门""忍门""进门""止观门"这五门，能成就大乘信心，即菩提心。施（布施）、戒（持戒）、忍（忍辱）、进（精进），属心生灭门的慈悲行持，而"止观"并修能使真如一心于万法中真实显现。论中说，只修止不修观，会令人远离大悲，不乐众善，对利他行心起懈怠。所以修止的同时必须修观。修习观时，看到世间一切有为法不净、苦、无常、无我，从而念及"一切众生从无始世来，皆因无明所熏习故，令心生灭，已受一切身心大苦。现在即有无量逼迫，未来所苦亦无分齐，难舍难离而不觉知。众生如是，甚为可愍"，遂立"无量方便救拔一切苦恼众生，令得涅槃第一义乐"的大誓愿。"若修止者，对治凡夫住着世间，能舍二乘怯弱之见。若修观者，对治二乘不起大悲狭劣心过，远离凡夫不修善根。以此义故，是止观二门，共相助成，不相舍离。若止观不具，则无能入菩提之道。"[2]

如果说《大乘起信论》提供了一种将真如一心（理体）落实于众生一心（心体）的理论范式，隋唐中国化佛教诸宗则从不同角度进一步使其精致化、人本化，使其更适合中土儒道浸润日久的文化土壤。"一心二门"虽然是平等的、互摄的，然而从众生成佛可能性的角度，宜从佛果位说诸佛法身功德，立足心真如门而说心生灭门，就出世间法而说世间法，从而让众生发起大乘信心；从芸芸众生现实生活的角度，宜立足心生灭门而说心真如门，就世间法而说出世间法。所以，考察华严宗、天台宗、禅宗的心性论可以发现，有一条线索是一以贯之的，那就是尽

① 〔印度〕马鸣菩萨造，（晋）真谛译《大乘起信论》，《大正藏》第32册，第581页。
② 〔印度〕马鸣菩萨造，（晋）真谛译《大乘起信论》，《大正藏》第32册，第582页。

可能肯定世间法的意义，尽可能立足世间法而修出世间法，尽可能让生灭的世间百态和不生不灭的真如理体对接。总之，《大乘起信论》发微了大乘佛教的真精神：肯定现实生活和涅槃解脱不一不异，鼓励众生在日常生活中行菩萨道、修菩提心，完成由人向佛的内在超越。

　　佛教是内证的宗教，所谓内证，即把觉悟的过程落实于"一心"。禅定基础上的证悟是神圣性之根源和全部教义之依据。太虚大师曾对中国佛教的特点和演变有过三点概括：一是"中国佛学特质在禅"[1]；二是"禅观行演成台贤教"[2]，"禅台贤流归净土行"[3]；三是"道安重行系永远是中国佛教思想的主动流"[4]。在此太虚大师为中国化佛教的三个代表性学派做了排序：禅、台、贤。从"观"和"行"的角度，即"一心"所证悟的真如之"体"（智）和以"万行"为特征的真如之"用"（悲）的关系的角度看，这种排序是有依据的：从华严宗的"性起"到天台宗的"性具"，再到禅宗的"不二"，"体""用"两者重合程度越来越高，"真如心"越来越沉降于"众生心"。也就是说，在共许真如实相不生不灭的前提下，对现实人心的肯定程度越来越高，从"无明"到"明"、从"不觉"到"觉"、从"染心"到"净心"的过程越来越归于"一念"；从华严宗的"妄尽还源"到天台宗的"贪欲即道"，再到禅宗的"行住坐卧"，中国佛教心性论所具有的人心化特征呈现逐步加深的轨迹，而人心化的特征又蕴含了人本化和伦理化的可能性。

---

①　释太虚：《中国佛学》（原载《海潮音》第 25 卷第 4 期），《太虚大师全书》第 2 卷，宗教文化出版社，2005，第 12 页。

②　释太虚：《中国佛学》，《太虚大师全书》第 2 卷，第 125 页。

③　释太虚：《中国佛学》，《太虚大师全书》第 2 卷，第 155 页。

④　释太虚：《论中国佛教史》（原载《海潮音》第 26 卷第 9 期），《太虚大师全书》第 2 卷，第 284 页。

第四节　"万法唯心，广行诸度"：永明延寿的慈悲观

"中国化佛教"经过早期的盲目接受到后期的理性拣择，在唐代已经基本完成文化同质化转型。宗派佛教的出现意味着中国佛教超越了印度佛教的传统，成为与儒道两家并行的中国文化的有机组成部分。中国佛教在隋唐五代蔚为大观，出现了两位担当"集大成"重任的佛教大师：隋代的智顗和五代末的永明延寿禅师。智顗以其独特的判教理论和"三谛三观""三种止观"等理论架构，总摄和整合佛经传译之后在中土流行的全部佛法，建立了博大精深的天台宗学。永明延寿禅师立足法眼宗，以"一心"总摄和整合隋唐五代的全部佛学，其思想对中国佛教的影响至为深远。他的"一心六度"理论直接承续《大乘起信论》的"一心二门"模式，在统合宗门和教下尤其是华严宗和禅宗的基础上，形成了有关中国佛教慈悲观的一系列典范性表达，高度体现出中国佛教慈悲观的人本化特征，是近代以后"人间佛教"思潮的先声。

永明延寿的思想系于"一心"、依于"万法"——所谓"举一心为宗，照万法如镜"。① 然此"一心"是真心还是妄心？如延寿设问："即心成佛者，为即真心为即妄心？"其自答："唯即真心，悟心真故，成大觉义，故称为佛。"② 故知延寿之"一心"是《大乘起信论》中的"真如心""法性心"，是华严宗中所谓"自性清净圆明体"，也是禅宗所谓"本心""自性""佛心""父母未生前本来面目"。延寿以"一心"融通诸宗，又以"大悲"贯彻心之源流："若约教，唯依一心而说，则何教非

---

① （五代）永明延寿集《宗镜录》，《大正藏》第48册，第415页。

② （五代）永明延寿集《宗镜录》，《大正藏》第48册，第499页。

心，何心非教？诸经通辩，皆以一心真法界为体。如来所说十二分教，亲从大悲心中之所流出，大悲心从后得智，后得智从根本智，根本智从清净法界流出，即是本原，更无所从。"[1] 故亦可说，延寿的"一心"也是法身佛的"大悲心"："祖佛同指此心而成于佛，亦名天真佛、法身佛、性佛、如如佛。亦非离妄，妄无体故；亦非即真，真非即故。真妄名尽，即离情消，妙圆觉心方能显现。又以本具故，方能开示。故云如来正觉心与众生分别心契同无二。"[2]

延寿引用华严宗著述时强调："真心约理体，妄心据相用……性相一原，当凡心而是佛心，观世谛而成真谛。"[3] 于佛，是即"心体"而开展"心用"；于凡夫，是即"心用"而了达"心体"。如何证"一心之体"，如何达"一心之用"，如何即凡而圣、即俗而真？延寿以"一心"和"六度"为基石，构建了他的大乘菩萨道修行理论，也为大乘佛教慈悲理念提供了一套富有中国本土文化特色的独特诠释。

延寿论述"一心"和"六度"的关系，有开显有对治——开显的是"智与悲""理与事""真与俗""心与行""真与善"的关系，对治的是重理轻事、重真轻俗、重悟轻修等时弊。所谓"万善同归"，即六度万行同归真如一心。"善"即慈悲，延寿又分"善"为"理善"和"事善"："一、理善，即第一义；二、事善，即六度万行。"[4] 如果说《宗镜录》侧重讨论含摄六度万行的真如一心，即"理善"，那么《万善同归集》尤其强调了由世间万法的事修而体悟诸法实相，由广行六度万善而趋涅槃圣境的"事善"。所谓"万善"，即出世间法统摄的种种世间善

---

① （五代）永明延寿集《宗镜录》，《大正藏》第48册，第617页。

② （五代）永明延寿集《宗镜录》，《大正藏》第48册，第499页。

③ （五代）永明延寿集《宗镜录》，《大正藏》第48册，第432页。

④ （五代）永明延寿述《万善同归集》，《大正藏》第48册，第986页。

行，以般若智慧的心行万种慈悲之事；"同归"，即从世间慈悲万行的践履中证得佛的法身智慧。《万善同归集》开篇即云："夫众善所归，皆宗实相。如空包纳，似地发生；是以但契一如，自含众德。然不动真际，万行常兴；不坏缘生，法界恒现；寂不阂用，俗不违真；有无齐观，一际平等。是以万法唯心，应须广行诸度，不可守愚空坐以滞真修。若欲万行齐兴，毕竟须依理事；理事无阂，其道在中。遂得自他兼利，而圆同体之悲；终始该罗，以成无尽之行。"① 这可视作其慈悲观之纲要。若分而述之，则延寿之慈悲观可依"理善""事善"约之为二。

其一，"众善所归，皆宗实相"。② 《宗镜录》载："夫一心者，万法之总也。分而为戒定慧，开而为六度，散而为万行。"③ "一心"即真心，是"理体"。戒定慧作为了尘通相、解脱成佛的修行方法，三学一体，互即相资，统摄于一心。戒定慧的关系若分而述之，延寿以"定"为根本："此《宗镜》所集禅定一门，唯约宗说，于诸定中而称第一，名王三昧，总摄诸门，囊括行原，冠戴智海。亦名无心定，与道相应故；亦名不思议定，情智绝待故；亦名真如三昧，万行根本故；亦名一行三昧，一念法界故；亦名金刚三昧，常不倾动故；亦名法性三昧，恒无变易故。诸佛智光明海，无量观行，皆从此生。"④ 由此可见，延寿以禅僧本色融合华严宗"真如缘起"的理论特色。真心如如不动，具足万行。心内心外一切境界，皆从真如一心生起现行；三界万法，皆从真如一心出，观心自证，入此三昧，了此根本，则本末一如，凡圣一如，真妄和合，理事无碍。故延寿以为，在"布施、持戒、忍辱、精进、禅

---

① （五代）永明延寿述《万善同归集》，《大正藏》第 48 册，第 958 页。

② （五代）永明延寿述《万善同归集》，《大正藏》第 48 册，第 958 页。

③ （五代）永明延寿集《宗镜录》，《大正藏》第 48 册，第 633 页。

④ （五代）永明延寿集《宗镜录》，《大正藏》第 48 册，第 862 页。

定、般若"这六种菩萨修持中，禅定是枢纽："于六波罗蜜中，前五是福德业，后般若是智慧业。前五福德业中，唯禅定一门，最为枢要。"①唯甚深禅定能观照般若智慧，从而保障能获得世间福报的福德业最终翻转为出世间的解脱慧业，成就真正的"到彼岸"的"波罗蜜"。

延寿以为，凡夫修行六度，若不能断除心外之执，则易走向六度的反面：布施反成悭贪，持戒反成破戒，忍辱反成嗔恚，精进反成懈怠，禅定反成乱心，般若反成愚痴。比如，布施度是为了体证"三轮体空"，而凡夫极易把布施行当作求得世间福报的途径，有求即苦，由是背离佛陀本怀。唯有以一真心摄此六度，才能变事修为理修，理事不二，道契真如："檀因心舍，圆清净之施门；戒因心持，成自性之净律；辱因心受，具无生之大忍；进因心作，备牢强之进门。能观心性，名为上定，则禅因心发；般若灵鉴，穷幽洞微，则智从心起，即六度门。"②《华严经》等经典中又于六度之上增设"方便""力""愿""智"，说为"十度"，以分别配合菩萨在"十地"阶位的修证过程。延寿也把"一心"与"十度"一一对应："施因心空，戒因心持，忍因心受，进因心作，禅因心发，般若从心起，方便从心生，力从心运，愿从心布，智从心达。"③ 而此心为"真心"，真心也是契悟缘起性空之心："空心不动，具足六波罗蜜。"④ "一切凡圣万法皆空。以了此空故，方能行无上菩提，具足十波罗蜜，则悲智圆满、二利无亏。"⑤

延寿指出，六度万行可于真如一心中成就，"一念与本性相应，

① （五代）永明延寿集《宗镜录》，《大正藏》第48册，第862页。
② （五代）永明延寿集《宗镜录》，《大正藏》第48册，第566页。
③ （五代）永明延寿述《心赋注》，《万续藏》第63册，第85页。
④ （五代）永明延寿集《宗镜录》，《大正藏》第48册，第667页。
⑤ （五代）永明延寿集《宗镜录》，《大正藏》第48册，第564页。

八万波罗蜜行，一时齐用"：布施因心不住相而圆清净之义；持戒因戒体性本空故而持无所持；忍辱因心相念念寂灭故而忍无可忍；精进因心不可得而行无为；禅定因心相不可得而无喧杂可避、无静尘可守；般若因心决了无生而成就无念无住无相之空慧；方便因空心成就而见妙有，慈悲济拔，应化无方；力因自性清净而与佛齐；愿因自心与佛心无二而遍布广大；智为决定，以诸佛三身（法身、报身、应身）四智（妙观察智、平等性智、大圆镜智、成所作智）无分别故，有所决定而终归平等，因心无所住而能起诸佛之无缘大慈、同体大悲。故真如自性清净故，具足一切法；菩萨以无所得故，得一切法。[①] "今佛之三身十波罗蜜，乃至菩萨利他等行，并依自法融转而行。即众生心中有真如体大，今日修行引出法身；由心中有真如相大，今日修行引出报身；由心中有真如用大，今日修行引出化身；由心中有真如法性自无悭贪，今日修学，顺法性无悭，引出檀波罗蜜等。"[②] 心佛无二，生佛无二，佛心即众生心，一心含摄六度万行，众生若能直了一念清净心，自能任运真如之大用，成就自利利他的无上慈悲。

其二，"须行事善，庄严显理"。[③] 菩萨照见诸法实相，能所二空，我法双亡，"达能所空名止善，方便劝修名行善"。[④] 针对当时重理不重事、重顿不重渐、重禅定不重事修、重出世间法不重世间法的弊端，延寿郑重指出："今时多据理善，若是理善，阐提亦具，何不成佛？是以，须行事善，庄严显理；积大福德，方成妙身。"[⑤] 从理上讲是一心具足

① （五代）永明延寿集《宗镜录》，《大正藏》第 48 册，第 626 页。

② （五代）永明延寿集《宗镜录》，《大正藏》第 48 册，第 558 页。

③ （五代）永明延寿述《万善同归集》，《大正藏》第 48 册，第 986 页。

④ （五代）永明延寿述《万善同归集》，《大正藏》第 48 册，第 970 页。

⑤ （五代）永明延寿述《万善同归集》，《大正藏》第 48 册，第 986 页。

万行，从事上讲，万行圆满，方显一心之妙用。

　　更确切地说，延寿"偏赞"事修，广论须事中显理，也是要回答宗门必然要遭遇的问题：悟与修、顿与渐如何拣择、取舍、平衡？自利与利他孰轻孰重？自受用与他受用何以兼顾不废？或以为"一切法空，悉宗无相。何陈众善，起有相之心"[1]，只管无念无相无住，做个"无心道人"便是；或以为"无漏性德本自具足，何假外修而亏内善"[2]；或以为"果地究竟，大事已终，境智虚闲，何须众行"[3]；凡此种种不一而足。《宗镜录》卷四引用宗密关于悟与修的四料简，说明渐修顿悟、顿修渐悟、渐修渐悟、顿悟顿修前四句，多约证悟而言，"惟此顿悟渐修，既合佛乘，不违圆旨"。[4] 所以，延寿所谓"宗镜"，其实是他所主张的修行目标和修行次第，"先悟宗镜，然后圆修"，先以一念信解本心、决了无疑，后次第进修，是为"圆信人"，令入如此圆信之教，即天台宗或华严宗所言之"圆教"。延寿依天台宗说法，把初发菩提心的凡夫菩萨修习圆教的次第阶位分为"五品"："第一品，初发一念信解心；第二品，加读诵；第三品，加说法；第四品，兼行六度；第五品，正行六度。"[5] "一念信解心"的悟得尚需以五种忏悔为方便。"始自初品，终至初住"[6]，不必至七地，一生可办。然明心见性并非毕功，尚需修万行以保任："今明心虽即佛，久翳尘劳，故以万行增修，令其莹彻。但说万行由心，不说不修为是。"[7] 真正成佛须四智具足，以禅定为枢纽

① （五代）永明延寿述《万善同归集》，《大正藏》第 48 册，第 983 页。

② （五代）永明延寿述《万善同归集》，《大正藏》第 48 册，第 984 页。

③ （五代）永明延寿述《万善同归集》，《大正藏》第 48 册，第 985 页。

④ （五代）永明延寿述《万善同归集》，《大正藏》第 48 册，第 987 页。

⑤ （五代）永明延寿集《宗镜录》，《大正藏》第 48 册，第 896 页。

⑥ （五代）永明延寿集《宗镜录》，《大正藏》第 48 册，第 896 页。

⑦ （五代）永明延寿述《万善同归集》，《大正藏》第 48 册，第 958 页。

的证悟，仅得如理智、根本智，仅明一心之体，只有用万行磨治，方能证得如量智、差别智，通达一心之用。"万善是菩萨入圣之资粮，众行乃诸佛助道之阶渐"①，心性圆明，尚需以万善为方便引出。

而诸佛菩萨一念之善，皆因众生而起，见众生执迷受苦而发救拔大愿，兴慈运悲，广行六度，遂得行愿俱果。延寿云："若法门眷属者，约自证法，则禅定为父、般若为母，而生真净法身；若化他法，则方便为父、慈悲为母，而生应化佛身。从般若真性起同体大悲，所有万行庄严皆是性起功德，必无心外法而为主伴。"② 对果地菩萨而言，自利真修和化他妙行不一不异，对因地菩萨而言，"化他妙行"既是自利真修的现实基础，也是自利真修的心地法门。"夫化他妙行，不出十度、四摄之门；利己真修，无先七觉、八正之道。摄四念归于一实，总四勤不出一心；严净五根，成就五力。若论施，则内外咸舍；言戒，则大小兼持；修进，则身心并行；具忍，则生法俱备；般若，则境智无二；禅定，则动寂皆平；方便，则普照尘劳；发愿，则遍含法界；具力，则精通十力；了智，则种智圆成；爱语，则俯顺机宜；同事，则能随行业；运慈，则冤亲普救；说法，则利钝齐收；七觉，则沈掉靡生；八正，则邪倒不起。乃至备修三坚之妙行，具足七圣之法财；秉持三聚之律门，圆满七净之真要。"③ 菩萨能成就无缘大化，皆因积善之所熏。而"六度菩萨，同人依地住"④，延寿强调，菩萨在人间成就，六度万行须以人为本，"若依事相，报在人天"⑤。

---

① （五代）永明延寿述《万善同归集》，《大正藏》第48册，第958页。

② （五代）永明延寿集《宗镜录》，《大正藏》第48册，第599页。

③ （五代）永明延寿述《万善同归集》，《大正藏》第48册，第969页。

④ （五代）永明延寿集《宗镜录》，《大正藏》第48册，第543页。

⑤ （五代）永明延寿集《宗镜录》，《大正藏》第48册，第528页。

关于应修的万行，延寿指出，应"以其真实正直为先，慈悲摄化为道"①。他一方面倡导讽诵供养经典，书写大藏，供养宝炬、酥灯，以散花、烧香、涂香严饰道场，以悬幡塔庙、宝盖圣仪庄严佛事，兴建伽蓝宝塔，赞三宝功德等菩提道之缘因、成佛之正行；另一方面倡导发成道利生、济拔众生的慈悲大愿："有行无愿，其行必孤；有愿无行，其愿必虚。行愿相从，自他兼利。"②而慈悲愿行，就是以六度为纲，在世间法中开展救济众生的善行。

> 或平治坑堑，开通道路；或造立船筏，兴置桥梁；或于要道，建造亭台；或在路傍，栽植华果，济往来之疲乏，备人畜之所行。六度门中，深发弘扬之志；八福田内，普运慈济之心。
>
> 或施无畏，善和诤讼；哀愍孤露，救拔艰危。福受梵天，行齐大觉；因强果胜，德厚报深。
>
> 又慈悲喜舍，种种利益，度贫代苦，轸念垂哀。及施畜生一抟之食，皆是佛业，无缘慈因。
>
> 或怀惭抱愧，常生庆幸之心；识分知恩，恒起报酬之想。
>
> 或代诛赎罪，没命救人；或释放狴牢，赦宥刑罚；或归复迁客，招召逋民；或停置关防，放诸商税；或给济贫病，抚恤孤茕。常以仁恕居怀，恒将惠爱为念，若觉若梦，不忘慈心，乃至蠕动蜎飞，普皆覆护。
>
> 或尽忠立孝，济国治家，行谦让之风，履温恭之道，敬养父母，成第一之福田；承事尊贤，开生天之净路。

---

① （五代）永明延寿述《万善同归集》，《大正藏》第48册，第991页。

② （五代）永明延寿述《万善同归集》，《大正藏》第48册，第979页。

　　或称扬彼德，开举善之门；或赞叹其名，发荐贤之路。成人之
美，助发勇心；喜他之荣，同兴好事。削嫉妒之蛮刺；息忿恨之毒
风。起四无量之心，摄物同己；成四安乐之行，利益有情。①

　　六度万行，成佛度生，虽净缘起，皆世谛所收。②

　　延寿列举的慈悲行持，包括扶危拯急、修桥补路等种种慈善事业，
包括护生不杀、治病救人等种种悲心化现，包括尽忠立孝、济国治家等
种种伦理通则，包括成人之美、喜人之荣等大心养成。一言以蔽之，彻
悟"一心"，以人间的慈悲喜舍无量修持保任一心，万行缘起于空，空
心不碍万行；万法归之于空，真心不离世间。《万善同归集》云："佛法
即世间法，世间法即佛法，而不于佛法中分别世间法，不于世间法中分
别佛法。"③　永明延寿继承了佛教本有的人间精神，也承托了禅宗祖师
的入世遗训。

　　应该着重指出的是，永明延寿"即世间而践行菩萨道，即人心而成
就佛心，即人身而成就法身，即人性而成就佛性"的慈悲观其实就是大
乘佛教"中道超越"模式在中国文化时空中的因地制宜。菩萨道是自利
利他之道、六度万行之道，也是悲智双运之道、心佛不二之道、人佛俱
成之道，总之，如延寿所云，中道即菩萨道，菩萨道即中道。

　　今言中道者，即菩萨道。离中无别道，离道无别中。即以道为
中，即以中为道。此之中义，即是一心。道即是心，心即是道。以
真心遍一切处故，所以云一色一香，无非中道。前辩所见不同，故

---

① （五代）永明延寿述《万善同归集》，《大正藏》第48册，第982页。

② （五代）永明延寿述《万善同归集》，《大正藏》第48册，第992页。

③ （五代）永明延寿述《万善同归集》，《大正藏》第48册，第960页。

论得失。若入宗镜，则泯同平等。三乘五性，若内若外，无非一心中道矣。[①]

"道即是心，心即是道"——如前所述，佛经传译之前，中国思想文化传统中已然具备了"天人合一"的"内在超越"模式，诸子尤其是孔子更把"天人合一"转化为"心道合一"，从而赋予中国思想传统以"人本"的特征。延寿作为浸淫于中国文化传统的本土佛教理论家，在阐述大乘佛教心性理论时沿用了"心道合一"这一渊源深厚的命题，但延寿的"心道合一"是大乘佛教中道义，并不能和儒道思想传统下的"心道合一"相提并论。或可说，心是菩提心，道是菩萨道；心是自信清净心，道是六度万行；心是真如心，道是生灭道；心是智慧心，道是慈悲道；心是成佛心也是众生心，道也是在人间成佛之道。所谓"中道超越"，恰在"即心即佛""非心非佛"中实现：诸佛菩萨彻证空性而深观缘起，以一念慈悲故而有度生本愿，又以万善为力，以无所得为方便，利他觉他，磨治众生万千尘劳，令众生除垢破障，彻悟自性清净心，实现自性自度。所谓"一心中道"，即一心总摄万行，万行同归一心，万行和一心不一不二，六度万行皆从慈悲心起。在善行中转识成智、转凡入圣，在善行中超越生死、成己成人。

---

① （五代）永明延寿集《宗镜录》，《大正藏》第48册，第887页。

第五章

人间佛教：走向现代的慈悲行

太虚的"人生佛教"① 思想在近代中国"三千年未有之大变局"中应运而生，是佛教中国化一千多年历程中的重要一环，是对释迦所传之法的"契理契机"的弘化。太虚在判教基础上把"人生佛教"定位为"从人道开始"的"大乘渐教"，这是他为近代社会佛教形态所作的抉择，奠定了近现代佛教的发展方向。作为佛学大师，太虚竭力进行"人生佛教"的理论建设；作为佛教僧人，太虚须臾未忘把"人生佛教"理论付诸实践，须臾未忘爱国救亡的时代使命。太虚后半生为创建慈宗陆续进行了几次努力，把作为思想形态的"人生佛教"落实在作为宗教形态的"慈宗"。"人生佛教"理论是"慈宗"的内核，"慈宗"是"人生佛教"理论的外化，构建"慈宗"，正是太虚为落实"人生佛教"思想、为摄化群生而施设的一种方便。"慈宗"所追慕的弥勒菩萨、所希求的兜率净土，既和中国佛教传统一以贯之，亦能接洽近代中国的现实处境。心净则国土净，兜率净土并不遥远，此生可往；弥勒菩萨并不虚无，"一生补处"。人心但有一念慈悲，弥勒自会下生人间。太虚一面

---

① "人间佛教"作为专有名词，系近代佛教改革先行者太虚于 20 世纪 30 年代提出，太虚著作中"人生佛教"与"人间佛教"并用。太虚本人虽倾向于使用其早年提出的"人生佛教"一词，但"人生佛教"和"人间佛教"的含义并无本质区别，皆以促成传统佛教与现代文明之间的相互调适为旨归。

追慕弥勒菩萨，劝信兜率净土，一面发起并推进"人生佛教"的思想进程，既和传统佛教一以贯之，亦能接洽近代中国的新思潮、新局面。太虚之解行，正如其所说，是"融贯的新"。

第一节 "以慈悲为本"

作为中国近现代佛教复兴运动的领袖，太虚一生致力于传统佛教的现代转型。他早在 1913 年就提出"教理"、"教制"和"教产"三大革命，从学理、制度和经济三个方面提出了佛教的现代化路向，而"教理"改革逐步形成"人生佛教"理论。为了普及"人生佛教"理念，太虚又把现代僧伽建设作为毕生努力的方向。可以说，太虚思想至少贯穿两条主线："人生佛教"思想和"弥勒净土"思想。这两条线索都是从同一块基石生发，那就是"慈悲"；这两条线索最后又归于一处，那就是"慈宗"。

菩萨信仰是大乘佛教的核心。大乘以菩萨之慈悲普度精神为"大"，凡发心修行大乘法门、追求大乘果位者，为初发心菩萨；尚于菩萨道努力修行菩萨行以期证果者，为因地菩萨；证得阿耨多罗三藐三菩提（无上正等正觉）、不住涅槃、悲智双运、自利利他、自觉觉他者，为果地菩萨。菩萨信仰和中国本土文化传统中的圣贤传统有着天然默契，以成佛成圣之可能性论，把人、菩萨、佛等量齐观，人人可成佛，人人皆菩萨。因地菩萨是发菩提心的人，果地菩萨是以种种相示现的佛。菩萨身兼两重使命：向下一路利他，于六度万行中引领众生走上超越之路；向上一路自利，于般若空观中楷定修行方向不背离目标。菩萨与众生共时同在，不离世间而超越有限，不离当下而证得永恒。

　　佛经初译作为文化传播的历史事件发生在东汉，而大小乘经典几乎是同时进入中土的。经过汉魏两晋的蘧荡融合，大乘佛教渐渐流行于中土；迄隋唐，天台宗、三论宗、华严宗等中国佛教宗派的出现意味着有中国本土特色的佛教形态日趋成熟。虽然佛教以为其根本义理在任何时空都无二无别，但寄寓于特定文化形态和信仰形态的佛教，总是受限于时空，以特定的方式传播和表达。中国化佛教以大乘佛教为主体是一种选择的结果，在中国小乘不彰而大乘流行，关键在于大乘的菩萨信仰。大乘以利他和普度而别于小乘，在世间法即因缘法中，利他心行就是慈悲心行。大乘佛教的理想人格菩萨无时无刻不在敷衍作为终极追求的出世间"慈悲"和作为美德典范的世间"慈悲"。慈即与乐，悲即拔苦，如果说菩萨作为理想人格和中土原有的儒家圣贤文化声气相通，促成了大乘佛教和本土精英文化的对话和融合，菩萨慈悲救济和慈航普度的愿心和作为，则契合了广大民众尤其是中下层民众渴望"救难"和"与乐"的心理期待。

　　然而，中国佛教虽然选择了大乘佛教，在中国化的过程中，大乘佛教却有所变质，如太虚所云：

　　　　佛教自入中国以来，无论在理论、行动、目标各方面都有改变。今举其显著者略述一二。甲、因果报应与空幻中道：吾国人本信鬼神，崇拜祖宗，服从天命，再加以道教神仙赏罚等思想，所以佛教的因缘生果义，一入中国即成庸俗的天神赏罚的三世因果报应说。六朝是道教兴起期，常以"玄之又玄，众妙之门"为标榜，故佛教的空假中道入中国，被人附会为虚幻消极。乙、神力信求与禅悟会通：信天神赏罚，故于佛菩萨亦视为神力而信仰希求。禅悟会通，则为适应儒道家哲学之成果，而产生宋明之理学。丙、后世超

> 生与涅槃解脱:中国社会人事之复杂,世界上任何国家都不能比
> 拟。吾人生活在此种环境中,自不免生厌倦,想脱逃,所以由失意
> 政客、失恋儿郎所汇成的佛教信徒,其目标上低者只着重后世超
> 生,高者亦自求涅槃解脱而已。结果,社会事业无人过问,佛教徒
> 被人误认为分利于社会。①

太虚所谓的甲、乙、丙三项,都可归为大乘佛教慈悲精神的"沦
陷"。佛教业报因果理论是缘起法在世间伦理道德中的运用,却和儒道
二教的天神、祖先、赏罚结合变异为庸俗的三世报应说;佛教的"空"
义,是空假不二、世出世间不二、真俗不二的中道智慧,却被道教附会
为玄远,被儒家斥为消极虚幻;把悲智不二的佛法身视为某种神秘的力
量,不顾源头,把悟之一心的禅和儒家片面会通,而成宋明理学;把佛
陀证悟后的涅槃境界,误解为对人生的厌倦和自行了断。所以,佛教徒
被误认为自私自利的群体,不为社会做贡献,却要和社会分利益;在世
俗社会眼里,学佛者,高明一点的,不过自求解脱,一般人不过求死后
超生,总之都是只求自利,不求利他。

在太虚看来,中国佛教的种种弊端,究其根本,就是大乘真精神的
缺失。"一方则下逗愚民为神道之设教,一方则上适高哲为圆顿之玄谈,
而无常智常德之讲求修践,致今下者为世诟病为迷信,上者若台、贤、
禅、净等亦流为空疏虚渺之僻习,且已无旧宗门之可循求哉!"② "常
智"即性空平等的般若智慧,"常德"即拔苦与乐的六度万行,"大乘

---

① 释太虚:《中国之佛教》(原载《海潮音》第25卷第8期),《太虚大师全书》第2卷,第
  299—300页。
② 释太虚:《答赵伯福问(八则)》(原载《海潮音》第11卷第10期),《太虚大师全书》第30
  卷,第34页。

佛法，为超脱世间而又适应世间的。则其宗要：在先有超脱世间的大
觉悟，而后以护念众生的大慈悲，施其适应世间的大方便"，① 大乘的
真精神，约之为三句话，就是"菩提心为因，大慈悲为根本，方便为
究竟"。

发菩提心就是发要成佛的心，发菩提心者，经中称为"初发心菩
萨"。而所谓成佛，无非成就佛之悲智双运。大小乘的求智之心有相通
处，皆为追求佛法身的涅槃解脱，然小乘涅槃是无余涅槃，灰身灭智，
不现他受用身，只自利而不为利他；只有大乘涅槃是无住涅槃，大乘菩
萨就是以大慈悲心故所示现的他受用身，证涅槃而依然随顺世间（方），
利乐众生（便）。佛果位上的妙用、神通、三昧、辩才、智慧等，都是
方便，如果没有大慈悲心，这些方便就不能发挥利乐众生之作用。所
以，太虚认为，佛法的根本在于"大慈悲心"。

那么，什么是"大慈悲心"呢？龙树在《大智度论》中提出："慈
悲心有三种：众生缘，法缘，无缘。凡夫人众生缘；声闻、辟支佛及菩
萨，初众生缘，后法缘；诸佛善修行毕竟空，故名为无缘，是故慈悲亦
名佛眼。"② 众生缘慈悲观众生有如赤子，爱怜恻隐，与乐拔苦，是凡
夫和三乘初发心时所具有的世间慈悲；法缘慈悲缘五蕴而观诸法皆空、
缘起无我，怜悯众生不知法空、自堕苦海而起慈悲，是声闻、缘觉及初
地以上的菩萨所具有的出世间慈悲；无缘慈悲是诸佛独具的慈悲，了达
诸法实相、觉悟空性智慧，人法二空，一切平等，是最究竟的慈悲。

太虚从教义的角度把全部佛法分为"五乘共法"、"三乘共法"和
"大乘不共法"。③ "五乘共法"即人、天、声闻、缘觉、菩萨这五乘

---

① 　释太虚：《佛乘宗要论》，《太虚大师全书》第 1 卷，第 143 页。

② 　〔印度〕龙树造，（后秦）鸠摩罗什译《大智度论》，《大正藏》第 25 册，第 350 页。

③ 　释太虚：《佛学概论》，《太虚大师全书》第 1 卷，第 21—51 页。

的共通之法，本着因缘所生法而明正确的因果关系；"三乘共法"即声闻、缘觉、菩萨这三乘的共通之法，是出世间法，即小乘之法；"大乘不共法"，即佛之悲智平等法，"唯佛与佛乃能究竟"。龙树的"三种慈悲"可对应太虚的这三种"共法"。其中，众生缘慈悲，即人天乘中适用的慈悲心，然尚有人我之别，有人世间种种形相，虽能爱人，但爱人之心会体现出亲疏、等级等种种差异；法缘慈悲，即出世间慈悲，证得人空法空，对众生起大怜悯，然未必如大乘行者，反身入世，行六度四摄之广大行；无缘慈悲，是成就无上正等正觉的大乘菩萨彻证了人我二空之后才有的"无缘大慈""同体大悲"，是佛的慈悲，"悲者，悲痛，大悲者，非属于自身之苦痛。佛法之慈悲，俱属救济众生而有，故凡兴一慈念，必以悲为出发点，其慈方堪称为佛法之慈。故凡佛徒不问自身之苦痛为如何，其所措施皆属救济众生之苦痛，以众生之苦痛即为自身之苦痛，故名同体大悲；众生之苦痛既除，更须令其得究竟乐，是为大慈，以出自本性力故，又名无缘大慈"。[①]

"小慈小悲"和"大慈大悲"的区别就在"智慧"，"然悲虽深，若乏于智慧，仍未尽善。如从水救人，须先知水性与方便工具等；故佛称一切智人，有遍一切无不了知之智。此智兼大悲，相辅以行，惟利无弊，否则利人无功而自害尤甚！然智慧，亦须从大悲心流露出来，又应先明空有之理，始为究竟"。故所谓"悲智双运"，意味着悲是"即智之悲"，智是"即悲之智"，对菩萨的度生事业而言，"悲智双运"就是行理事圆融、不苦不乐之"中道"。"菩萨于度生期中，不计其苦，不著其乐，是为不苦不乐悲智不二之中道。若此行未臻圆满，是为菩萨；圆满

---

① 释太虚：《佛学讲要》（原载《海潮音》第13卷第10期），《太虚大师全书》第1卷，第227页。

时，便成佛道。"①

　　总之，"智慧"和"慈悲"是大乘佛教的"两轮"或"两翼"，两者缺一不可。"智慧"即"照见五蕴皆空"的般若智慧，"慈悲"即"度一切苦厄"的救助和济拔。"大慈大悲"建立在智慧和慈悲不一不异的"中道"之上，表现为：无缘——圆证一切无我，而于一切法平等；普缘——由无缘而平等普缘一切众生；具德——本愿所引与利他功德圆满所感；随应——随缘任运以应身度化众生，度菩萨以应化身，所谓他受用身，而化凡夫以变化身，即化身；无功——功德圆满，度化不再集聚功德；无止——不舍一切众生而行度化，永不休息。佛作为慈悲的最高典范，是大乘佛教的根本皈依处。

　　太虚痛切地指出，中国佛教，理在大乘，行在小乘，以慈悲为本的大乘理论不能落在实践上。

　　　　我国的佛徒（包括出家在家的四众）都是偏向于自修自了，大乘的经论，虽有很多人在提倡和弘扬，但所提倡所弘扬的也不外是自修自了的法门。这种说大乘教，行小乘行的现象，在中国是普遍地存在。如出家众的参禅念佛者，固然为的自修自了，即在家的信众也是偏重自修自了的倾向。他们都以为学了佛就不要做人（？），什么事都心存消极不愿意干，更有很多人以为学佛作"了此残生"的尾闾。他们都说把国家、社会、家庭一切的俗务都舍下，才可以入佛修行。这种不正确的思想，已经深印在每个国民的心坎中。这种错觉是复兴佛教的障碍物，是歪曲了大乘佛教的真义。中国汉地佛教衰败的原因固然很多，而最大的病源则为空谈大乘，不重实

① 释太虚：《佛学讲要》，《太虚大师全书》第1卷，第227—228页。

行，行为与教理完全脱离关系。[①]

　　太虚推行的佛教改革运动前后进行了将近 40 年，从 1907 年始至 1947 年终，以 1914 年、1928 年和 1938 年为界可以划分为四个时期，在第三个时期他逐步提出"人生佛教"的理论。1928 年 4 月在《对于中国佛教革命僧的训词》里明确提出"人生佛教"，5 月在上海开讲《人生佛学的说明》，对何谓"人生佛教"作出系统阐发。

　　　　佛法虽普为一切有情类，而以适应现代之文化故，当以"人类"为中心而施设契时机之佛学；佛法虽无间生死存亡，而以适应现代之现实的人生化故。当以"求人类生存发达"为中心而施设契时机之佛学，是为人生佛学之第一义。佛法虽亦容无我的个人解脱之小乘佛学，今以适应现代人生之组织的群众化故，当以大悲大智普为群众之大乘法为中心而施设契时机之佛学，是为人生佛学之第二义。大乘佛法，虽为令一切有情普皆成佛之究竟圆满法，然大乘法有圆渐、圆顿之别，今以适应重征验、重秩序、重证据之现代科学化故，当以圆渐的大乘法为中心而施设契时机之佛学，是为人生佛学之第三义。故"人生佛学"者，当暂置"天"、"鬼"等于不论。且从"人生"求其完成以至于发达为超人生、超超人生，洗除一切近于"天教"、"鬼教"等迷信；依现代的人生化、群众化、科学化为基，于此基础上建设趋向无上正遍觉之圆渐的大乘佛学。[②]

---

①　释太虚：《从巴利语系佛教说到今菩萨行》（原载《海潮音》第 21 卷第 7 期），《太虚大师全书》第 19 卷，第 192—193、195 页。

②　释太虚：《人生佛学的说明》，《太虚大师全书》第 3 卷，第 183—184 页。

"人生佛教"三义,可以用三个关键词表达:"人""慈悲""圆渐"。其中"人"又包含两层意思:以人道为中心,不是不顾天道和鬼道,而是"暂且不论";重点在"人生"而不是"人死"。也就是说,人生佛教作为一种对治法,旨在发覆失落的大乘精神;人生佛教是大乘佛教的契机表达;如果说大乘佛教的主体是"菩萨",那么人生佛教的主体是人;和大乘菩萨道一样,人生佛教的道路是在发菩提心的基础上循序渐进的;作为大乘佛教的契机表达,人生佛教的根本在于"慈悲",人生佛教要发覆大乘真精神,其实就是用契理契机的方式开显"慈悲"。

太虚向来把佛法分为人乘、天乘、声闻乘、独觉乘和佛乘五乘。1924年,一场关于人生观问题的讨论在社会上蓬勃展开,梁漱溟在著名的《东西文化及其哲学》中认为,佛教就是要以出世间为旨趣,否则就不是佛教,而和世间其他宗教学说无异;出世间的佛教不适用于中国社会,不是为时代所急需。这种认识的本质还原成太虚的五乘判教说,其实就是从人乘只能一步一步晋升至天乘、声闻乘和独觉乘,最后走向自行解脱,成自了汉,只顾自己不顾群体,终究于社会无益。人乘和佛乘之间,还隔着天乘、声闻乘和独觉乘,何以人乘可以直达佛乘?人乘又如何直达佛乘?换言之,从人乘进修佛法,必然归宿是小乘还是大乘?佛陀的根本精神,是小乘还是大乘?这是人生佛教理论要解决的关键问题。太虚清醒地意识到,这个疑问不解决,"吾此人生观的科学即不成立",进一步说,人生佛教的整套理论也就不成立。①

太虚分析了把"解决生死问题"的小乘解脱作为佛陀根本精神的观点,认为其主要基于两个证据:其一,考证出释迦出家修道的动机在感老病死;其二,考证出释迦修道成佛的心境在观十二缘起,故其后转法

---

① 释太虚:《人生观的科学》,《太虚大师全书》第 25 卷,第 36 页。

轮说为四谛，涅槃时演为三十七觉分，结为戒定慧及解脱。所以一般学者认为原始佛教的真相，唯在"解脱生死的小乘"，同为佛说的大乘隐没不彰，所以一些学者和佛教徒以为佛教是解决生死问题而不是生活问题的，是非人生的，是出世的。

大小乘之别在于利他与否，为颠覆这两块"佛教唯出世"论的基石，太虚唯有发覆佛陀本怀中的应有之义——"慈悲"。

首先，关于释尊出家的动机。其非始于有感人生"老病死"之苦而厌离出家，而是在此之前于树下观耕而生的一念慈悲心。农夫犁田，翻出虫子，虫子瞬间被鸟所食，释尊感此残杀而生大忧愁云："夫宇宙生生不已，而不与圣人同忧患者，为其盲目的生生而不顾生生相残，且各以残他生而生自，亦以残他生而苟全自之生活也。"释尊思维："如何可以'不相残杀死害而咸得各全其生活'？"太虚认为，这是众生如何"生活"的大问题，释尊就是以大悲心为动机，为解决此生活问题而修道的。此后，又以见"老病死"而决心舍家修道者，也是因为释尊想找到一种不残害他者的生活真道，从而暂舍家国这种以残害他者为生活的生活，毅然出家。"故释迦出家修道之二种动机，乃纯为解决生生相杀以生的生活，如何可转为不相残以生的生活之大乘大悲心所激发，而求无上遍正觉以为之解决也。"[1]

其次，关于释尊谛观十二因缘而觉悟时的心境。顺观十二因缘，为苦集。然而所观不离能观，从释尊修道的动机——大悲心出发，所观的是苦灭、涅槃，能观的是菩提、悲愿和妙用。"涅槃曰断德，菩提曰智德，悲用曰恩德，总曰法身"，"智短者闻其语所观之苦集，自求解脱，

---

① 　释太虚：《生活与生死》（原载《海潮音》第 9 卷第 3 期），《太虚大师全书》第 3 卷，第 171—172 页。

智深者，亦闻其语能观智所由致及其终极之成就"。[1] 听法的根器不同，听到的法就不同，这才有阿含类经典和华严类经典的区别。所以，太虚以为，释尊成等正觉，始于不忍之心，终于大慈大悲。

太虚指出，释尊觉悟后，到以争斗和相杀求自活的人间生活中进行教化，才有佛法、戒律、经论。佛教是"为人生的、进化的、体现人生真相的"，释尊解决宇宙人生大生活问题的公式，其实就是"自利利他"，使他人生也是使自己活，损害他者也是损害自己，而最终，因缘所生法，自他两忘，"平等平等"。所以，释尊因一念慈悲而觉悟，从释尊本怀流出的佛法，"以大乘为主，小乘为从属。佛法之解决问题，亦以生活为主，生死为从属"。[2]

太虚发微抉隐，论证释尊在因地观各种缘起，对生生相残起同情心，因为这一念同情（即龙树所定义的"众生缘慈悲"，或云"小慈小悲"）而发心走上寻求宇宙人生真理的道路，最后成就大慈大悲，又本大慈大悲而说法教化众生，遂有佛教，这是大乘佛教的向上一路。人希贤，贤希圣，大乘之路就是人—菩萨—佛的上升之路。"修行信心位的人生初行，是人的菩萨位，若孔、老、善财等；初无数劫位，是超人的菩萨位，若世亲等；第二无数劫位以上，是'佛的菩萨'位，若普贤等。华严宗所主张之三生成佛说，即是经此三菩萨位，以第三'佛的菩萨'位谓之成佛。由'人的菩萨'位入'超人的菩萨'位及进至'佛的菩萨'位，所经历的皆菩萨位，故更不须经历天与声闻、独觉之三阶段，而彼三阶段已消融于'超人的菩萨位'矣。故彼三阶段非由人至佛所必经的，乃由人不走遍觉的路所歧出之三种结果耳。"关于"歧出"，

---

① 释太虚：《生活与生死》，《太虚大师全书》第 3 卷，第 173 页。
② 释太虚：《生活与生死》，《太虚大师全书》第 3 卷，第 174—175 页。

太虚又细分了几种情形："人乘"分"天的人乘"和"佛的人乘"，"天乘"分"人的天乘"和"天的天乘"，而"依声闻行果是要被诟为消极逃世的，依天乘行果是要被谤为迷信神权的"，只有"人生究竟之佛乘及大心凡夫直接佛乘之佛的人乘"，是真正的大乘，是佛陀本怀流出的；只有"以发挥直接佛乘的大乘人生初行施行到人的现世生活范围里"，"依人乘趣大乘行果"而复兴中国佛教，中国佛学才能摄化人心，通行世界。①

综上，太虚解决了人生佛教理论中的四个基本问题。其一，人生佛教以"人类"为中心而施设，其他生命形态暂时搁置。其二，人生佛教以人生问题为中心，人死后的问题因人生问题的解决而自然解决。其三，人生佛教的修行道路是从人到佛，虽然中间有不同位次，但都属于以慈悲为本质属性的菩萨位次，不需经过天或声闻缘觉，人只要发慈悲心，次第行大乘菩萨道的慈悲行，就能直达佛乘。在这个过程中，慈悲心是一以贯之的，不过有大小之别而已。其四，人生佛教是契理契机的大乘佛教，大乘佛教是佛陀本怀流出，故人生佛教是"圆渐"而不是"渐圆"，果地本自圆满，因地渐至圆满。总之，"人生佛教"是"以慈悲为本"的、从人乘而达佛乘的、次第成就圆满觉行的大乘渐教，人生佛教所契之理就是大乘精神，其根本在"慈悲"。

第二节　慈宗的创立

印顺《太虚大师年谱》在民国13年（1924）的记事中最早提到了

---

① 　释太虚：《人生观的科学》，《太虚大师全书》第25卷，第38—41页。

太虚大师的慈氏信仰："二月五日，甲子元旦，大师编《慈宗三要》。大师特弘弥勒净土，至此乃确然有所树立。"[1]

所谓"慈宗三要"，见太虚《〈慈宗三要〉序》："远稽乾竺，仰慈氏之德风；迩征大唐，续慈恩之芳焰：归宗有在，故曰慈宗。三要者：谓《瑜》之《真实义品》，及《菩萨戒本》，与《观弥勒上生兜率经》也。义品、戒本，慈氏之说；经则释尊谈慈氏者，故皆宗在慈氏，如次为慈宗境行果之三要也。"[2] 可见，印顺所说太虚之"确然有所树立"者，乃"归宗"一大事也。更准确地说，太虚实欲远溯古印度之弥勒净土信仰，在绍续唐代慈恩宗的基础上，建立以慈氏菩萨命名的"慈宗"。所树立者，包括五项：其一，确定要立宗；其二，以"慈"为宗名；其三，以慈氏弥勒菩萨为宗师；其四，以弥勒净土为归趣；其五，确定宗依的经典。

事实上，从1922年起，太虚已借兴办武昌佛学院之机，利用这一平台着手推广弥勒经典，有意识地把宗慈氏的想法付诸僧教育实践了。武昌佛学院是中国最早打出"佛学院"名号的僧教育机构。太虚制定的学僧早晚课诵内容和一般寺庙有很大不同，"唯称念弥勒，回向兜率"。[3] 学院9月1日开学，第一学期，太虚大师即为学僧开讲《佛教各宗派源流》和《瑜伽师地论·真实义品》（亦称《瑜伽真实义品》）；[4] 1923年秋季，太虚又讲了《成唯识论》和《解深密经》。[5] 正是在这些教学实践的基础上，太虚编成了《慈宗三要》。

---

[1] 释印顺：《太虚大师年谱》，《印顺法师佛学著作全集》第6卷，中华书局，2009，第109页。

[2] 释太虚：《〈慈宗三要〉序》（原载《海潮音》第5卷第1期），《太虚大师全书》第32卷，第303页。

[3] 释印顺：《太虚大师年谱》，《印顺法师佛学著作全集》第6卷，第91页。

[4] 释印顺：《太虚大师年谱》，《印顺法师佛学著作全集》第6卷，第92页。

[5] 释印顺：《太虚大师年谱》，《印顺法师佛学著作全集》第6卷，第106页。

　　在《〈慈宗三要〉序》中，太虚指出，慈宗的境行果通过三部经论开显，即《真实义品》《瑜伽师地论·菩萨戒本》（亦称《瑜伽菩萨戒本》）和《弥勒上生经》。太虚以为，这三部经论分别承担了学佛所必经的路径："解真实义"（境）、"持菩萨戒"（行）和"祈内院生"（果）。它们"既简且要"，容易普及，可以推广。然而他也认识到，把《真实义品》作为开显佛境的纲要和把《菩萨戒本》作为轨范行为的纲要，恐怕不难接受，而把谛观弥勒净土作为证果的纲要，一定会招致异议。太虚对此有所阐发："惟补处菩萨，法尔须成熟当界有情，故于释尊遗教中曾持五戒受三皈称一名者，即为已与慈尊有缘，可求生内院以亲近之矣！况乎慈尊应居睹史，与吾人同界同土，而三品、九等之生因，行之匪艰，宁不较往生他土倍易乎？"[①]　可见太虚所担心的"异议"其实专和往生弥陀净土有关。太虚以为，弥勒菩萨是释尊所授记的一生补处菩萨，和众生一起同在娑婆世界，而不是别的世界；弥勒菩萨所居住的"睹史"（兜率内院），和我们同界同土，释迦遗教中也说，只要受持三皈五戒，称颂慈氏名号，即与慈氏有缘。兜率净土的修行依照从易到难程度分成三品九等，若根据不同根器选择相应品级等次，行人的修行实践并不艰难。与去其他净土相比，去弥勒净土难道不是要容易很多吗？

　　《慈宗三要》及其序言发布不久，太虚又作《志行自述》以告众。《志行自述》可以看作太虚对慈宗宗旨尤其是"持菩萨戒"一项的具体发明。太虚强调了自己"斯志斯行"，"志在整兴佛教僧（住持僧）会（正信会），行在《瑜伽菩萨戒本》"。[②]　太虚以为，佛法的教理行果四项中，如果没有行，教理无用，果成无为。而若干种行，可以用"十

①　释太虚：《〈慈宗三要〉序》，《太虚大师全书》第 32 卷，第 304 页。

②　释太虚：《志行自述》，《太虚大师全书》第 18 卷，第 163 页。

度"（布施、持戒、忍辱、精进、禅定、般若、方便、力、愿、智）统摄，又可以归纳为"戒、定、慧"三学，而核心在"戒学"。"定学"和"慧学"不足以和"戒学"成鼎立之势，只能是"戒学"的辅助。没有戒，定慧不得其用。故"知法在行，知行在戒，而戒又必以菩萨戒为归"。戒又分三大类：止恶、自善、饶益有情。其中"饶益有情"是大乘菩萨不共声闻之所在，"菩萨之入俗，佛陀之应世，皆以能舍己利他耳；故饶益有情之戒聚，实为菩萨戒殊胜殊胜之点"。在诸多戒本中，太虚以为只有玄奘译《瑜伽师地论》中的《菩萨戒本》，真正堪用作"菩萨繁兴二利、广修万行之大标准"，初发心的修行人，可以此为日常行为标准。太虚再次强调了"慈宗三要"："一、《瑜伽真实〔义〕品》以明境；二、《瑜伽菩萨戒本》以轨行；三、《弥勒上生经》以期果。"[1] 是年春季学期，太虚为武昌佛学院学生续讲了《成唯识论》，讲授了《菩萨戒本》和《弥勒上生经》。[2]

从武昌佛学院的教学实践，到编定《慈宗三要》并撰序，到发表《志行自述》强调戒的重要性，此三者，乃太虚一生中第一次为构建"慈宗"而做出种种努力。从"慈宗三要"看，慈宗是建立在唯识学经典之上的弥勒净土法门。太虚和唯识学的渊源可以追溯至 1914 年至 1917 年在普陀山闭关期间："民国三年秋起，在普陀闭关的三年中，一方面着重在个人身心（戒定慧）的修养工夫，同时对于律藏和小乘的经论，大乘曼殊、龙树的一系经论，弥勒、世亲一系的经论，以及台、贤、净、密、禅诸部，都——作有系统的研究。"[3] "民四夏间起，则聚

---

① 释太虚：《志行自述》，《太虚大师全书》第 18 卷，第 165 页。

② 释印顺：《太虚大师年谱》，《印顺法师佛学著作全集》第 6 卷，第 111 页。

③ 释太虚：《我的佛教改进运动略史》（原载《海潮音》第 21 卷第 11、12 期合刊），《太虚大师全书》第 31 卷，第 73 页。

精会神于《楞伽》、《深密》、《瑜伽》、《摄大乘》、《成唯识》，尤以慈恩的
法苑义林章与唯识述记用功最多，于此将及二年之久。"① 太虚在普陀
闭关时两次获得悟境。第一次是研读天台宗、华严宗、禅宗所宗的《大
乘起信论》《楞严经》时，每日坐禅，"一夜，在闻前寺开大静的一声钟
下，忽然心断"，空境现前；② 第二次即 1916 年，在研读《唯识述记》
"假智诠不得自相"一章时，"朗然玄悟，宴会诸法虽言自相，真觉无量
情器、一一尘根识法，皆别别彻见始终条理，精微严密，森然秩然，有
万非昔悟皂空灵幻化，及从不觉而觉心渐现身器堪及者"。这是空有
不二之境，太虚自述，从此后，"真不离俗，俗皆彻真"。③ 大乘瑜伽
行唯识学的根本论书《瑜伽师地论》《辨中边论颂》等皆署名弥勒菩萨
述，据传瑜伽行唯识学派创始人无著夜升兜率天，于弥勒所受《瑜伽师
地论》等，世亲也在死后上生兜率天，成为弥勒内众之一。故弥勒菩萨
被瑜伽行唯识学派奉为祖师。追随无著、世亲的慈恩宗创始人玄奘及其
弟子窥基皆宗弥勒，发愿往生弥勒净土。太虚于研读窥基《成唯识论述
记》时当机开悟而通达真有无碍之真谛，他以玄奘、窥基为榜样皈依弥
勒兜率净土，也是顺理成章。

　　如果说太虚第一次着力宣扬弥勒净土，构建慈宗是假武昌佛学院的
兴办为契机，那么他第二次发动慈宗构建活动，则恰值他入主福建厦门
南普陀寺并兼任闽南佛学院院长期间，这不可不谓因缘巧合。1927 年
4 月太虚接任闽南佛学院院长后，1929 年至 1931 年，太虚为闽南佛学
院学僧讲授了《真实义品》《弥勒上生经》《菩萨戒本》；1932 年 11 月，
应厦门大学之邀讲授《法相唯识学概论》；同年 12 月 23 日，在闽南佛

---

① 　释太虚：《太虚自传》，《太虚大师全书》第 31 卷，第 199 页。
② 　释太虚：《太虚自传》，《太虚大师全书》第 31 卷，第 199 页。
③ 　释太虚：《太虚自传》，《太虚大师全书》第 31 卷，第 199—200 页。

学院开讲《大乘本生心地观经》；25 日，厦门各界来皈依，因有人供养了一尊弥勒佛铜像，太虚"设慈宗坛以奉之"，"且夕禅诵其中"。皈依者持太虚之前编就的《慈宗三要》请益，太虚趁机着手把《慈宗三要》扩充而为《慈宗要藏》，并发起"慈宗学会"。1933 年 1 月 18 日，《慈宗要藏》编定，太虚写就《〈慈宗要藏〉序》，开篇云："民十三元旦之旦，作《慈宗三要叙》，集刊《慈宗三要》，奉以周旋，造次颠沛未尝离乎是，弹指十年矣！而亦有随以习行者。"[①] 也就是说，从《慈宗三要》编定并第一次提出慈宗构想，到《慈宗要藏》编定，将近十年。这十年间，太虚虽南北奔波，然从未放弃建立慈宗的理想，而且的确有人追随他。

《慈宗要藏》辑略《大藏经》中与慈氏弥勒菩萨有关的经及相关论述 60 余种，按照《大藏经》的体例分"经藏"、"律藏"、"论藏"和"杂藏"四部分，以略示慈宗法门之精要。其中《弥勒上生经》《弥勒下生经》《大乘本生心地观经》《佛说大乘稻秆经》等，太虚在此后的弘法历程中多有讲授。他还有在《慈宗要藏》的基础上继续编辑"慈宗略藏""慈宗本藏""慈宗大藏"的心愿："慈氏宗释诸论，及无著、世亲、护法、戒贤、慈恩师弟所崇弘者，能结集为慈宗略藏乎？奘译全典并异译，有关慈氏、无著、世亲学诸籍，暨慈恩以来所流衍者，能结集为慈宗本藏乎？释尊遗教之付嘱在慈氏，宜宗本慈氏以贯持一切之经、律、论、杂，为慈宗大藏之纂。"[②] 可知《慈宗要藏》并没有收录古印度瑜伽行派宗师的著作，也和唐代慈恩宗师弟所宗依的经论有别。

太虚第三次构建慈宗的努力当述及 1936 年，以《海潮音》杂志刊

---

①　释太虚：《〈慈宗要藏〉序》，《太虚大师全书》第 32 卷，第 305 页。

②　释太虚：《〈慈宗要藏〉序》，《太虚大师全书》第 32 卷，第 305—306 页。

出《慈宗的名义》一文为标志。从 1930 年到 1936 年，太虚频繁开讲《弥勒上生经》或《弥勒下生经》，于武汉、香港、杭州等地开坛讲授将近 10 次之多。尤其是 1936 年在雪窦寺讲了约一月，《太虚大师全书》中的《弥勒菩萨上生经开题》《兜率净土与十方净土之比观》即这次开讲的讲义整理。《弥勒上生经》和《弥勒下生经》遂成太虚一生中宣讲最多的大乘经。另外，1932 年底太虚在闽南佛学院开讲《大乘本生心地观经》，1934 年 7 月在庐山大林寺开讲《孝经》并以《从慈悲为本方便为门以明孝经大旨》发题，1936 年 8 月在南京开讲《佛说大乘稻秆经》，这三部经皆以弥勒为主角，也是《慈宗要藏》中收录的慈氏经典。①

　　《慈宗的名义》② 本是太虚在雪窦寺的演讲《兜率净土与十方净土之比观》③ 中的第四节，为了全面发覆慈宗旨趣而单行。若把《慈宗的名义》依旧归入《兜率净土与十方净土之比观》作为第四节，可知太虚在这一时期主要为慈宗厘清了三个方面的问题。

　　其一，明确"慈宗"和"慈恩宗"之别。"慈恩宗"专指玄奘、窥基所立的法相唯识宗，以他们译经所在地大慈恩寺为名。"法相唯识教观，都依慈氏为根本。故慈宗可以包括慈恩宗；慈恩宗则不能该括慈宗。"虽然奘、基师弟皆发愿往生兜率，但修习法相唯识教观的并不一定以上生弥勒内院为愿。故"慈宗最重要者在宗奉慈氏菩萨，以上生内院。比如念阿弥陀佛以求生极乐世界，专以阿弥陀佛为宗奉，持名、观想之所念皆在阿弥陀佛，此亦如是，专在慈氏如来"。慈宗最重要的特

①　释印顺：《太虚大师年谱》，《印顺法师佛学著作全集》第 6 卷，第 262—341 页。

②　释太虚：《慈宗的名义》（原载《海潮音》第 17 卷第 6 期），《太虚大师全书》第 10 卷，第 366—370 页。

③　释太虚：《兜率净土与十方净土之比观》（原载《海潮音》第 17 卷第 6 期），《太虚大师全书》第 10 卷，第 363—365 页。

征就是发愿往生弥勒净土。唐以前，弥勒净土修习者要多于弥陀净土修习者，东晋道安法师即其一，"这是慈恩宗以前早有慈氏宗流行的事实"。慈恩宗是慈宗"千里之初步"，慈宗是慈恩宗之"根极"。可见太虚所谓"慈氏宗"即"宗慈氏"，在"愿生兜率"这一点上是对唐以前较为盛行的弥勒净土信仰的复兴，而在"观境""实行"两项，采用了慈恩宗拣择的经典，和慈恩宗重叠较多。

其二，明确慈宗非一宗一派之"宗"，而是所有宗派的融摄、一切佛法的总持。慈宗的经典，纲要是《慈宗要藏》辑录的三部，其中《真实义品》以明境，《菩萨戒本》以明行，《弥勒上生经》以明果。"再推而广之，则唯识宗所依的六经十一论——〔六经谓〕《华严经》、《解深密经》、《厚严经》、《如来出现功德庄严经》、《大乘阿毗达摩经》，① 十一论谓《瑜伽师地论》、《大乘庄严论》、《显扬圣教论》、《辨中边论》、《成唯识论》、《百法明门论》、《唯识二十论》、《集论》、《杂集论》、《摄大乘论》及《观所缘缘〔论〕》等，慈氏菩萨所说《金刚经论》、《现观庄严论》等法性经论，以及经、律、论三藏中之宣说慈氏行果者，都是慈宗的法藏。"亦即只要和慈氏菩萨有关的经、律、论，无论空宗有宗，或和弥勒因地愿行、弥勒说法、弥勒果地或弥勒净土有关的，都是慈宗法藏的主体（本藏）。如果说慈宗本藏还是略着宗派行相的话，那么慈宗更广阔的襟怀在于"融摄各宗派以慈氏为大归依处"。"凡本师释迦牟尼佛所弘扬的法门，教化之生类，都付嘱慈氏菩萨"，"凡是本师释迦牟尼佛所称大小性相显密禅净等法门，皆为当来下生弥勒佛所承前启后的慈氏宗之所宗；现在一切五乘、三乘、大乘性相显密的佛法，都是弥勒菩萨所担当宣扬的佛法"。"此诸佛法皆应各时各地之机宜而差别，溯其根源，

---

① 　原文中只列出五部经书，存疑。

都从释迦佛大圆觉海之所流出，而皆会于一生补处慈氏菩萨为承前启后之总枢。"① 故慈宗广藏，应包括一切佛法之内明和一切开物成务、进德修业之说。慈宗总持全体佛教，不为和其他宗派区别，更不为和其他宗派纷争。慈宗的建立，恰是为了消弭宗派壁垒，超越佛法为适应时空变化而表现出的差别，回归佛法真谛。慈氏菩萨是一生补处菩萨，即最后位的菩萨，此生已是最后的系缚，是释迦佛所授记的未来佛。因此，他将承前启后——继承全部，融摄所有，是一切因时、因地而制宜的宗派的终极目标。

其三，明确慈宗的理想不仅是往生兜率净土，更是要创造人间净土。弥勒慈氏有两个位次：作为一生补处菩萨，正在兜率内院；作为释迦付嘱的未来佛，最终一定会下生此土成佛。故和其他净土比，兜率净土专为摄化欲界有情众生而设，弥勒菩萨为教化此土众生，特现兜率净土与此界众生结缘。弥勒由人而上生，其上生是由人修习福德而成办，若使人类德业增胜、社会净化，成为清净安乐人世，便可感知弥勒下生成佛，亦即创造了人间净土。

从《〈慈宗三要〉序》到《〈慈宗要藏〉序》，再到《慈宗的名义》，太虚对慈宗的理论建构越来越完善，其怀抱也越来越昭然。如果人生佛教思想是太虚针对近代中国思想潮流和近代佛教各种弊端而造作的契理契机的对治法，是一种面向世俗人心的文化再造，那么，慈宗就是太虚为总持全体佛法而设计，是人生佛教思想的信仰支撑。可以说，慈宗法门是太虚大乘理想的落实，弥勒净土是太虚大乘信仰的安顿处。

《太虚大师全书》中尚有一篇《慈宗修习仪》，为太虚亲自制定的慈宗仪轨，从简到繁分为"要仪""略仪""本仪""胜仪""大仪"，其

---

① 释太虚：《慈宗的名义》，《太虚大师全书》第 10 卷，第 366—369 页。

中涉及的课诵主要有：《一切智光明仙人慈心因缘不食肉经》中的偈子"弥勒菩萨法王子，从初发心不食肉，以是因缘名慈氏，为欲成熟诸众生。处于第四兜率天，四十九重如意殿，昼夜恒说不退行，无数方便度人天"[①]；《佛说观弥勒菩萨上生兜率天经》《真实义品》《菩萨戒本》《佛说慈氏菩萨陀罗尼经》中的咒。太虚于何时编定该仪轨，《太虚大师年谱》和《太虚大师全书》均未有记载，或于武昌佛学院时期为学僧而制，或于这个时期为慈宗坛的法事活动和慈宗学会而有所扩充和完善。

1937 年 11 月，法尊法师从藏语佛经中译出《现观庄严论》《辨法法性论》，太虚为作《〈现观庄严论〉序》和《〈慈尊五论颂〉合刊序》。1938 年 12 月，法尊等人有心在武汉佛学院建"太虚台"以纪念，太虚听闻修书制止，在给法尊的信中，他建议改"太虚台"为"慈氏台"。1946 年 5 月，太虚于上海玉佛寺开讲《弥勒大成佛经》。次年 3 月 12 日，太虚去世。[②] 通常把《弥勒上生经》《弥勒下生经》《弥勒大成佛经》合称"弥勒三经"，太虚虽多次宣讲前二经，却只讲过《弥勒大成佛经》这唯一一次，不想该经竟成其此生宣讲的最后一部经。法尔如是，堪称圆满。

第三节　"兜率净土即是人间净土"

太虚构建慈宗的一生行迹，可以分疏为"立宗名"、"定行果"、"立修仪"、"集要藏"和"广宏宣"五个部分，皆围绕慈氏弥勒菩萨而展

---

① 释太虚：《慈宗修习仪》，《太虚大师全书》第 19 卷，第 71 页。

② 释印顺：《太虚大师年谱》，《印顺法师佛学著作全集》第 6 卷，第 341 页。

开。慈宗的归趣，乃弥勒菩萨的"兜率净土"。太虚认为，兜率净土最适合娑婆世界的众生发愿往生。

太虚在《〈佛说无量寿经〉要义》中解释何为"净土"："土即国土，亦即世界依住之义。所谓净者，即清净无垢义。谓此国土，其受有乐无苦，其行有善无染，乃极庄严净妙无上清净之依处也。又净为洗净污秽之动词。此云净土，谓菩萨因中依众生心修种种清净之行，而使众生世界清净，以严净此不净国土令净。具此二义，故名净土。"① "发大悲心""修平等智""行菩萨行"，最终成就大乘佛果，净土就是圆满佛果的方便示现。"学习菩萨之道，并非高推圣境，远在净土。就是从我们凡夫为起点，一步一步进向圣境，创造净土，从浅到深，转劣为胜。"② 一切大乘佛法，都是严净国土之行。菩萨初发心，即为慈悲普度一切众生，然后完全以众生之心为心而修行。菩萨发心修行，皆为净佛国土，诸大乘佛法，皆是净土法门。作为佛果的净土，为众生树立了理想世界的典范、修行实践的目标，大乘的各种法门，都以归向佛果功德为本。

依据佛经，虽然净土庄严清净，为佛教徒向往的归宿，但秽土如我等众生所居之"娑婆世界"，为宇宙中苦难最多的世界，此世界的菩萨因必须忍受种种不净种种苦，故名"堪忍"，"堪忍"即梵语"娑婆"的意译。太虚云，如果只是住于清净业报的净土中，而不谛观苦海众生之苦发大悲心，深垂救济，我们这个娑婆世界的菩萨又从何而来？释迦佛就是悲愿深重，不怕任务艰巨，而发愿常生秽土救苦众生。③

---

① 释太虚：《〈佛说无量寿经〉要义》（原载《海潮音》第7卷第7期），《太虚大师全书》第16卷，第3—4页。

② 释太虚：《菩萨学处讲要》（原载《海潮音》第28卷第9期），《太虚大师全书》第18卷，第246页。

③ 释太虚：《〈维摩诘所说不可思议解脱经〉释会纪闻》，《太虚大师全书》第12卷，第372页。

　　弥勒菩萨是候补释迦佛位的，释迦佛把自己未完成的度众伟业和未度尽的众生，都付嘱与弥勒护念摄受。兜率净土同在"娑婆世界"，同在欲界，为"变化净土"，即所谓"凡圣同居"与"方便有余"净土。变化净土是佛为摄受六道凡夫而示现者，如果佛在人道示现相应的变化身，则变化净土亦在人道中。

　　《弥勒上生经》中说，修兜率净土要具备三项基础：第一，要修十善、六度等行；第二，要爱敬无上菩提心；第三，要发愿成为弥勒弟子。在此基础上修习而达到往生兜率净土之愿者，有三等九品的区别：第一等是修六度行者，通于四众弟子，但不必修得十分高胜，只要已发心修习六度，便可往生；若六度齐修，则上品上生；修三、四度则上品中生；修一、二度则上品下生。第二等是四众佛子及天龙八部等，发愿求生兜率，或修持戒行，或闻名欢喜，或礼拜供养，具修四种，即得中品上生；修二、三种或一、二种，即得中品中生或中品下生。若善力不足，现世不能上生，来生亦得生人天善处。第三等是犯戒造恶业的人，由闻弥勒佛名，至心忏悔，发愿往生，本应堕苦处，而由愿力，临命终时亦得弥勒接引往生。[①]

　　修行虽有三等九品的差别，但一生内院，不论何等何品之人，皆得见佛闻法，证不退转，菩提心和菩萨行只有增长，永无退失，且于将来贤劫之中，常随千佛下生，说法教化。这是兜率净土较其他净土殊胜的地方。如往生极乐净土，唯上品生可见佛闻大法，中品生则证二乘果，若下品生，须更修若干劫方得见佛闻法。而兜率净土若得往生，皆可见佛闻法；一见相好，一闻佛法，就可使菩提心永无退失，证不退转菩萨位，故所获之果最为殊胜。太虚的人生佛教思想，亦起始于让人"了

---

① （南朝·宋）沮渠京声译《佛说观弥勒菩萨上生兜率陀天经》，《大正藏》第14册，第418页。

解佛法、正信佛法，由正信佛法而实行佛法"；"重在从完成人生以发达
人生而走上菩萨行的大乘觉路"。人生佛教指导下的人生，首先要保持
"人的业果"使不退转，从而"以佛法建立起人生道德，使人间可为实
行佛法的根据地"。① 往生兜率净土可保证人的菩萨位不退转，自然是
人生佛教思想的最佳落实处。

所以，太虚举出三点，论述兜率净土最适合此界众生发愿往生。

> （一）十方净土有缘皆得往生，但何方净土与此界众生最为有
> 缘，未易可知。弥勒菩萨以当来于此土作佛，教化此界众生，则为
> 与此界众生有缘可知，特现兜率净土，故应发愿往生其中以亲近之
> 也。（二）兜率净土，同在娑婆，且在欲界；此变化净土在同处同
> 界故，与此界众生特有亲切接近之殊胜缘，故他方净土泛摄十方有
> 情，而此则专化此土欲界众生也。（三）弥勒净土，是由人上生。
> 故其上生，是由人修习十善福德成办，即是使人类德业增胜，社会
> 进化成为清净安乐；因此可早感弥勒下生成佛，亦为创造人间净
> 土也。②

太虚所谓兜率净土之殊胜，全在其"此界""欲界""人间"的指
向。弥勒下生成佛，人间净土得成，人生佛教亦得终极皈依。至此，太
虚的人生佛教思想和以弥勒净土为核心的"慈宗"信仰完全合流。唯慈
悲而能支撑"人生佛教"思想的成立，唯"慈悲"能创造人间净土，唯
慈宗信仰和弥勒净土，为"建设人间佛教""实现人间净土"的弘化方

---

① 释太虚：《我怎样判摄一切佛法》（原载《海潮音》第 21 卷第 10 期），《太虚大师全书》第 1
　卷，第 450—451 页。

② 释太虚：《兜率净土与十方净土之比观》，《太虚大师全书》第 10 卷，第 365 页。

便："既人人皆有此心力，即人人皆已有创造净土本能，人人能发造成此土为净土之胜愿，努力去作，即由此人间可造成为净土，固无须离开此醌醍之社会而另求一清净之社会也。质言之，今此人间虽非良好庄严，然可凭各人一片清净之心，去修集许多净善的因缘，逐步进行，久之久之，此浊恶之人间便可一变而为庄严之净土；不必于人间之外另求净土，故名为人间净土。"①

太虚晚年勉力于"菩萨学处"的建设，以"今菩萨行"为"人生佛教"的实践。太虚说的"人生"，其实就是人道众生的现世生活，就是经中所谓"凡夫地"。他鼓励凡夫地的菩萨学，而不是超越二乘圣位的菩萨学。② 《佛说观弥勒菩萨上生兜率陀天经》（又称《佛说观弥勒菩萨上生兜率天经》《弥勒上生经》）中，座中听法的优婆离起身问释尊："阿逸多未断诸漏，命终将生何处？"言下之意是，困惑慈氏菩萨不修禅定，不断烦恼，何以能生兜率净土，释尊何以授记其为未来佛。太虚说："此是优婆离以小乘之下器，揣测大乘之上机，不知弥勒是法身大士，故生此疑问也。"兜率净土是佛菩萨专为凡夫示现的"变化净土"，正是慈氏菩萨慈悲方便。③ 太虚云，其本人于佛学中的追求，就是"愿以凡夫之身学菩萨发心修行"。④ 这是太虚以慈氏菩萨为榜样。

---

① 释太虚：《创造人间净土》（原载《海潮音》第 12 卷第 1 期），《太虚大师全书》第 25 卷，第 350—351 页。

② 释太虚：《菩萨学处讲要》，《太虚大师全书》第 18 卷，第 246 页。

③ 释太虚：《〈佛说观弥勒菩萨上生兜率陀天经〉讲要》（原载《海潮音》第 13 卷第 12 期），《太虚大师全书》第 8 卷，第 87 页。

④ 释太虚：《新与融贯》（原载《海潮音》第 18 卷第 9 期），《太虚大师全书》第 1 卷，第 379 页。

第四节 "菩萨第一戒"与"慈心三昧"

太虚致力于佛教改革运动将近 40 年，其改革家和思想家的形象深入人心。然太虚"外现革命身，内密菩萨行"，他本人依止慈氏菩萨，劝导兜率净土，远绍法显、玄奘、窥基等祖师，践行弥勒菩萨行。太虚本着"八宗平等"的理想，穷其大半生勉力构建的"慈宗"，乃与其致力的佛教改革事业和设计的人生佛教理论相辅相成。

无论"人生佛教"思想还是"慈氏信仰"抑或"慈宗"，皆依托"慈"而彰显。通观《太虚大师全书》，无论讲经、造论、劝善、游说，于"劝发慈心"一事，太虚须臾未曾松懈。他把修习慈心的下手处，分疏为"戒、定、慧"三学，于戒学则为戒杀，于定学则为修习慈心三昧，于慧学则表现为化世导俗的种种方便。太虚说："戒杀为大乘之根本，素食为修行之必要"①，"期息乱归治，必修慈心三昧"②，"不食肉即慈心，为佛弟子修养佛心之根本基础……凡不肉食者，皆可谓之修弥勒行者"③。可以说，太虚以戒杀护生思想为起点，敷衍出"人生佛教"思想，又从人生佛教思想出发，开显出大乘佛教之根本精神——慈悲。太虚反复强调不杀生乃"菩萨第一戒"，可以说戒杀护生思想是太虚构筑思想体系、投身宗教实践的基石。

20 世纪 20 年代，太虚一直为佛教改革鼓与呼，在世人心中留下积

① 释太虚：《佛教与素食》（原载《正信周刊》第 6 卷第 14 期），《太虚大师全书》第 33 卷，第 430 页。

② 释太虚：《致段执政书》（原载《海潮音》第 6 卷第 10 期），《太虚大师全书》第 29 卷，第 192 页。

③ 释太虚：《〈佛说弥勒下生成佛经〉讲要》（原载《海潮音》第 17 卷第 3 期），《太虚大师全书》第 3 卷，第 372—373 页。

极入世的印象。太虚唯恐此一印象遮蔽了其"志行所在"，特撰《志行自述》以纠偏和澄清："昔仲尼志在《春秋》，行在《孝经》；余则：'志在整兴佛教僧（住持僧）会（正信会），行在《瑜伽菩萨戒本》'，斯志斯行，余盖决定于民四之冬，而迄今持之弗渝者也。"[①] 太虚向世人传达矢志不渝的深心——其志，在乎僧人队伍的组织和建设；其行，落实在"菩萨戒"。

太虚以为希求佛果的菩萨道要落实在行，而行有十度万行，或概括为"戒、定、慧"三学，严格考量，都可统摄在戒学。定与慧是为了辅助戒的成就。没有戒，定、慧之力不得其用。"而戒又必以菩萨戒为归。以菩萨之戒三聚：一、摄律仪，重在止恶，多与声闻共；二、摄善法，在集自善，少与声闻共；三、饶益有情，专以舍己利他为事，乃与声闻不共。菩萨之入俗，佛陀之应世，皆以能舍己利他耳；故饶益有情之戒聚，实为菩萨戒殊胜殊胜之点。"在各种戒本中，"惟奘译《瑜伽师地论》百卷中所录出之《菩萨戒本》，乃真为菩萨繁兴二利、广修万行之大标准"。[②] 也就是说，在"戒、定、慧"三学中，太虚分判"戒学第一"；在止恶、集自善、饶益有情这三类戒律中，饶益有情戒是菩萨行者所独有；在各种戒本中，太虚首推玄奘译《瑜伽师地论》所收的《菩萨戒本》。而无论何种戒，不杀生都是第一戒，声闻、菩萨概莫能外。

戒律是佛陀以业力因果为理论依据为修行者制定的各类行为规范，戒律的精神总摄于"七佛通戒偈"，所谓"诸恶莫作，众善奉行，自净其意，是诸佛教"。"通戒"的意思为十方三世佛共通的行为规范。佛陀持戒的根本意趣在"防非止恶"，诸恶主要指十恶业，诸善主要指十善

---

① 　释太虚：《志行自述》，《太虚大师全书》第18卷，第163页。

② 　释太虚：《志行自述》，《太虚大师全书》第18卷，第165页。

业。小乘把杀人列为出家比丘四波罗夷戒（四重禁戒）之第三。戒律条文规定，不杀的对象只限于人类；大乘因强调慈悲为怀，普度众生，比小乘更重视不害的思想，故范围扩大到一切生命，要求做到身、语、意三业无犯，并在显教菩萨戒的十重戒（十波罗夷戒）中列杀生为首条。对大乘行者而言，不杀是善的底线，杀业是恶业之最。

　　针对十恶业，即有"十戒"，大乘菩萨戒法把"不杀生戒"当作"第一戒"："第一戒者，尽一日一夜持，心如真人，无有杀意，慈念众生，不得贼害蠕动之类，不加刀杖，念欲安利莫复为杀，如清净戒以一心习。"①　第一戒又名"慈悲戒"，对众生生起慈悲之心是"第一戒"的精神内核。

　　太虚强调，十戒首重不杀。"夫小乘以断爱为首，大乘以慈悲为根本，故能不杀即是具足一切戒品。"②　他举过一个公案："昔佛在世时与舍利弗同观一鸽，此鸽子见佛不恐怖，见舍利弗犹恐怖，舍利弗问佛何因缘如此？佛说汝阿罗汉杀心虽无，而无始习气犹未断尽，故彼恐怖。"③　太虚指出，戒律的微言大义即在于此，慈悲的甚深旨趣也在于此。"与众生乐"，首先从不害众生、不令众生感到怖畏做起。但凡心中还有些微杀心业习，众生都会感受到。杀心虽断，但杀的业习很不容易去尽。故需"先去杀行，后去心中之杀机，极至连此戒杀机之心亦须除去尽净，因此为无始以来众生心念中之细微种子习气——即根本无明"。④

---

① 　（三国·吴）支谦译《佛说斋经》，《大正藏》第1册，第911页。

② 　释太虚：《〈楞伽阿跋多罗宝经〉义记下》，《太虚大师全书》第14卷，第27页。

③ 　释太虚：《〈佛说十善业道经〉讲要》（原载《海潮音》第13卷第9期），《太虚大师全书》第3卷，第19—20页。

④ 　释太虚：《〈维摩诘所说不可思议解脱经〉释会纪闻》，《太虚大师全书》第12卷，第186页。

唯识学把人的心理活动细分为"五十一心所"，与种种意念——相应。其中善心所有十一种，分别是"信、惭、愧、无贪、无嗔、无痴、精进、轻安、不放逸、行舍，不害"。《成唯识论》谓"无嗔与乐"，属"慈"性；"不害拔苦"，属"悲"性；行舍相当于喜心和舍心，属五蕴中的行蕴，为区别于受蕴的"受舍"而名"行舍"。① 太虚也指出，"五十一心所"中之所以不列"慈心""悲心""恻隐心"的名目，是因为无嗔心所就是慈心，不过从反面说而已；完全离掉嗔心的慈心，才是究竟清净的大慈心。不害心所，即是悲心。"不害，即悲愍众生不为损恼，亦即大悲。"② "不害，则能饶益有情。"③ 若身、语、意与不害心所相应，长此以熏习，"熏入藏识之身口（语）意三业种子势力，即于不知不觉之中，受其支配"，④ 长此以往，大悲之心终将成就。

太虚以《华严经》"心佛众生三无差别"为本，以为"佛心众生心，一心一切心，交互相遍，由此怒害心起，即与诸佛慈悲之心隔绝，而障蔽与一切众生相通之本能也"。这就是所谓"一念瞋心起，百万障门开"。⑤ 从无怒害心才能生起慈悲心，才能生起利益安乐一切众生的"慈悲喜舍"四种平等心。"以不害他为消极的道德，以能利他为积极的道德：这就是佛教人生道德的结论。"⑥

太虚以弥勒经典为契机，面向教内外大众普及了弥勒本生谭、弥勒

---

① 〔印度〕护法等造，（唐）玄奘译《成唯识论》卷六，《大正藏》第31册，第29页。

② 释太虚：《〈唯识三十论〉讲录》（原载《海潮音》第2卷第7期），《太虚大师全书》第9卷，第194页。

③ 释太虚：《佛学之人生道德》（原载《海潮音》第17卷第3期），《太虚大师全书》第3卷，第144页。

④ 释太虚：《〈优婆塞戒经〉讲录》，《太虚大师全书》第17卷，第247页。

⑤ 释太虚：《〈药师琉璃光如来本愿功德经〉讲记》，《太虚大师全书》第15卷，第373页。

⑥ 释太虚：《佛学之人生道德》，《太虚大师全书》第3卷，第146页。

"慈心三昧"、弥勒净土和弥勒慈悲愿行，令大众认识到，弥勒"从初发心不食肉"，不食肉是修慈的第一步，也是弥勒法门的最本质特征："凡不肉食者，皆可谓之修弥勒行者。"①

"弥勒"为梵文 Maitreya 的音译，梵文字根 Maitrī 意为"慈爱"，这个梵文词常用作婆罗门姓氏，故意译为"慈氏"。菩萨往往依德立名，名号中寄寓了其"特德"——专有品德，修学之人颂其名号，能与此菩萨心行同情默应。弥勒之"慈"的美德首先从他的本生故事中体现出来。据《贤愚经》记载，弥勒出生于南印度波罗奈国一个婆罗门家庭，一出生便相好端严，为避国王猜忌加害，只好寄养在舅舅家。长大后以种种因缘而得遇释迦牟尼佛，随佛出家。又受姨母供养的金色衣及穿珠师供养的食物，说法时"言辞高美，听之无厌"。②

《一切智光明仙人慈心因缘不食肉经》属于释迦和弥勒的本生经，经中记载："乃往过去无量无边阿僧祇劫时，有世界名胜花敷，佛号弥勒，恒以慈心四无量法教化一切。彼佛说经，名《慈三昧光大悲海云》……"当时有婆罗门持此经入山修行，遭遇暴雨，七日无处乞食，不能自活。兔王母子为助婆罗门成就佛道，不惜舍弃生命以身布施，自投火中，自熟其肉供养婆罗门。婆罗门悲不能言，发誓生生世世不再起杀想，不再啖肉，入慈三昧，乃至成佛。誓已，自投火坑，与兔并命。佛说因缘曰：白兔王即释迦佛前身，道人即这一世的婆罗门子弥勒前身。③

弥勒因此发心不食众生肉，并"制断肉戒"，如《大乘本生心地观经》中的偈云："弥勒菩萨法王子，从初发心不食肉，以是因缘名慈氏，

---

① 　释太虚：《〈佛说弥勒下生成佛经〉讲要》，《太虚大师全书》第 3 卷，第 372—373 页。

② 　（北魏）慧觉等译《贤愚经》，《大正藏》第 4 册，第 349 页。

③ 　失译《一切智光明仙人慈心因缘不食肉经》，《大正藏》第 3 册，第 457 页。

为欲成熟诸众生。"①《一切智光明仙人慈心因缘不食肉经》中偈子所云：
"宁当燃身破眼目，不忍行杀食众生。诸佛所说慈悲经，彼经中说行慈
者，宁破骨髓出头脑，不忍啖肉食众生。如佛所说食肉者，此人行慈不
满足，常受短命多病身，迷没生死不成佛。"②

　　太虚讲《弥勒下生经》时云："盖弥勒久远劫来，常修慈心三昧，
观察一切众生本性平等，所谓'我肉众生肉，名殊体不殊'，以是最初
发心，即不食肉。不食肉即慈心，为佛弟子修养佛心之根本基础。"③
太虚同时也指出："中国西藏、蒙古，日本、暹逻、锡兰、缅甸等，因风
俗之差异，佛徒多肉食者；唯中国汉地佛徒，则极重戒杀放生之素食。"
因此，弥勒菩萨与中国特别有缘，"应化事迹，斑斑（班班）可考"，如
六朝时的傅翕居士、五代时的契此和尚等。

　　慈氏之所以得名号"慈氏"，因其长修慈心三昧，成就慈无量心、
证得平等智性乃至成佛。《贤愚经》中有一则弥勒本生谭，大意是大国
国王昙摩流支带兵攻打小国时，见一比丘"入慈三昧，放金光明，如大
火聚"，顿然仰慕，遂问佛此比丘入何种定。佛告大王："此比丘者，入
慈等定。"昙摩流支王就发誓："此慈定巍巍乃尔，我会当习此慈三昧。"
佛告阿难："尔时大王昙摩留支者，今弥勒是；始于彼世，发此慈心，自
此以来，常字弥勒。"④ 又唐译《华严经》云："或见弥勒最初证得慈心
三昧，从是已来，号为慈氏；或见弥勒修诸妙行，成满一切诸波罗蜜；
或见得忍，或见住地，或见成就清净国土，或见护持如来正教，为大法
师，得无生忍，某时、某处、某如来所受于无上菩提之记。"⑤

---

① （唐）般若译《大乘本生心地观经》，《大正藏》第 3 册，第 301 页。
② 失译《一切智光明仙人慈心因缘不食肉经》，《大正藏》第 3 册，第 457 页。
③ 释太虚：《〈佛说弥勒下生成佛经〉讲要》，《太虚大师全书》第 3 卷，第 372 页。
④ （北魏）慧觉等译《贤愚经》，《大正藏》第 4 册，第 436 页。
⑤ （唐）实叉难陀译《大方广佛华严经》，《大正藏》第 10 册，第 435 页。

　　慈心三昧即慈心定，依定起"慈悲喜舍"四种观想，或依"慈悲喜舍"四种观想而起定。印度部派佛教中定法分"世间定"和"出世间定"，慈心定对应欲界，是世间定。"慈悲喜舍"四无量心以慈心为本，只是把慈心一析为"慈悲喜舍"四者而分别说。四无量心通过入慈心三昧得以成就。鸠摩罗什译《坐禅三昧经》把修持"慈心三昧"的过程分成三个阶段，逐段观想。第一阶段，"若初习行者，当教言慈及亲爱"。当修行者得到种种身心快乐之时，譬如寒时得衣、热时得凉、饥渴得饮食、贫贱得富贵、劳作到极点时得止息等，应当推想观照自己的亲人、爱友，希望他们能和自己一样离苦得乐。第二阶段，"若已习行，当教言慈及中人"。修行者若得种种身心快乐，应当推想观照那些和自己亦非亲爱、亦非仇怨的"中人"，方法与第一阶段同。第三阶段，"若久习行，当教言慈及怨憎"。方法同上。如此，利乐他人的心从亲爱之人扩展到中人又扩展到无量众生，广及世界，周遍十方，这样的心即为清净"大心"，以这样的心量，众生的快乐都了了分明现于目前，"是时即得慈心三昧"。

　　《坐禅三昧经》的慈悲观是三段观想法，呈现出直线递进的模式。《阿毗达磨俱舍论》卷二十九中的慈悲观步骤要复杂得多，可称为"七周观想法"，呈现出回环往复的模式。"七周观想"，即观想上亲（父母师长）、中亲（兄弟姊妹）、下亲（朋友及遇到的人）、中人（非怨非亲）、下怨（害下亲者）、中怨（害中亲者）、上怨（害上亲者），给予他们佛、菩萨、声闻、独觉所受的真正快乐。[①]

　　慈心三昧以怨憎者为观想对象，从令最厌恶的仇人也能远离苦患、

---

① 〔印度〕世亲造，(唐)玄奘译《阿毗达磨俱舍论》卷二十九，《大正藏》第29册，第150页。

得到快乐这一念慈心出发，通过定中观想而泯灭冤亲界限，逐渐达到冤亲一如的观想境界，心量渐增长，直至证得缘起性空平等的中道智慧，成就无缘大慈。慈心三昧尚是世间禅，主要对治世间的嗔恚心。杀心，就是一种深重的嗔恚心。太虚说："能不食肉，杀念乃除，能除杀念，慈心斯成，能成慈心，祥和可致，能致祥和，灾厉自无。"[1] 在《〈佛说十善业道经〉讲要》中，太虚把"杀心"依程度分为三等："一、有瞋眼（恨）心知而故杀者最重；二、若有瞋恨的冲动而心不明了，或心虽明了而不瞋恨者处中；三、若无知误杀者轻微。"所以，要远离杀业、永灭杀心，亦须依此三种而次第修习："先离粗重杀业，使身不杀；进而更修禅定，使杀心亦深伏；但犹未断，更修智慧令断。虽断杀心，无始之杀业习气犹不易尽，要到佛果方能究竟清净。"[2] 可见，慈心三昧，即是令杀心深藏不起继而永断的关键修持。

太虚说，弥勒菩萨"以慈为姓者，具大因缘，故不但因地以慈为姓，即至果位犹名弥勒"，因其从最初发心即不食肉，悲悯众生，"常修慈心三昧，观察一切众生本性平等"。[3] 慈心就是平等心，"弥勒菩萨常以欢喜笑脸迎人，不分善恶慈心相向，平等施与，可做修此（利他）行者的代表人物"。[4] 太虚大师说，佛经中说将来在弥勒菩萨下生时，世间人都是慈悲的，行十善法，那时人间就是净土。弥勒菩萨的国土以慈建立，可以说，在人间人能心慈，则弥勒净土也就成就了。

---

[1] 释太虚：《佛教不食肉之真理》（原载《觉社丛书》第4期），《太虚大师全书》第33卷，第425页。

[2] 释太虚：《〈佛说十善业道经〉讲要》，《太虚大师全书》第3卷，第19页。

[3] 释太虚：《〈佛说弥勒下生成佛经〉讲要》，《太虚大师全书》第3卷，第372页。

[4] 释太虚：《〈佛说八大人觉经〉讲记》（原载《正信周刊》第3卷第16期），《太虚大师全书》第3卷，第294页。

第五节　素食以护生，戒杀以弭战

太虚身处的 20 世纪上半叶，正是中国社会从前现代到现代、从帝制到共和的过渡时期，时人叹为"三千年未有之大变局"。"科学"作为现代社会的标志以不可挡之势激荡人们的思想观念，以"祛魅"为使命，冲击传统中国的文化留存。佛教及和佛教有关的民俗，自然逃不过被"新学"追求者冠以"迷信"的命运。太虚从来都重视佛法的契理契机，作为自觉的大乘行者，太虚也自觉"恒顺众生"。故他宣讲素食利益时，常常先从"科学"入手，用世俗普遍追崇的"科学"接引众生。他说："旧时见解，以素食为佛教之迷信，现代思想，谓素食为人生之真理，以素食为比较合乎理性也。"[1] 故他用了很多善巧方便，用"理性"论证素食符合"科学真理"。如"就卫生学之原理"，素食更卫生，素食可以祛病延年；"就经济学之统计"，素食可以节约粮食，缓解战时国内的粮食恐慌；"就动物学之进化论"，素食吻合东方仁爱精神和西方博爱精神等。[2] 他真切地相信，"思想愈进步，佛法愈昌明"。[3]

然而太虚亦指出，上述三种理由，和佛法相比既粗且浅。佛教提倡素食，含义尤深。他从教典出发，从佛说出发，开显佛的慈悲本怀，生发佛教素食的真正意趣。太虚经常引用佛经中的这些关于不杀生的著名论断。如佛在《大乘入楞伽经》中教导，众生平等，各于六道中生生死死，轮转不息，他们曾经都是父母兄弟、男女眷属、亲戚朋友，不能忍

---

① 　释太虚：《佛学与新思想》（原载《海潮音》第 12 卷第 9 期），《太虚大师全书》第 22 卷，第 47 页。

② 　释太虚：《佛教与素食》，《太虚大师全书》第 33 卷，第 428 页。

③ 　释太虚：《佛学与新思想》，《太虚大师全书》第 22 卷，第 47 页。

心取食之，不能加害于对方。在《楞严经》中，佛又以杀羊举例："以人食羊，羊死为人，人死为羊。如是乃至十生之类，死死生生互来相啖，恶业俱生穷未来际。"[①] 杀生作为十恶业之第一，将令人堕入恶道，遭受果报。《大乘入楞伽经》又云："凡杀生者多为人食，人若不食，亦无杀事。是故食肉与杀同罪。"[②] 在《大般涅槃经》中，佛又说："夫食肉者，断大慈种。"[③] 太虚认为佛教倡导素食，源自佛陀的深心："佛说慈悲，起发于大悲之心。盖一切众生皆系同体，一切群情皆系过去未来之眷属。生命大流，六道轮回，生生死死，因果相续。一切胎、卵、湿、化之动物，或于过去无量劫中是吾父母兄弟妻子，或于未来世为吾六亲眷属。明此因缘，所见众生，当然发亲怜爱愍之心，不忍加以杀害。故戒杀为大乘之根本，素食为修行之必要。"[④]

素食主张体现了大乘佛教于世间法中求出世间，关心人伦、关心日常生活的精神，把佛的慈悲本怀贯彻到日常行持中。太虚以为，素食就是佛的慈悲心的流露，是佛的慈悲在世间的方便示现，终生修持素食，不仅可以促使个人健康长寿，补充国家经济不足，还能"断绝杀机、消弭战祸"。在战火纷飞、人心浇薄的特殊历史时期，"提倡素食，大可以挽救世道人心也"。[⑤]

提倡戒杀，也是为了根绝人心中的戾气。这种戾气有时以"复仇"的形式表现出来，得到世人的同情，这是一个误区，只能把人类带入万劫不复的境地。先从太虚写于 1935 年的《觉乎否乎可以觉矣》一文谈

① （唐）般剌蜜谛译《大佛顶如来密因修证了义诸菩萨万行首楞严经》，《大正藏》第 19 册，第 120 页。

② （唐）实叉难陀译《大乘入楞伽经》，《大正藏》第 16 册，第 624 页。

③ （北凉）昙无谶译《大般涅槃经》，《大正藏》第 12 册，第 386 页。

④ 释太虚：《佛教与素食》，《太虚大师全书》第 33 卷，第 429—430 页。

⑤ 释太虚：《佛教与素食》，《太虚大师全书》第 33 卷，第 430 页。

起。这篇文字是太虚就新闻事件"孙传芳被仇所杀案"有感而发。军阀孙传芳皈依佛门，念佛拜佛甚勤，法号智圆。然孙传芳 1925 年在反奉之战中轻率处决了奉军被俘将领施丛滨，施女矢志复仇，终于十年后得偿所愿。孙传芳念佛之时被施女杀于佛堂。太虚以佛教的眼光，从三个方面评价了这一轰动社会的大事件：其一，因果不虚，业报不爽。孙传芳之死为其夙业所报。其二，因缘生法自性本空，杀者、被杀者及杀之行为三轮体空，寂静善逝，超生净土，学佛之人可得安慰。其三，孙氏固然当年施行暴力，造下恶业；施女复仇，依然只能说她是凶犯。冤冤相报何时了？扭转这种恶性循环，只能期待世人能从源头觉悟，能在施暴的当时，"转暴慢为慈让"。可惜不管孙氏还是施女都没有抓住这个现身说法、让大众及时觉悟的机会。太虚叹曰："觉乎，否乎？可以觉矣！"①

由一人一家之冤冤相报，太虚联想到部落、宗族、国家、民族亦复如是。世界大战（指"一战"）就是恶因一直流转，愈演愈烈而致。又以目前论，"日本之少数野心者，若及今犹不猛然醒觉，系铃解铃，求日华民族感情之好转，犹自恣横行不已，则势必造成全中国民族对日本民族之仇视，力事报复，苟不能将中国人尽灭，则令日本永无宁日，而在人间亦不知更增加若干之杀机戾气"。"昔孙氏逞一念之残暴，卒因以殒其生命；邻邦之雄，其欲不陷全民族灭亡之惨，于此亦觉乎，否乎？可以觉矣！"太虚认为，虽然施女在社会上博得了一定同情，然这种以暴易暴、冤冤相报的行为不仅不值得鼓励，而且要从根本上纠正。关键是要去除民众心头的"戾气"。所谓"戾气"，从太虚一贯主张看，其实就

---

① 释太虚：《觉乎否乎可以觉矣》（原载《海潮音》第 17 卷第 1 期），《太虚大师全书》第 27 卷，第 333 页。

是粗重的杀心和杀念。去除戾气，就是戒杀。所以，太虚主张："第一，须培养国民爱仁慈、戒残暴的正当意识。第二，须人人皆知循公守法，有权有势者，不复横行自恣，逞快一时，致种恶因。第三，须全国上下宝爱法律，共同拥护，使其有威有信，能为国民公共生活所托命。"这三点，简要说来，就是戒杀、不种恶因、遵守法律。①

在《论甘地》一文中，他讨论了甘地消极抵抗思想的要义，即"不杀人"。

> 甘地之倡消极抵抗，犹有一要义焉，曰：不杀人。彼曰：不杀人，即无所有犯于人之谓也。凡属人类，皆当以仁爱待之。在我之心目中无仇敌，人即或自认彼为余之敌，然在余视之犹为爱友。人类有相仇之念，于是纷争起而安乐亡矣。余若视人如仇，则侵犯之念油然而生。然被我侵犯之人，必施报复，于是杀戮相乘，强弱相争，人类永堕于末世不拔之劫矣！然人若有犯于汝，而汝不还侵之，其怨气至于汝身而消灭，彼亦无所施其技矣。苟人人能如是，人类永久之平安可期矣。若以此义推行之于国际，则一切战争可以免除矣。甘地思想之高超，类皆如此。②

太虚一贯认为，人类社会获得根本和平、免于一切战争的下手处，一定是戒杀。必须打破冤冤相报的恶业循环，必须革除日常生活中随时可能生长暴发的戾气，必须彻底去除心中的杀念甚或微细杀念，最后连"去除杀念"这个念头都不再生起。"人能不杀，则人世间之战争可

---

① 释太虚：《觉乎否乎可以觉矣》，《太虚大师全书》第27卷，第331—336页。
② 释太虚：《论甘地》（原载《海潮音》第3卷第4期），《太虚大师全书》第33卷，第447页。

弹。"①"务使人人不杀，方能共享和平。"② 戒杀，是人类社会永久和平的不二之道。

关于吃素戒杀，社会上的在家居士经常搬出一些两难情境请太虚决断。比如：小孩子腹痛，大夫说腹中有虫。如不杀虫，家长等于见死不救；如果杀虫，则开杀戒。怎么办？园丁治树、农人耘苗也都会遇到这个问题。如果肉食有碍慈悲，那么丝绸衣服，动物油做的肥皂、蜡烛都不能用了，甚至一切发酵之物也不可食，因其中有微生物。

太虚并不否认"生以杀成，杀由生有"这一世间法中的"真实"，并不否认正是人类的自私心而令人类生生不息，现实中的人类靠杀而生存下来，人类的生存活动制造了无穷杀业。人类杀戮行为会遵循某种差序："有身生则不能不杀非身生以全身生，有亲生则不能不杀非亲生以全亲生，有族生则不能不杀非族生以全族生，有人生则不能不杀非人生以全人生，有有情生则不能不杀非有情生以全情生。"如果遇到"大悲与生，不能并存，又不能灭一而存一"的两难，作为大乘行人，当然是要发无上菩提心，和众生一起同出世间，同归无生法性。但这个愿望何其高远，其中道理何其深奥。在世间法的菩萨行中，难免残杀全生之事。这时，应当"以同体之心，不胜其怆恻悲痛之故，当力求其减免，以并育不害为常经"。"在己身，则宁失命而不害生；对他生，则以亲亲，仁民，爱物之差降为变例。去其迫不得已之害亲、害民者而止，此为俗谛之中道也。"③ 也就是说，世俗谛中的素食原则亦不可胶柱鼓瑟，以中

① 释太虚：《佛教与吾人之现在未来》（原载《海潮音》第 6 卷第 12 期），《太虚大师全书》第 26 卷，第 154 页。

② 释太虚：《佛教戒杀与弭战》（原载《海潮音》第 16 卷第 2 期），《太虚大师全书》第 33 卷，第 312 页。

③ 释太虚：《答朱芾煌问（七则）》（原载《海潮音》第 2 卷第 12 期），《太虚大师全书》第 29 卷，第 351—352 页。

道圆融为上。如果不得不杀生，就遵从对亲人、对国民、对外物这样的差序原则进行适当变通，并且把害亲人、害国民的因素去除，就可以止住杀行了。

"在己身，则宁失命而不害生"，这种牺牲精神正是最彻底的慈悲精神。释迦佛本生经中有"舍身饲虎""割肉贸鸽"等故事，弥勒本生经中自投火堆、自熟其肉，牺牲自己供养道人的白兔王母子，也是释迦佛的前生。佛经中，每当出现这样极致的菩萨行，都会"大地震动"。"大地震动"并非奇观，只是为了提示菩萨悲愿之大，提示"法尔如是"的密意：菩萨为救度众生，不惜舍弃最自贵重的身体！太虚不禁感慨："哀哉菩萨！当以度一切众生无生为归，当以对于亲民非不得已不害生为济！"①

从 20 世纪 30 年代始，日本发动对华攻势，中国面临亡国危机。1937 年，日本发动全面侵华战争，中国大地战火弥漫。面对外敌侵略、生灵涂炭、同胞遭戮，佛教"戒杀"理念何以自处？"慈悲"精神又该如何贯彻？太虚作为佛教高僧、佛教领袖和人生佛教的提倡者，必须做出契理契机的回答。

虽然太虚向来主张唯有不杀才有真正的终极的和平，虽然太虚对甘地的"消极不抵抗"主张极为推崇，但他并未效仿甘地，而是采取了一种更能贴合中国国情的"方便"策略——"以慈悲为本而方便行杀"。②

七七事变之后不久，太虚立即以中国佛学会理事长的名义拟就《为国难电告全国佛徒》文："兹值我国或东亚或全地球大难临头，我等均应本佛慈悲：一、恳切修持佛法，以祈祷侵略国止息凶暴，克保人类平

---

①　释太虚：《答朱芾煌问（七则）》，《太虚大师全书》第 29 卷，第 352 页。

②　释太虚：《答吴觉僧问》（原载《海潮音》第 26 卷第 8、9 期合刊），《太虚大师全书》第 30 卷，第 96 页。

和。二、于政府统一指挥之下，准备奋勇护国。三、练习后防工作，如救护伤兵，收容难民，掩埋死亡，维持秩序，灌输民众防空防毒等战时常识诸项，各各随宜尽力为要！" ①

有位姓吴法号觉僧的军人佛教徒颇感困惑，来信问：佛戒杀，军主杀，两者的手段刚好相反。如果佛学不谈战备，似不利于当前之国难；军人轻视佛法，亦影响于未来之净土。无论怎么做都有弊端。作为军人，实在不好戒杀。应该怎么办才好？太虚答道：

> 戒杀乃人天乘、二乘之理。如受戒杀之戒，便不能为军人。以普通凡夫人或小乘人，守不守戒，对事相而言，故在人天戒与二乘戒，则不可为军人。惟菩萨戒则不同，前二者自个人言，若仅受三皈而未受戒者，则无妨碍。至于菩萨戒，则以大众为前提，菩萨无我，以众生为我，负一国责任之军人，当以全国国民为本位，为尽保卫国民之责任而杀敌无犯。反之，若任人侵凌而不卫民，反为杀生，故视其目的而定其应杀与否。菩萨乘之杀敌，乃为大多数人之生而去其害，从救大多数人之大悲心起，故不碍于戒杀，而反是实行菩萨行。若以侵略心杀之，则失菩萨心。若达空性，则无物无众生，更无军人，一切无相，而无杀不杀可言。若自因果和合言，则一切俱有差别而无量。然能以慈悲为本而方便行杀，仍为大乘行也。②

太虚先从戒律的角度澄清人天戒、小乘戒和菩萨戒对"杀戒"的

---

① 释太虚：《为国难电告全国佛徒》，《太虚大师全书》第29卷，第297页。

② 释太虚：《答吴觉僧问》，《太虚大师全书》第30卷，第95—96页。

不同规定。修人天乘的凡人，如果皈依而未受戒，不受戒律约束；如果受戒，则和小乘行人一样，是不可以从军的。而菩萨戒不一样，杀或不杀，全在一念心。如果用救大多数人的菩萨心去行杀，就是在长养大悲心，行菩萨行。如果用侵略心去杀，就失去了菩萨心。而最终，菩萨是证得空性的，万法如幻，一相无相，无杀无不杀。虽一切无相，然因果不虚。所以杀与不杀，全在发心。能以慈悲为本，行杀也是大乘六度万行的方便，也是菩萨行。

吴觉僧的困惑在当时的形势下具有普遍性，认为佛教"消极"，"怀疑佛法无抗战精神"，甚至认为面对战争佛法"无益有害"的大有人在。"一般人以为现在中国需要的是全国一致的趋向抗战救国，佛法以慈悲为本，等视众生，充其戒杀无我之精神，必近于不抵抗，于保卫国家、救护民族之战斗，恐无益有害。"[1] 1938 年 6 月，太虚利用一次在成都文殊院的讲演对此问题做了澄清。

> 不知佛法慈悲为本，更要以方便为门（门者所以通行者也）。若无方便，即有行不通之弊。所以慈悲不仅是不杀，而方便即是适当的办法。若有恶毒有情欲害多数众生命者，为救多数众生及免彼恶毒有情造大恶业，此时若无他法可止彼恶行，菩萨正应以大悲心断彼恶毒有情命。今有少数疯狂恶魔，不惜为祸世界，驱其国内人民与他国人民，互相杀戮；为制止此种疯狂行动，采取抗战方式，正是佛法的方便之门。所以疑佛法违反抗战精神，实为错误。[2]

---

① 释太虚：《佛教之新认识》（原载《海潮音》第 19 卷第 9 期），《太虚大师全书》第 27 卷，第 56 页。

② 释太虚：《佛教之新认识》，《太虚大师全书》第 27 卷，第 56 页。

　　不久太虚又在成都佛学社讲《降魔救世与抗战建国》，进一步阐明了在特殊现实下如何实行"今菩萨行"。太虚说，从佛理看，抗战建国与佛法宗旨不但不相违，还可谓相顺。中国人非因自己好战而发动战争，而是抵抗外来侵略，是为了除掉战争、止息战争、遮止罪恶，是用战争来抵抗战争，其本质是自卫，目标是和平。为保卫全国人民及全人类的正义幸福而战，与阿罗汉为求解脱安宁而杀贼、佛为建立三宝教化人天而降魔是一致的。从这个角度看，显扬佛法不仅不会减少抗战精神，反有增进。大乘精神不是消极的而是积极的，建立强固国家以抵抗外患、保卫人民、解除痛苦使之安乐，与建立三宝，救众生苦，使得安乐之大乘精神，正相一贯。总之，一切佛菩萨以悲智为本，发金刚猛威以降魔，这是大乘最高精神的表现，大乘最高精神，就是抗战之最高精神。[1]

　　总之，太虚以四条结论来正视听、正人心，阐明佛法和抗战的关系：其一，佛法不但不是非"人生"的，而且是发达"人生"的；其二，佛法不但非不合科学，而且是进一步的科学；其三，佛法不但非灭亡国家，而且兴建国家；其四，佛法不但非违反抗战精神，而且是正合抗战精神的。[2]

第六节　"即俗即真的大乘行者"

　　太虚晚年大力倡导依人生佛教而建立"菩萨学处"。《菩萨学处讲

[1]　释太虚：《降魔救世与抗战建国》（原载《海潮音》第 19 卷第 7 期），《太虚大师全书》第 27 卷，第 355—361 页。

[2]　释太虚：《佛教之新认识》，《太虚大师全书》第 27 卷，第 56 页。

要》一文，可谓大乘佛教的修学总纲。依大乘佛教菩萨道修行次第，太虚整理出了人生佛教的修学次第，并依此讲授：其一，由结缘皈依和正信皈依这"两重皈依"来建立正信；其二，在家出家三乘共戒；其三，发大乘菩提心，立弘誓愿，不犯那些不修善反修恶的"他胜处法"，不失利他心、大悲心、大慈心、大智心，以长养保护菩提心。虽然以上步骤是渐次转深、转胜，但戒律的目的仍在止恶不作，尚处于消极保守状态；而四弘誓愿如果不去实际履践，也仅是一种愿心而已。所以，太虚指出，要做一个真正的菩萨，要真正实现那些可贵的愿心，必须展开菩萨行，"以明实践其愿心而见之于行事，以达成真实菩萨之任务。这便是六度：布施、持戒、忍辱、精进、禅定、智慧"。①

菩萨道就是六度行的实践。太虚引《瑜伽师地论》云：人性中的悲心，天生不同，有人生来有悲心，有人悲心薄弱，有人没有悲心。天生含悲心的人是上根之人，已累世宿习，今闻大乘法，把悲心加以扩充转变成六度的真实实践，即成菩萨；悲心薄弱的人为中根，以奋志坚毅，勤策自励以赴，也能成菩萨；悲心本无的人为下根，由于殊胜的因缘而仰慕菩萨行愿，生起惭愧心，学习菩萨道，刚开始觉得勉强，久而久之成自然，也能成菩萨。不行六度的菩萨是虚假的菩萨，不是真菩萨。故"菩萨之道，是在实行六度"。②

太虚曾把全部佛法的要旨概括为一句话："慈悲为本，方便为门。"所谓"方便为门"，在因地即修六度万行，积累福德智慧；在果地即圆满智德、断德、恩德，起大方便用，随机应变，广行慈悲利他善行。而大慈悲本离不开彻证真如法性的大智慧，能破我执和法执、断烦恼障和

---

① 释太虚：《菩萨学处讲要》，《太虚大师全书》第18卷，第274页。
② 释太虚：《菩萨学处讲要》，《太虚大师全书》第18卷，第274—275页。

所知障，乃证得无我我所，诸法无性的二空理，而得成平等慈悲。一切通达无碍，方成大慈悲心体，而能圆满菩萨六度万行，具足修习福德智慧，于众生恩德并施，利济一切，成妙方便。释迦牟尼佛说法四十九年，无不是在随缘任运教导众生的“方便”：“发了菩提心去学菩萨行的人，能将这慈悲心方便用渐渐地修学，以佛陀为目标，希求达到圆满成就这慈悲方便的大觉地位，这就叫做修学慈悲方便的菩萨。若能修习圆满，究竟完成这慈悲方便，而能普遍的去救济一切有情，教导一切菩萨者，就是佛陀。”①

人生佛教是以人道众生为修行主体的、面向“凡夫”的大乘渐教，慈宗是追慕慈氏菩萨的、以兜率净土为理想归宿的净土法门。大乘佛教的根本精神是悲智双运，悲智本一如，然以世道人心故，当激励众生发菩提心，行大悲行，以菩萨道种种方便，长养清净慈悲心。人人皆有创造净土的心力，心净则国土净，人间净土不必远求，全在人心。人间成净土之时，也是慈氏菩萨降生之日。当信受奉行菩萨第一戒，从戒杀起步修大悲心；当恭敬景仰慈氏菩萨，从断肉起步修大慈心。戒杀、护生、不食肉，是凡夫于日用平常中修慈悲心的方便下手处。

“大乘佛法，为超脱世间而又适应世间的。则其宗要：在先有超脱世间的大觉悟，而后以护念众生的大慈悲，施其适应世间的大方便。”② 戒杀是去除杀心乃至“无所住而生其心”，只有戒杀才能消除戾气，使人类社会获得永久和平。然悲智双运须以方便为门，国难当头，以慈悲心去杀敌卫国，依然是菩萨道，符合大乘佛教的“中道”精神。素食以护生，戒杀以弭战，这是佛法的“常”。迫不得已，慈悲行杀，

①　释太虚：《从慈悲为本方便为门以明〈孝经〉大旨——佛法要旨》（原载《海潮音》第 15 卷第 8 期），《太虚大师全书》第 5 卷，第 294—295 页。

②　释太虚：《佛学概论》，《太虚大师全书》第 1 卷，第 143 页。

这是佛法的"变"。"随缘不变、不变随缘"，即佛法的中道。出入真俗二谛，游化世间百态，但行中道，不落两边，最能展示菩萨定慧等修、悲智双运的菩萨道精神。太虚极为推崇的五代时期的永明延寿禅师曰："今言中道者，即菩萨道。离中无别道，离道无别中。即以道为中，即以中为道。此之中义，即是一心。"[1] 太虚的"方便说"继承了《大乘起信论》"一心二门"的心性超越模式，继承了中国化佛教"一心万行"的慈悲践行模式，是对佛教在中国化历程中收获的理论成果和实践成果的总结。[2] 太虚于六度万行中证得圆融智慧，不愧为"即俗即真的大乘行者"。

---

[1]　（五代）永明延寿集《宗镜录》，《大正藏》第48册，第887页。

[2]　释太虚：《菩萨学处讲要》，《太虚大师全书》第18卷，第274页。

第六章

化声与化身：音声与佛像中的慈悲教化

依照佛经，所谓"佛教"，就是菩萨证悟成佛后开始说法，向众生教授其在甚深禅定中之所见。虽然菩萨是佛的"过去身"，然而现在的佛身亦映射过去的菩萨身和未来的佛身，任何一个起点都是过去、现在、未来的全体。时间非直线型的过去、现在、未来，而是任何一个时空节点皆涵纳十方、收束三世。唐代法藏曾制造"灯灯互映"的实景，向武则天展示这种名为"因陀罗网"的佛教世界景观。然而娑婆世界众生并没有这种"大明"。以人道为例，人耳根最猛利，擅长接纳音声，从人的角度，音声从生起到消失，是有时间性的，如一条有方向的直线；音声落实于文字，人通过眼根和意根理解文字，通过文字的分别而完成对世界的认知，这个过程更是呈现出时间性和逻辑性，人的世界的秩序建立在井井有条的时间和逻辑之上。佛经中所谓的"转轮音声"，就是释迦牟尼佛随顺娑婆世界众生耳根最利的特点，把音声作为首选媒介，以传达其"定中所见"。

　　佛经中说，佛最先开始说法，亦示现其形象。佛调用了两种"神通"作为慈悲的力用——"变化其身"和"无量音声"。"得佛道时，成就无量甚深禅定、解脱、诸三昧，生清净乐，弃舍不受；入聚落城邑中，种种譬喻、因缘说法；变化其身，无量音声，将迎一切，忍诸众生骂詈诽谤，乃至自作伎乐，皆是大慈、大悲力。"[①] 这两种神通又名"化身"和"化声"："化身者，或似己身，或似他身。有根具足、不具足者，余如转中。又复化为无量之身，诸佛菩萨为众生故，化无量身遍无量界，有佛菩萨现遍化身，或有如幻，或有真实，衣食金银琉璃真珠颇梨珂贝亦复如是。为破众生贫穷困苦，是名化身。""化声者，诸佛菩萨化现好声、疾声、妙声，自说义声、他说义声、无义声，说法声、教化声。以是诸声能坏众生放逸之心，是名化声。"[②] 佛教化众生、开启众生智慧的这种利他美德，就是"慈悲"的本源义，而在娑婆世界讨论"慈悲"，首先要讨论"化声佛事"和"化身佛事"。落实到"佛教东传"这一历史事件，落实到印度、西域、中土等相关历史文化时空中，"化身"观是佛教造像的基石，故佛教有"像教"之称；而"化声"观则是佛教音声的基石，后世总结的"音声佛事"，就是佛用音声传达教化众生的慈悲。

第一节　音声与六度

如《大智度论》所说，大小乘的分野在于"大慈大悲"。小乘行人只有"小慈小悲"，人法二空的无缘大慈和同体大悲，唯佛能证、唯佛所有。大乘佛教以佛的大慈悲为终极目标，建立起了完整的菩萨道思想：发菩提心，行菩萨行，证空性见。以自利利他为初发心、以六度四摄为修行路径、以悲智双运为终极目标的大乘菩萨道，乃大乘佛教的慈悲实

---

① 〔印度〕龙树造，（后秦）鸠摩罗什译《大智度论》，《大正藏》第25册，第256页。

② （南朝·宋）求那跋摩译《菩萨善戒经》，《大正藏》第30册，第971页。

践。大乘佛教音声理论可以理解为"大慈大悲"的音声理论，乃以"音声"为表现形态的"慈悲"的修成和力用。基于大乘佛教菩萨道的理论和实践，汉译佛经中的大乘佛教音声理论可以分疏为"如来音声"、"菩萨音声"和"法轮音声"。

第一，"如来音声"是如来智慧和慈悲的化现，又称"梵音"，声音特征表现为"清净"；"以慈修口"乃与"如来音声"相应的菩萨道实践。

"一切如来语业，智为前导，随智而转"，^① 如来音声基于如来的清净语业。在早期佛教经典中，"如来音声"作为如来清净法身的示现，具有五种特征，称作"五种清净"："时梵童子说此偈已，告忉利天曰：'其有音声，五种清净，乃名梵声。何等五？一者其音正直，二者其音和雅，三者其音清彻，四者其音深满，五者周遍远闻。具此五者乃名梵音。'"^②

三国·吴支谦最早在中土建立弦唱佛偈的呗赞音乐，其所译经中，把佛的圆满无漏音声总结为八个特征，"声有八种：最好声、易了声、濡软声、和调声、尊慧声、不误声、深妙声、不女声"。^③ 佛用具备这八种功德的音声演说佛法，慈悲化众。"五种清净"和"八种音声"，分别代表佛的"智慧"和"慈悲"。

作为中国本土佛教理论的集大成者，天台宗创建者智𫖮把学习佛的音声称为"以慈修口"，得"八音清净之口业"。他具体阐述了八种清净口业的名称及来历、功德，这八种音分别是极好音、柔软音、和适音、

---

① （唐）菩提流支译《大宝积经》，《大正藏》第11册，第39页。

② （后秦）佛陀耶舍、竺佛念译《长阿含经》，《大正藏》第1册，第35页。

③ （三国·吴）支谦译《梵摩渝经》，《大正藏》第1册，第884页。

尊慧音、不女音、不误音、深远音、不竭音。①

第二，佛经中的"菩萨音声"以"不可思议微妙音声"总持，可以分疏为"菩萨以妙音自度"和"菩萨以妙音度众生"。

大乘佛教中的"菩萨"多指佛的过去身。菩萨累劫行菩萨道，佛经中的"本生故事"即菩萨为求佛道，行布施、持戒、忍辱、精进、禅定、智慧六种波罗蜜，甚至不惜牺牲自己以救度众生的种种事迹。"本行故事"即菩萨降生帝王之家，化现为悉达多太子，而后有"四门出行""树下观耕""逾城出走""白马吻别""树下苦行""打败魔军""睹星觉悟""初转法轮""涅槃示寂"等事迹。"本行故事"中，菩萨以清净智慧的"微妙梵声"求得吉祥草（净草）而证悟，正是表"菩萨以妙音自度"之法。

本行经中，菩萨最后身，乃坐于吉祥草上，于菩提树下入深禅定，于中夜证悟无上正等正觉。《方广大庄严经》中说，"过去诸佛欲证菩提，皆坐净草"。菩萨欲求净草，释提桓因即化身为刈草人"吉祥"，"吉祥"寓意"自吉祥"和"为他人求吉祥"。菩萨以微妙梵声向化人求得净草："尔时菩萨欲从化人而求浮（净）草，出是语时梵声微妙，所谓真实声，周正声，清亮声，和润声，流美声，善导声，不謇声，不涩声，不破声，柔软声，憺雅声，分析声，顺耳声，合意声，如迦陵频伽声，如命命鸟声，如殷雷声，如海波声，如山崩声，如天赞声，如梵天声，如师子声，如龙王声，如象王声，不急疾声，不迟缓声，解脱之声，无染着声，依义之声，应时之声，宣说八千万亿法门之声，顺一切诸佛法声。菩萨以此美妙之声，语化人言：'仁者！汝能与我净草以不？'"②

---

① （隋）智顗撰《法界次第初门》，《大正藏》第 46 册，第 697 页。

② （唐）地婆诃罗译《方广大庄严经》，《大正藏》第 3 册，第 587 页。

以"度他"为愿力的"菩萨音声"又称"化声"，分别是"初发菩提心声"、"菩萨所行诸度愿声"、"恭敬供养，不可思议诸佛音声"、"净佛刹声"、"佛法云声"、"成正觉声"、"化众生声"、"现般涅槃法住世声"。[①] 菩萨道的初发心、六度慈悲行、成等正觉，佛传中的说法化众生、示现般涅槃，皆有音声一一相应。

六度中的"布施"和"忍辱"最能彰显菩萨的利他精神。菩萨的音声布施，如《华严经》中载：

> 佛子！菩萨摩诃萨复以此法施所生善根如是回向，所谓："令一切众生，得净妙音，得柔软音，得天鼓音，得无量无数不思议音，得可爱乐音，得清净音，得周遍一切佛刹音，得百千那由他不可说功德庄严音，得高远音，得广大音，得灭一切散乱音，得充满法界音，得摄取一切众生语言音；得一切众生无边音声智，得一切清净语言音声智，得无量语言音声智，得最自在音入一切音声智；得一切清净庄严音，得一切世间无厌足音，得究竟不系属一切世间音，得欢喜音，得佛清净语言音，得说一切佛法远离痴翳名称普闻音，得令一切众生得一切法陀罗尼庄严音，得说一切无量种法音，得普至法界无量众会道场音，得普摄持不可思议法金刚句音，得开示一切法音，得能说不可说字句差别智藏音，得演说一切法无所着不断音，得一切法光明照耀音，得能令一切世间清净究竟至于一切智音，得普摄一切法句义音，得神力护持自在无碍音，得到一切世间彼岸智音。又以此善根，令一切众生，得不下劣音，得无怖畏音，得无染着音，得一切众会道场欢喜音，得随顺美妙音，得善说

---

① （晋）佛驮跋陀罗译《大方广佛华严经》，《大正藏》第9册，第781页。

一切佛法音，得断一切众生疑念皆令觉悟音，得具足辩才音，得普
觉悟一切众生长夜睡眠音。"①

　　菩萨成佛之路就是自利利他、自度觉他之路，菩萨以平等、方便的
音声布施善巧度他，忍辱是无畏布施的别一种表达。《华严经》云菩萨
有十种忍，"所谓：音声忍、顺忍、无生法忍、如幻忍、如焰忍、如梦
忍、如响忍、如影忍、如化忍、如空忍"。其中，第一"音声忍"的意
思是"闻诸佛所说之法不惊、不怖、不畏，深信悟解，爱乐趣向，专心
忆念，修习安住"。"音声忍"位列十忍之首，乃因佛以为娑婆世界众生
耳根最利，故佛首选以音声说法。第七"如响忍"揭示了音声的法性是
空，"无来无去""非内非外"，却能"示现善巧名句，成就演说"。"如
响忍"体现菩萨的平等济度精神，菩萨"入无分别界，成就善巧随类之
音，于无边世界中恒转法轮。此菩萨善能观察一切众生，以广长舌相而
为演说，其声无碍，遍十方土，令随所宜，闻法各异；虽知声无起而普
现音声，虽知无所说而广说诸法；妙音平等，随类各解，悉以智慧而能
了达"。②

　　第三，在东晋佛驮跋陀罗译《华严经》中，佛度化众生的音声叫
"法轮音声"。佛说法叫"转法轮"，"法轮音声"乃指音声说法和语言
文字说法。法轮是"一"，佛以一音演说法，法轮转动，说法声起，则
一音中有无量音，众生随类各得其解。"法轮音声"特指佛在以音声和
文字为交流媒介的世界所开展的大乘菩萨道事业，涵括从印度东传的大
乘佛教音声理论、在中国文化时空中生发的中国佛教音声理论。如果说

---

①　（唐）实叉难陀译《大方广佛华严经》，《大正藏》第 10 册，第 173 页。

②　（唐）实叉难陀译《大方广佛华严经》，《大正藏》第 10 册，第 232 页。

"如来音声"和"菩萨音声"超越时空，"法轮音声"则是"如来音声"和"菩萨音声"在特定的文化空间和历史时间中的呈现。

第二节 "音声佛事"：以化声行慈悲

"音声佛事"，顾名思义，即与"音声"相关的"佛事"。在当代，"音声佛事"往往依附于"汉传佛教音乐文化"研究，涉及佛教音乐、法事仪轨等方面。如袁静芳在《中国汉传佛教音乐文化》一书中把"佛事"等同于"法事"，指"佛教为庆典、说法、诵经、供佛、祈祷、施僧、拜忏、祈福、荐亡等等所举行的宗教仪式活动"，[①] 其中涉及"声乐"的"直讽""吟诵""梵呗"，涉及"器乐"的"管弦乐（法器）"，"声乐"与"器乐"合为"佛教音乐"。[②] 项阳区分了"音声佛事"和"音声法事"，认为"音声佛事"乃"佛教进入中国之初由僧尼们所从事的与音声相关的佛事"，内容主要是"梵呗、赞偈、祝延、俗讲等等"。而佛经中所谓"音声供养"，主要指佛教传入早期，由不受戒律约束的俗众参与的音声行为。"音声法事"是"音声佛事"和"音声供养"的综合体，指"在超度亡灵放焰口、水陆、盂兰盆会等与佛教相关的仪式中所采用的音声形式"，是"佛教适应世俗性社会的进程中所凸显的样态"。[③] 释昭慧通过考察印度佛教史及大小乘佛教经典，认为佛教"戒、定、慧"三学尤其是"戒学"中存在从"非乐"思想到"重乐"思想的演进，其出现于印度历史文化，当基于五项原因：顺应

---

① 袁静芳：《中国汉传佛教音乐文化》，中央民族大学出版社，2003，第34页。

② 袁静芳：《中国汉传佛教音乐文化》，第51页。

③ 项阳：《关于音声供养和音声法事》，《中国音乐》2006年第4期，第13页。

人的情感需要、仪式化需要、民间宗教影响、内修与外弘的需要、教内音乐家艺术造诣的影响。[①] 该文并未在正文中使用"音声佛事"这一表述，标题中的"音声佛事"，应该指作为"重乐"思想表征的佛教文化现象。

事实上，"音声佛事"或"以音声作佛事"的确不见于任何一部汉译佛经原典，丁福保《佛学大辞典》"音声佛事"条大致梳理出这一命题的源流。

> 佛事者，佛济度众生之事业也。佛济度众生，或以"光明"，或以"佛身"，或以香饭，或以衣服卧具等。于此娑婆界不依他之方法，独以音声为说法，故云。《维摩经·香积佛品》曰："或有佛土以佛光明而作佛事，有以诸菩萨而作佛事。……有以佛衣服卧具而作佛事。"《光明玄二》曰："此娑婆国土，音声为佛事。"《唯识述记二本》曰："此以音声为佛事故。"《玄义（六下）》曰："他土余根皆利，随所用尘起之，令他得益，此土耳根利，故偏用声尘。"[②]

以上条目略有瑕疵，其所引用的《维摩诘所说经》经文，非出自《香积佛品》，而是出自《菩萨行品》。在《香积佛品》中，维摩诘派遣化菩萨前往香积如来国土众香国，化菩萨携众香菩萨回到维摩诘精舍。维摩诘问："香积如来以何说法？"菩萨说，众香国没有文字，香积如来以香为饭，化导众生。众香菩萨反问维摩诘："今世尊释迦牟尼以何说法？"维摩诘说，此土众生刚强难化，释迦佛为说"刚强之语"调服

---

① 释昭慧：《从非乐思想到音声佛事》，《中央音乐学院学报》1993 年第 4 期，第 86 页。
② （清）丁福保编《佛学大辞典》，中国书店，2011，第 1546 页。

之。维摩诘陈述种种刚强后，香积国菩萨不由感慨此土菩萨有"无量大悲"。维摩诘进一步解释，此土菩萨的"无量大悲"表现在"六度四摄"十种菩萨行。故在接下来的《菩萨行品》中，释迦佛以香积佛的"香饭佛事"为例，开示不同佛土如何因地制宜，以不同因缘而"作佛事"的。佛列举了"佛光明""衣服卧具""饭食""园林台观""相好""佛身""虚空""梦幻譬喻""无言无作"等若干事，最后说："诸佛威仪进止，诸所施为，无非佛事。"总之，在《维摩诘所说经》中，"佛事"指佛化导众生的大悲事业，不同国土有不同业报因缘，不同众生有不同根器，佛会选择相应的传播媒介。也就是说，没有不依托任何媒介的普遍的"佛事"，但凡"佛事"，一定随顺某种大因缘，以和特定众生相应。这种相应，不是针对个别众生，而是针对某个佛国国土内的所有众生。

如果说众香国香积佛的佛事是"香气佛事"，则"娑婆世界"释迦牟尼佛的"佛事"又当若何？这需要判断"娑婆世界"众生的根性：此土众生，何根最利？根尘相接，最容易对何种尘缘起执着？《维摩诘所说经》中已有提示——香积菩萨说"我土（指香积佛土）如来无文字说"，维摩诘说"此土众生刚强难化，故佛为说刚强之语以调伏之"——"文字"和"语说"，正是娑婆世界众生的"刚强"所在。①

隋代智顗被称为"东土小释迦"，他总结了佛教东传四百多年间在汉地取得的学术成果和弘化成就，在判教基础上创立了第一个中国化佛教宗派——天台宗。正是他，最早把"娑婆世界"佛教事业的特征总结为"音声佛事"。"此娑婆国土，音声为佛事。或初从善知识所闻名，或从经卷中闻名，故名在初，以闻名故；次识法体，体显次行，行即是宗，宗成则有力，力即是用，用能益物，益物故教他。闻名是自行之

---

① （后秦）鸠摩罗什译《维摩诘所说经》，《大正藏》第14册，第553页。

始，施教是化他之初，有始有终，其唯圣人乎？"① 智颛强调佛法闻、思、修过程中"闻"的首要位置，无论自行还是化他，皆从"闻"始，皆从"闻"终。

何以是"闻"而非系于眼根的"见"，或系于意根的"思"呢？这需要依据以"耳根圆通法门"为修证最上取径的《楞严经》。经中的"文殊偈颂"曰："我今白世尊，佛出娑婆界。此方真教体，清净在音闻。欲取三摩提，实以闻中入。"② 通过各种比照论证，经中认为闻性有三种真实：圆真实、通真实和常真实。耳根功德圆满，清净无碍；耳根圆通法门比之其他五根法门更猛利。同时，作为声尘的音声也更能成为系缚，语言文字就是娑婆世界众生得解脱的最大障碍。如阿难长于"闻力"，耳根最为明利，其所听闻诸佛法藏，经久历远犹能忆持。然其亦被音声文言所滞，颇多过失。听闻所积的过误，只有通过"反闻闻自性"，转识成智，才能"性成无上道"，音声遂成"微妙法门"。

明代高僧憨山德清曾下的语："盖娑婆世界以音声为佛事。由此界众生耳根最利，以声入心通，直达法性，最为甚深。故《楞严》拣选圆通，以耳根为第一。此经令修如实行者，以戒名言为第一。以此方入道，无过耳根为最胜，而障道亦无过名言为最胜故。所谓根尘同源、缚脱无二也。然凡夫虽依名言结业，而间有利根宿具般若闻熏者，能观言语性空音声不实，如风号谷响，即入无生者有之。"③

东汉末年，大小乘经典同时得到传译，大小乘观念和思想同时开始了在汉语世界的生发和演进，但参与中国文化主体性建构的是大乘佛教

---

① （隋）智颛说《金光明经玄义》，《大正藏》第 39 册，第 1 页。

② （唐）般剌蜜谛译《大佛顶如来密因修证了义诸菩萨万行首楞严经》，《大正藏》第 19 册，第 130 页。

③ （明）憨山德清笔记《观楞伽经记》，《万续藏》第 17 册，第 428 页。

观念和思想，小乘思想在历史的隧道中隐而不彰。通行的《维摩诘所说经》由鸠摩罗什翻译，鸠摩罗什正是把大乘思想引入中土的关键人物。中国人认识大乘是从般若思想开始的，《维摩诘所说经》中的般若思想、方便思想、实相思想和"不住生死、不住涅槃"的菩萨道思想，皆是中国文化完成自身建构所要吸纳的思想资源。僧肇、道生等本土佛教思想家，正是通过为这部经作注，以本土原有的老庄思想为所缘，推动大乘思想在中国化道路上又前进一大步。如果说《维摩诘所说经》开显大乘佛教的慈悲利他法门，《楞严经》则开显大乘佛教的修证自利法门，慈悲和智慧乃大乘佛教的"两轮"或"两翼"，是大乘佛教的根本精神。然《维摩诘所说经》全经围绕"般若性空"之理，《楞严经》强调，修证耳根圆通法门的前提是发菩提心。在某种意义上，智𫍽是中国佛教的"总设计师"，他把"娑婆世界"的佛教事业定义为"音声佛事"，正是基于对宇宙人生的洞察，总结大乘精义，开拓中国思想文化的疆域。

　　回到问题本身：何为"音声佛事"？若对以上所述做一概括，则可约之为五：其一，依据佛经，"音声佛事"是释迦牟尼佛在"娑婆世界"开展教化事业的主要形态，包括音声说法和文字说法。其二，释迦牟尼佛首选"音声"作为说法媒介和教化工具，乃因"音声"功德圆满，且"娑婆世界"众生耳根最利。其三，正因耳根最利，声音和文字成为此界众生觉悟的最大障碍，"耳根圆通法门"是此界众生证悟诸法空性的圆满法门。其四，"音声佛事"彰显了释迦牟尼佛的慈悲和智慧，不同佛土的佛，或作"光明佛事"，或作"相好佛事"，佛与佛同。这是大乘佛教的根本思想。其五，作为大乘佛教的命题和观念的"音声佛事"，乃隋唐之际中国祖师基于大乘经典和大乘精神，总结而成的自家之说。广义的"音声佛事"泛指以声音和文字为主要形态的教化，狭义的"音声佛事"不包括文字，只和声音有关。

从佛教传播的历史看，先有"音声"，后有文字。前者如中印文化时空中的"伎乐""偈颂""梵呗""转读"等有音乐性的传播方式，后者如梵文、巴利文、犍陀罗文、汉文等不同阶段不同文字的佛经文本。音声难以保存，佛教观念的传递更多依赖佛经的文字。佛教历史上的"首次结集"，就是佛灭后，阿难把记忆中的佛说之法复述出来，僧团用文字记载下来。所以佛经的第一句就是"如是我闻"，所闻者，佛以"化声"所说之法也。

第三节　二佛并坐像："化无量身遍无量界"

"二佛并坐像"即"释迦、多宝二佛并坐说法图像"，典出《法华经·见宝塔品》。"二佛并坐像"分布在敦煌莫高窟、永靖炳灵寺、大同云冈石窟、洛阳龙门石窟等众多北朝石窟中，甚至在南朝石窟的罕见遗存——南京栖霞山石窟中亦有发现。目前所知，最早的"二佛并坐像"为十六国时北燕太平二年（410）的作品。[①]　北燕地处今辽宁省，"二佛并坐像"在中国境内分布之广可见一斑。

《法华经·见宝塔品》中，多宝佛是东方宝净世界的教主，久远之前已灭度成佛。他在因地时曾立下誓愿：成佛后，凡十方世界有佛宣说《法华经》之处，多宝塔必定从地涌出，他必定亲临现场，以证明法华甚深之义的真实不虚。释迦佛在灵鹫山宣说《法华经》时，大乐说菩萨趁机提出要拜见多宝佛。释尊告诉大乐说菩萨，根据多宝佛的誓愿，多宝佛及其宝塔在四众面前示现，还要满足这样一个条件：宣说法华奥义

---

① 　日本小川私人收藏的"李普为父母造释迦多宝二佛并坐小铜像"，参见大村西崖《中国美术史雕塑篇附图》，东京：佛书刊行会，1915，第 174 页。

的佛，必须把那些在十方世界说法的自己的"分身"，都召集回说法现场，然后多宝佛才会出现。

> 佛告大乐说菩萨摩诃萨："是多宝佛，有深重愿：'若我宝塔，为听法华经故，出于诸佛前时，其有欲以我身示四众者，彼佛分身诸佛——在于十方世界说法，尽还集一处，然后我身乃出现耳。'大乐说！我分身诸佛——在于十方世界说法者，今应当集。"①

大乐说菩萨立即表示，很想见到释迦佛的诸多分身佛，并礼拜供养。于是释迦佛"三变土田"，分三次对娑婆世界进行净化，把八方国土变成庄严净土。佛从眉间放出白毫相光，照见十方世界的分身佛各自都在说法。他们告诉听法众生："我现在要前往娑婆世界的释迦佛处，供养多宝佛的宝塔。"

分身佛各带一位菩萨来到释迦佛讲法处，在宝树下的狮子座上结跏趺坐，又各自派遣自己的侍者，满掬宝花，去灵鹫山问候释迦牟尼佛。分身佛各自叮嘱侍者，见到释迦佛，要作如是问候；问候毕，把宝花散在佛身上以作供养，并表达诸分身佛想要打开宝塔见到多宝佛的心愿。

释迦佛召集十方分身佛毕，升入虚空，用右手指打开多宝佛的宝塔之门。巨大声响过后，众人但见塔中多宝佛安坐狮子座中，全身不散，如入禅定，又听多宝佛说："善哉，善哉！释迦牟尼佛！快说是《法华经》，我为听是经故而来至此！"

四众见"过去无量千万亿劫灭度佛"如是说，叹未曾有。这时《法华经》中最经典、最戏剧性的一幕出现了。

---

① （后秦）鸠摩罗什译《妙法莲华经》，《大正藏》第 9 册，第 32 页。

　　尔时多宝佛，于宝塔中分半座与释迦牟尼佛，而作是言："释迦牟尼佛！可就此座。"尔时释迦牟尼佛入其塔中，坐其半座，结跏趺坐。尔时，大众见二如来在七宝塔中师子座上结跏趺坐，各作是念："佛座高远，唯愿如来以神通力，令我等辈俱处虚空。"尔时释迦牟尼佛以神通力，接诸大众皆在虚空，以大音声普告四众："谁能于此娑婆国土广说《妙法华经》，今正是时。如来不久当入涅槃，佛欲以此《妙法华经》付嘱有在。"①

　　这就是释迦、多宝"二佛并坐像"的出处。《法华经》凡八万言，二十八品，经中许多故事和场景流传广泛，敦煌壁画中就有一系列"法华经变画"。但唯有依据《见宝塔品》的"二佛并坐像"，被两晋南北朝后历代当作"法华信仰"和"法华思想"的标志性表法符号，为《法华经》所特有。何以故？可以说，奥妙就在"分身"和"并坐"这两个佛示现神通力的"神变"瞬间。

　　《法华经》是初期大乘佛教的重要经典。西晋太康七年（286），"敦煌菩萨"竺法护于长安译出《正法华经》，"法华思想"传入中土。弘始八年（406），鸠摩罗什再译《法华经》。罗什与门下诸生俱重此经，时常演说弘扬、注疏发明，"法华思想"遂成"关河义学"的重要成就。

　　鸠摩罗什的弟子、"关河义学"代表僧叡，协助鸠摩罗什翻译了《法华经》。他在《法华经后序》中指出，此经传来中国已近百年，而译经人及讲经人皆未抓住此经重点，一直到鸠摩罗什重译后方见分晓。则此经重点何在？僧叡曰：

----

① （后秦）鸠摩罗什译《妙法莲华经》，《大正藏》第9册，第33页。

> 云佛寿无量，永劫未足以明其久也；分身无数，万形不足以
> 异其体也。然则寿量定其非数，分身明其无实，普贤显其无成，多
> 宝照其不灭。夫迈玄古以期今，则万世同一日；即百化以悟玄，
> 则千途无异辙。夫如是者，则生生未足以期存，永寂亦未可言其
> 灭矣！①

僧叡为法华奥义总结出了四个关键词，分别是"寿量"、"分身"、"普贤"和"多宝"。虽然这四个关键词为鸠摩罗什译《法华经》所特有，然而僧叡借此阐发了整个大乘佛学的核心义理，尤其是大乘的"佛陀观"和"法身观"。僧叡指出，佛寿无量，虽然像"永劫"这样的极致的时间长度都不足以形容其久远，但是佛寿恰恰不能被称为"时间久远"，因为佛的寿量不能落在"时间"的规定中；释迦虽然分身无数，但是无数分身不会与其本体有任何差别，因为分身不能落在"有无"这样的"空间"的规定中。普贤菩萨成就广大行愿，但实无所成；多宝佛虽然已灭度，但常住不灭。佛的法身境界不落在包括时空在内的任何规定中，"不生不灭，不垢不净，不增不减"。"非数"和"无实"，这是"有而非有"；"无成"和"不灭"，这是"无而非无"。

大乘和小乘的教义分歧，正体现在"佛陀观"上。大乘佛教佛陀观，最为核心的是法身、报身和应身"三身论"。"佛法"何以演进到"大乘佛法"？印顺在《初期大乘佛教之起源与开展》《印度之佛教》《印度佛教思想史》等著作中指出，虽资料甚少，不明所以，然有一因素必不可忽视，即"佛般涅槃引起的，佛弟子对于佛的永恒怀念"。佛入涅槃，从教义角度，是佛证得究竟圆满，本无所哀。但佛所教化的人间弟

① （南朝·梁）僧祐撰《出三藏记集》，《大正藏》第 55 册，第 57 页。

子却不可避免陷入情感的无限悲哀和无限空虚中，他们建塔供奉舍利，礼敬佛之行迹，传诵佛一生的事迹，更从这一生的事迹而追溯到过去生中修行的事迹，"三藏十二部教"中的"本生""譬喻""因缘"，就是佛在因地修行故事的集成。

"三世佛"是佛教一开始就有的信念，无论原始佛教、小乘佛教还是大乘佛教都无有异议。从佛教在印度的历史看，释迦牟尼佛是历史上真实存在的、现实人间的佛。释迦佛之前早有多佛出世，如"过去七佛"，释迦后亦有弥勒菩萨作为"未来佛""候补佛"。而"多佛说"的兴起，是佛法进入大乘佛法的标志之一，这意味着，佛世界扩大到十方无限，修行的法门也扩大到无限。无量世界有无量多佛，那些因释迦牟尼涅槃而备感无依的信者，可以生其他佛土去。①

然而，部派佛教的说一切有部细究佛的"圆满果报"后提出"九种罪报"的疑问。有部以为，佛是人，不是神；佛生前虽有神通，但神通力也不如无常力大，佛生身有漏，也要被无常所坏。这种"人间佛陀"的形象，在"四阿含"（《长阿含经》、《中阿含经》、《杂阿含经》和《增一阿含经》）中随处可见。

《大智度论》中的回答是佛之生身有"法性生身"和"父母生身"。从法性的角度，生身是无漏的，从父母生的角度，生身是有漏的，后者只是前者的"方便"示现，佛为方便度化十方众生故，才示现生、老、病、死、烦恼、忧愁，虽在这一世承受不圆满的果报，并不能以此往上推导出佛在过去世植下不圆满的"罪"因。佛实际还是圆满法身，为度众生，才示现有漏父母生身。示现有漏，正是佛的慈悲。

小乘和大乘的"佛陀观"在此分道扬镳。小乘以为，父母生身佛

---

① 释印顺：《初期大乘佛教之起源与开展》，《印顺法师佛学著作全集》第16卷，第131—137页。

是"有漏"的,这一世的佛业已入灭,已证涅槃;修行者只有证得佛所证得的空寂法性,方可见法身佛。大乘以为,这一世的佛既是法身佛也是父母生身佛。佛在过去无量劫中以种种善行而种下种种善因,这一世的佛便是过去世修行的圆满果报。然佛以慈悲方便故,才示现出有漏色身。为佛法故,要布施、忍辱;为戒律故,要示病、吃药。佛有大智、大慈、大悲,视众生如己子,方有如此方便垂教。

通过对小乘的弹斥,大乘认为:其一,若论时间,佛是累世修行而成,若论方所,十方三世皆有佛;其二,佛是修成,佛佛平等;其三,佛在每一世都以方便示现其慈悲和智慧,佛之法身常在;其四,通过信仰佛陀和累世修行,众生皆可成佛,且皆可与十方佛感通,在十方世界成佛,如同佛的分身示现,而法身无异。

鸠摩罗什又一弟子道生的《法华经疏》是现存《法华经》最早的注释。关于二佛并坐,道生云:"所以分半座共坐者,表亡不必亡,存不必存。存亡之异,出自群品。岂圣然耶?亦示泥洹不久相也,使企法情切矣。以神通力接诸大众皆在虚空,所以接之者,欲明众生大悟之分皆成乎佛,示此相耳。"[①]"存"和"亡"这种相对立的二分法,只是"群品",亦即未开悟众生的执着;成佛,就是证悟般若空性,就是对时空中一切对立的超越,安住于不生不灭的涅槃。涅槃不可说,法身不可思议。而佛的慈悲,在于佛能以千万分身示现,能以过去、现在共于一座的方式示现,以此方便接引未证般若的广大众生;在于能以神通力把众生接到虚空,用不可思议的方式赋予众生自信,并为众生授记——将来必定成佛。

三论宗吉藏在《法华玄论》中提出了"身真实"(本身)和"身方

---

① (晋)释道生撰《法华经疏》,《万续藏》第27册,第823—824页。

便"（迹身）这两个概念：生灭为迹，无生灭为本；迹身为多，本身为一；法身为本，迹身为方便；十方佛同一法身，此一法身垂迹的一切身为迹身。《法华经》中释迦久远成佛的思想，又被归纳成"开近显远"（示释迦应身寿命之近，显释迦法身寿量之远）、"开迹显本"（开释迦应身及其说法之迹，显释迦法身实相之理）。

从《见宝塔品》可知，"二佛并坐"这一场景的出现是有前提的，即释迦佛的十方分身佛皆到场（当下）。多宝佛是久已灭度的过去佛，分身佛是分布在不同空间的释迦佛，"二佛并坐像"无非记载了时间统一、空间统一的神奇一瞬。"二佛并坐像"实际包含两个场景："并坐"和"分身"。这是佛的法身向尘劳众生开放的一瞬，也是尘劳众生见证佛所开显的实相的一瞬。从这个意义上说，"二佛并坐像"这种造像形式，是大乘佛教佛陀观（包括法身、报身、应身"三身观"）的表法符号，也是大乘佛教核心义理的表法符号。

第四节　双头分身瑞像："为破众生贫穷困苦"

俄罗斯冬宫博物馆藏编号为 X.2296 的藏品是一尊立佛造型彩塑，通高 62 厘米，"泥制彩绘并镀金，形象为一身立佛，贴螺形肉髻，眉间有小圆坑白毫，身着偏衫袈裟，双头四臂，两头及颈在两肩中间左右分开呈倒'八'字形，微俯下视，自肩以下为一具身躯，两手于胸前合掌，另两臂微屈肘分垂于体侧，右手掌心朝外，手指均残，左小臂已毁"。[①]

这尊彩塑 1909 年由俄探险家科兹洛夫在黑水城遗址一座大佛塔中

① 张小刚、郭俊叶：《黑水城与东千佛洞石窟同类佛教造像题材浅析》，《西藏研究》2013 年第5 期，第 65 页。

发现。黑水城遗址位于今内蒙古额济纳旗，是西夏王朝的北部重镇，也是连接河套和中亚地区的交通要道。佛塔中的文物丰赡，科兹洛夫名之"伟大的塔""辉煌的塔"。

这是中国境内出现的数例"双头佛像"中的一例，且是以彩塑形式出现的唯一一例。这类佛像的显著特征是"双头四臂"或"双头二臂"，为了在本来安置一个头的空间安置两个头，佛像双头分别向两侧略倾，目光柔和，"等视"世间众生，在视觉上给人强烈的惊奇感。

中国境内已发现的双头佛像遗存寥寥可数，列表统计如图 6-1 所示。

图 6-1 中，四川巴中地区的双头佛像皆为两臂，其中一例为唯一坐像。又敦煌莫高窟中第 237 窟西龛盝顶西披题记："分身瑞像者乳陁逻国贫者二人出钱画像其功至已一身二头"；第 72 窟西龛盝顶西披题记："分身瑞像者胸上分现胸下（合）体其像遂为变形"；第 231 窟题记与第 72 窟大致相同。

关于双头佛像的文献记载主要有以下几条。

第一，唐玄奘《大唐西域记》卷二记述健驮逻（即犍陀罗，或作健陀罗、健陀逻）国情形的部分。其中云："大窣堵波石陛南面有画佛像，高一丈六尺。自胸以上，分现两身；从胸以下，合为一体。闻诸先志曰：'初有贫士，佣力自济，得一金钱，愿造佛像。'至窣堵波所，谓画工曰：'我今欲图如来妙相，有一金钱，酬功尚少，宿心忧负，迫于贫乏。'时彼画工鉴其至诚，无云价值，许为成功。复有一人事同前迹，持一金钱求画佛像。画工是时受二人钱，求妙丹青，共画一像。二人同日俱来礼敬，画工乃同指一像示彼二人，而谓之曰：'此是汝所做之佛像也。'二人相视，若有所怀。画工心知其疑也，谓二人曰：'何思虑之久乎？凡所受物，毫厘不亏。斯言不谬，像必神变。'言声未静，像现灵

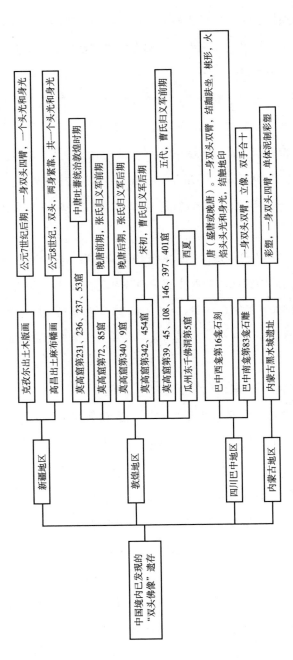

图 6-1　中国境内已发现的"双头佛像"遗存概况

异，分身交影，光相照著。二人悦服，心信欢喜。"①

第二,《三宝感应要略录》卷一《健陀罗国二贫人各一金钱共画一像感应（出西域记）》。"健陀罗国有画佛像，高一丈六尺。自胸以上分现两身，从胸已下合为一体。闻之者旧曰：初有贫士偏力自济，得一金钱愿造佛像。谓画工曰：'我今欲图如来妙相。有一金钱，酬功尚少，宿心忧贫，迫于贫乏。'时彼画工鉴其至诚，无云价直许为成功。复有一人事同前迹，持一金钱求画佛像。画士是时受二人钱求妙丹青，共画一像。二人同日俱来礼敬。画工同指一像示彼二人，而谓之曰：'此是汝之佛像也。'二人相视，若有所怀。画工心知其疑也，谓二人曰：'何思虑之久乎？凡所受物，毫厘不亏。斯言不谬，像必神变。'言声未静，像现灵异，分身交影，光相照者。二人悦服，心信欢喜矣。"②

第三,《释迦方志》提及"健陀逻国"部分。"又于南面石陛，画佛丈六之形。昔有二贫人，各施一金钱，共画一像，请现神变。像即现胸以上分为两身，下合为一。"③

第四,《敦煌遗书·诸佛瑞像记》。S.5659 记："分身像者，胸上分身现，胸下合体，其像遂为变形。"④ S.2113v 记："分身像者，中印度境犍还叫国东大搴堵波所，有画像一丈，胸上分现，胸下合体。有一贫女将金钱一文，谓曰：'我今图如来妙相。'匠切取钱，捐前施主像示，其像遂为变形。"⑤

---

① （唐）玄奘述《大唐西域记》,《大正藏》第 51 册，第 880 页。

② （宋）非浊集《三宝感应要略录》,《大正藏》第 51 册，第 830 页。

③ （唐）道宣撰《释迦方志》,《大正藏》第 51 册，第 954 页。

④ 中国社会科学院历史研究所、中国敦煌吐鲁番学会敦煌古文献编辑委员会、英国国家图书馆、伦敦大学亚非学院合编《英藏敦煌文献（汉文佛经以外部分）》第 9 卷，四川人民出版社，1994，第 46 页。

⑤ 中国社会科学院历史研究所、中国敦煌吐鲁番学会敦煌古文献编辑委员会、英国国家图书馆、伦敦大学亚非学院合编《英藏敦煌文献（汉文佛经以外部分）》第 4 卷，四川人民出版社，1991，第 7 页。

P.3352 记："分身像者，胸上分现，胸下合体，其像遂为变形。"①

第五，《佛说菩萨本行经》卷下。"于是世尊自说：'前世宿行所作，结于誓愿今皆得之。今我以此正真之教，除去一切众生灾祸。'时，佛便自化身作两头，一头看毗舍离国，一头看摩竭国，疫鬼尽去，还于大海；人民众病，皆悉除瘥。五谷丰熟，人民安乐，以法广化，并使意中诸欲之病，悉得清净。立之于道，一切人民皆大欢喜。于是诸比丘异口同音赞叹：'如来无量功德，甚奇甚特不可思议。'"②

以上文献可以归纳为三大类。

其一，《大唐西域记》。玄奘西行时于犍陀罗国的大窣堵波亲见双头佛像，其为画像，胸上分现，胸下合体。

其二，《敦煌遗书》收录的灵异事迹。但情节与《大唐西域记》并不相同：《大唐西域记》记为二贫士施钱，画匠共画一像；《敦煌遗书》记为一贫女施钱，画匠捐前施主像给她。两种记录都没有描述佛像的坐立姿势。

其三，《大正藏》收录的《佛说菩萨本行经》。此经属佛慈悲说法的佛本行故事，所述未云分身，只说化身作两头。

松本荣一把这一类佛塑像或画像称为"双身佛图"。他认为，大约同一时代、同一形式的"双身佛像"在吐鲁番、敦煌、黑水城各地被广泛制作，说明在唐宋时期这些地区流行这类双身佛像。双身佛像早在玄奘之前便存在于西域，与西域相关的见闻记等文献推动了双身佛样式的东传。这些双身佛作品与《大唐西域记》所记雀离浮图双身佛的形式、姿态及附带的传说完全一致，因此，在没有新资料出现之前，他暂时把

---

① 上海古籍出版社、法国国家图书馆编《法藏敦煌西域文献》第 23 册，上海古籍出版社，2002，第 297 页。

② 失译《佛说菩萨本行经》，《大正藏》第 3 册，第 119 页。

双身佛的源头归结为雀离浮图，并推测《大唐西域记》所记是东方双身佛造像的开始。[①]

如何命名这种形制的佛像，一直有争议。孙修身以直观所得，先名之"双头瑞像"；[②] 宁强以为"双头瑞像"不妥，应该叫"分身瑞像"。[③] 宁强的理由是：首先，此像不仅头颈二分，双手也二分为四；其次，此像表现的是"分身交影"的瞬间而不是表现"双头"；再次，《大唐西域记》《敦煌遗书》等文献中都有明确的"分身"提法，而无"双头"一说。如以《大唐西域记》为依据的莫高窟第237窟，题记为"分身瑞像者乳陁逻国贫者二人出钱画像其功至已一身二头"；[④] 第72窟的题记"分身瑞像者胸上分现胸下（合）体其像遂为变形"，[⑤] 与《敦煌遗书》S.5659与P.3352的内容相近。《敦煌遗书·诸佛瑞像记》是很多敦煌壁画的题记底稿，这两窟的题记很可能也来自《敦煌遗书》。张小刚则采取兼收并纳的折中态度："分身瑞像，又被称为双身瑞像、双头瑞像，是一种造型奇特的佛教造像……"[⑥]

这些讨论都限于佛教造像的艺术视角，而没有触及佛教造像的义理依据和佛教造像的现实功用。在中国传统社会，对通达佛教义理的教内外知识分子而言，佛教造像是表法的符号；对广大平民信众而言，佛教造像是神佛的替身和膜拜的对象。前者要求佛教造像合仪轨、合度

---

① 〔日〕松本荣一：《敦煌画研究》，林保尧、赵声良、李梅译，浙江大学出版社，2019，第188—193页。

② 孙修身：《莫高窟佛教史迹故事画介绍（一）》，敦煌文物研究所编《敦煌研究文集》，甘肃人民出版社，1982，第332—353页。

③ 宁强：《巴中摩崖造像中的佛教史迹故事初探》，《四川文物》1987年第3期，第40页。

④ 孙修身主编《佛教东传故事画卷》，上海人民出版社，2000，第58页。

⑤ 孙修身主编《佛教东传故事画卷》，第59页。

⑥ 张小刚：《敦煌佛教感通画研究》，甘肃教育出版社，2015，第427页。

量，能准确传递佛的甚深之教；后者要求佛教造像有灵性、灵验，能感通赐福。造像的艺术特征并不是最重要的，甚至可以被忽略。所以，"分身"也好，"双头"也罢，任何一种命名都必须厘清"向上一路"的观念渊源，辨析"向下一路"的发用机制。事实上，就这种形制的佛造像而言，通达"向上一路"的关键词是"分身"，关涉大乘佛教佛陀观、法身观；通达"向下一路"的关键词是"瑞像"，关涉大乘佛教神通观。而大乘佛教法身观和神通观，又和大乘佛教根本精神——"智慧"和"慈悲"相应。

如何定义"瑞像"，近代以来学术界一直有争论。以下简要罗列几种主要观点。

丁福保《佛学大辞典》："（图像）优填王始以栴檀作释迦佛之形像，瑞相圆满，故名瑞像。西域记五曰：'城内故宫中有大精舍，高六十余尺，有刻檀佛像，上悬石盖，邬陀衍那王之所作也。灵相间起，神光时照，诸国君王恃力欲举，虽多人数莫能转移。遂图供养，俱言得真，语其源迹，即此像也。初如来成正觉已，上升天宫为母说法，三月不还。其王思慕愿图形像，乃请尊者没特迦罗子，以神通力接工人上天宫，亲观妙相雕刻栴檀，如来自天宫还也。刻檀之像起迎世尊，世尊慰曰：教化劳耶？开导末世。'"[1]

丁福保以为瑞像专指"优填王像"，即"栴（旃）檀像"。玄奘《大唐西域记》记载，释迦如来觉悟后，赴忉利天宫为母说法。优填王极其思念如来，请人用神力接工匠上天。工匠遂完全按照如来的形象雕刻了一尊檀木像。这尊檀木像回到人间，替如来说法教化众生。如来从忉利天宫返回，旃檀像起身迎接如来。如来致以慰问："开导教化末法

---

[1] （清）丁福保编《佛学大辞典》，中国书店，2011，第2392页。

时代的众生，是不是很辛苦？"这尊旃檀像在形貌上和如来没有任何区别，如来不在时，可替代如来行教化之职责，可见在功德上也与如来无二无别。玄奘和丁福保都是佛教信徒，以上记载，在非信仰者看来是神话叙事，在信仰者看来，则是一种"真实"叙事。旃檀像，虽名之"像"，实际上是释尊的分身，只不过假优填王之手而以"旃檀像"的方式示现。

有学者试图定义"瑞像"，如："瑞像是指和释迦牟尼或其他神佛、高僧的灵迹联系在一起的一种佛像。它最早产生于印度，而后流传四方。瑞像一般恪守固定的原型，力图模拟圣容，表现灵瑞的瞬间，并因其灵瑞而具有护持佛法长住久安的功能。"[1] 这个定义能充分涵盖历代佛典中关于"瑞像"的记载，是用现代佛教学术研究的方法对"瑞像"所作的理性化的概括和描述，其中的关键词是"灵瑞"。"瑞像"从形式上看，虽然是"灵瑞瞬间"的凝固，但从功能上看，则能持续发挥"灵瑞"功能。换句话说，"瑞像"看起来仅仅是一种物质形态的佛的造像，本质上却在不间断"护持佛法长住久安"，发挥灵异功能。而承认这种灵异功能的同时，事实上已进入信仰者角度的"真实"叙事。也就是说，这个定义中存在信仰者的"真实"和非信仰者的"真实"之间的紧张、存在着"灵瑞瞬间"的物质化凝固和"灵瑞发用"的超时空持续之间的紧张。

也有定义为："（瑞像图是）佛教图像之一……凡能显神异、表征凶吉者，即称瑞像。"[2] 这是季羡林主编的《敦煌学大辞典》中的词条，可见其所云"瑞像图"专指敦煌石窟中的壁画。这个定义实际上用了

---

① 荣新江、朱丽双：《于阗与敦煌》，甘肃教育出版社，2013，第245页。

② 季羡林主编《敦煌学大辞典》，上海辞书出版社，1998，第156页。

"瑞像"和"瑞像图"两种提法，但并没有对两种提法进行区分。

又如巫鸿认为："从本质上说，'瑞像图'是一种'图像的图像'（meta-image）——一种'对经典表现的再表现'（'a representation of a classical representation'）……一组直接表现神灵，因而能够接受崇拜者的礼敬；另一组则表现'神灵的像'。"[①]"瑞像"和"瑞像图"在这个定义里得到了区分，"瑞像"是对"神灵"的直接表现，有灵瑞功能；"瑞像图"是对有灵瑞功能的"瑞像"的描摹。作者谨慎地使用了"表现"这个词，来回避上文所描述的"紧张"。

又有定义："所谓瑞像，不仅只是拥有三十二瑞相的如来像用语，也不是只用于著名的优填王旃檀释迦像的用语……所谓生身的特性正是瑞像的必要条件，必须重视。诸多灵验故事里流传的不可思议，即种种动作所呈现的超现实性、预示未来吉凶的神秘威力，或从佛国印度飞来的奇迹性来历，这些叙述都证明像无异于具备神通力的生身佛。"[②]这个定义敏锐捕捉到了对"瑞像"进行研究的"棘手"之处。这个"棘手"之处，其实也是佛教研究经常要面临的"棘手"之处：在理性主义和科学主义的语境下，在中立客观的学术传统中，如何处理佛教文献中的不能用科学方法论证、不能用逻辑方法推导的"神秘主义"部分，比如"神通"。

如图 6-1 所示，十一例双头佛像又可分成两大类。第一类九例，皆四臂，分布在丝绸之路沿线。依据《大唐西域记》和《敦煌遗书》，造像凝固了佛以分身的神变力安慰贫士或贫女的瞬间。两个贫人无力支付

---

① 〔美〕巫鸿：《礼仪中的美术：巫鸿中国古代美术史文编》，郑岩等译，三联书店，2005，第445—446 页。

② 〔日〕肥田路美：《瑞像的政治性》，《云翔瑞像：初唐佛教美术研究》，颜娟英、曹德启等译，台北：台大出版中心，2018，第 315 页。

为佛造像的佣金，技师用两人的钱造出一尊佛像。两个贫人困惑时，佛瞬间分身，一分为二。佛总是满足众生的美好心愿，不论贫富。贫者亦得大安慰，这是佛的慈悲，是佛教平等精神的深刻示现。第二类两例，两臂，都出现在巴中地区。这个情形更可能来自《佛说菩萨本行经》。佛在毗舍离国说法，摩竭国就被鬼魅所扰；佛回到摩竭国，鬼魅就到毗舍离国作乱，如是七回。佛自述自己在因地发下的誓愿：要护佑一切众生，令除"身病"和"意病"，遂瞬间化身作两头，一头看毗舍离国，一头看摩竭国。于是鬼魅悉返大海，疾病尽除，五谷丰登，皆大欢喜。这也是佛菩萨的慈悲，是佛教济度精神的深刻示现。

大乘佛教慈悲精神的第一义，在于佛以各种方便善巧的方式满足众生的心愿、令众生安隐无烦恼。《见宝塔品》中，当十方分身佛来集，他们各自遣使向释迦佛转达问候："少病、少恼，气力安乐，及菩萨、声闻众悉安隐不？"[1] 释迦佛到忉利天宫为母说法，优填王遣工匠上天，造出一尊与释迦佛尊容无二的旃檀佛像，代替释迦佛在人间说法。释迦佛返回人间时，也是如是问候旃檀佛像："教化劳耶？开导末世，实此为冀。"[2] 只不过《法华经》中记载问候释迦佛的同时也问候了菩萨和声闻众，这是《法华经》独有的"会三归一"、融合大小乘分歧的"一乘"思想。佛既为医王，始终牵挂着教化末世众生；因地菩萨的成佛即自觉承担菩萨道教化使命，以布施、持戒、忍辱、精进、禅定、般若之六度实践与众生休戚与共，以布施、爱语、利行、同事之四摄方便引导众生。佛也有病恼，不过是以众生之病为病，以众生之恼为恼。佛佛之间的问候，惟令众生感到神秘而亲切。是故瑞像之"瑞"，大体就是佛

---

① （后秦）鸠摩罗什译《妙法莲华经》，《大正藏》第 9 册，第 33 页。

② （唐）玄奘述《大唐西域记》，《大正藏》第 51 册，第 898 页。

之功德圆满、福德普覆。

汤用彤先生在《汉魏两晋南北朝佛教史》跋中有一个著名的论断：

> 中国佛教史未易言也。佛法，亦宗教，亦哲学。宗教情绪，深存人心，往往以莫须有之史实为象征，发挥神妙之作用。故如仅凭陈迹之搜讨，而无同情之默应，必不能得其真。哲学精微，悟入实相。古哲慧发天真，慎思明辨，往往言约旨远，取譬虽近，而见道深弘。故如徒于文字考证上寻求，而乏心性之体会，则所获者其糟粕而已。[①]

佛教研究不是以佛教为题材的历史研究，"莫须有"未必非真，"神妙"未必非真，汤先生指出，佛教研究的关键在于"同情之默应"，在于"执其中道"，否则不能迫近"真实"。"神妙之作用"，即佛教典籍中随处可见的"神通"，正是悟入"实相"亦即"宇宙人生真相"的途径。通过"心性之体会"，默应"神妙之作用"，悟入精微之"实相"，从而见其道，"得其真"。从这个意义上，我们不妨如实承认，"瑞像"就是佛的神通示现，佛借助这种"神变"，令众生"开、示、悟、入佛之知见"，引导众生实现领悟真理、解脱成佛的终极目的。

"佛教神通"通常指"六神通"："神足通"、"他心通"、"宿命通"、"天眼通"、"天耳通"和"漏尽通"。其中，神足通包括"能到"（神足）与"转变"（变化）两类功能，"能到"意谓能飞行虚空，穿山越岩、透壁通垣、入地履水，或手扪日月、身至梵天等，"转变"意谓能随意变化自己的身形，或变化一身为无数身，或以无数身合为一身；也能自身放

---

① 汤用彤：《汉魏两晋南北朝佛教史》，第 722 页。

出烟焰如大火燃薪般猛烈。本书讨论的"分身",当属于"神足通"中"转变"一类。

　　狭义的"佛教"指"佛的教导",即佛把"定中所见"教导给众生。释迦牟尼的正觉成佛,就是来自深邃的禅定实践。在觉悟之前,释迦牟尼树下入定,次第进入初禅、二禅、三禅和四禅。进入四禅后,他一一发起神足、宿命、天眼、他心、天耳五种神通。最后,在证入第六神通——"漏尽通"后,断尽烦恼而得解脱。所谓开悟成佛,就是指佛陀以禅定力进入神通,最后了知宇宙人生的实相。最大的神通,就是了悟缘起性空的实相,以建立在般若空观基础上的彻底的平等心,行慈悲化度的菩萨行。如来"如是灭度无量无数无边众生,实无众生得灭度者"。①

　　在原始佛教、部派佛教及大乘佛教经典中,佛教神通观往往蕴含在故事的形式中。本书涉及的"双头佛像"和"二佛并坐像",共同特征都是"分身"——双头佛像的"双头"就是"分身"的一种形式,无论双头四臂型还是双头二臂型。"二佛并坐像"的"分身"蕴含在两个场景中:"十方分身佛齐聚"场景和"二佛并坐"场景。前一场景虽然并没有从图像上得到直接表达,却是后一场景得以实现的必要条件,不可或缺。无论"十方分身佛齐聚"还是过去佛、现在佛的"二佛并坐",都是法身佛以适应众生根机的方式"神通示现"。

　　"二佛并坐像"表"智慧"、"实相"和"般若","双头佛像"表"慈悲"、"利他"和"平等心"。所有关于"分身"的佛造像,皆可视为佛教神通观尤其是"神足通"的图像表达,是大乘佛教根本精神"悲智双运"的表法符号,和佛教经典中的神通故事异曲同工。可以说,所有和

———————————

① 　(后秦)鸠摩罗什译《金刚般若波罗蜜经》,《大正藏》第8册,第749页。

分身神通有关的瑞像，都是"分身瑞像"，"双头佛像"只是分身神通的示现形式之一种，也是"分身瑞像"之一种。故对这种形制的佛像的命名，不必为古代文献的提法所囿，更不必盲从敦煌壁画的"榜题"。"分身瑞像"是个全称，对"双头佛像"的命名不宜占用全称而应有所限制。显然，"双头分身瑞像"这个命名，既观照了"双头佛像"的实际创作情形，又符合大乘佛教甚深义理，比"双头瑞像"、"双身瑞像"和"分身瑞像"等曾经有过的命名都更为恰切妥当。

第七章

大舍：本生壁画中的慈悲之路

佛教有"声教"和"像教"之说，以语言文字、音乐说教归入"声教"，以"现身""形象"说教为"像教"。如大乘空宗以为，"诸法实相"本性为空，不落言诠、无形无相，故语言文字等只是"指月之指"，"形象"则是随宜示现和慈悲方便，需要说什么法就示现什么形象。无形无相的佛法超越时空而存在，有形有相的"像教"则顺应历史时机、顺应众生根机而"变"、而"化"——形式要"变"，功能在"化"，"万法皆空"，"实相"不变。这是理解佛教文化和佛教艺术的前提。如太虚所说，"佛教的文字——经典，皆是如指标月；故一切经典，都是为提示真理作用的。而造像、图画等美术，亦足指示最高的真理，其结果、其功用，皆是相同。譬如某一件美术的作品，能引人入胜，导人为善，其感化的力量，或比文字还来得广大……美术即是由自心觉悟，而用各种方法表显出来，使他人也能得同样的觉悟，这就是佛教艺术的真义"。①

如果说印度大乘佛教的兴盛是一个诸多因缘促成的历史事件，慈悲精神在不同时期佛教中的传承则可视为超越时空的单独事件。无论是在释迦牟尼初转法轮之时，还是在其后的原始佛教、部派佛教（小乘佛

---

① 释太虚：《佛教美术与佛教》（原载《海潮音》第 15 卷第 10 期），《太虚大师全书》第 24 卷，第 430 页。

教）发展阶段，慈悲思想均贯彻于两度结集所得的经、律、论三藏中。
小乘慈悲观以"慈悲喜舍"四无量心的观修为纲要，以阿罗汉果位的无
余涅槃为目标；大乘慈悲观重视菩萨道六度实践，宣扬自利利他的"佛
境菩萨行"。无论大小乘，菩萨道实践都是开显佛教慈悲精神的方便，
菩萨的牺牲事迹都是慈悲精神的示现。从佛教发展和传播历史看，大
乘精神寄寓在两条叙事性的线索中："菩萨成佛"和"佛陀说法"。佛以
"慈悲"说"慈悲"之法，大乘佛教慈悲精神盖由此出。

　　释迦牟尼于公元前 6 世纪在印度创立佛教，这一历史事件，以佛教
的逻辑诠释，可以说是释迦牟尼为随顺娑婆世界的人道众生而化现。释
迦牟尼成佛后，说法四十五年，所说法中，包括其前生尚是菩萨身时的
种种修行事迹。"本生事者，谓说前生菩萨行事"①，释迦牟尼前身的种
种事迹即"本生"，专门记录本生故事的经即"本生经"。本生故事实乃
菩萨如何自利利他的故事，"云何本生？谓于是中宣说世尊在过去世，彼
彼方分，若死若生，行菩萨行，行难行行，是名本生"。②故印顺云：
"最足以表现大乘慈悲精神的，是释尊。释尊'本生'的重于悲济，如
《六度集经》所说。"③

　　慈悲精神贯穿于从原始佛教、部派佛教到大乘佛教的全过程，然
而在不同时期其被彰显、被推重的程度并不一样。印顺把印度佛教史细
分为五期，考察佛教在这五期的兴衰，他认为大乘慈悲利他思想是佛教
的灵魂，慈悲显则佛教兴，慈悲隐则佛教衰。最早使用"本生"一词的
是《杂阿含经》，最早的本生故事则出现在《中阿含经》、《长阿含经》
和《增一阿含经》中。可见本生故事中的慈悲精神是大乘佛教所竭力弘

① 〔印度〕弥勒造，（唐）玄奘译《瑜伽师地论》，《大正藏》第 30 册，第 680 页。
② 〔印度〕弥勒造，（唐）玄奘译《瑜伽师地论》，《大正藏》第 30 册，第 418 页。
③ 释印顺：《初期大乘佛教之起源与开展》，《印顺法师佛学著作全集》第 16 卷，第 481 页。

扬的精神，但本生经的出现要远远早于大乘经典的成立。和本生故事相关的是佛本行故事，亦即佛一生的传记。《六度集经》就是本生故事和本行故事的合集，三国时由吴·康僧会传译。然而《六度集经》并不属于大乘经。佛的现在生和过去生事迹为声闻弟子所推重，本生故事被经典化其实是在部派佛教时期，本生经首先作为小乘佛教的重要经典而传世。本生故事被收入浩瀚的大乘经典，最终成为大乘佛教慈悲精神的渊薮。

　　原始佛教、部派佛教和大乘佛教有不同的"菩萨观"。原始佛教中，菩萨仅指佛陀未成佛之前的身份，包括前生。部派佛教不承许同时有十方诸佛，但承许三世有佛，过去佛如迦叶佛、现在佛如释迦佛、未来佛如弥勒佛。这些佛的前身也都称菩萨。有部以为，只要发了愿求菩提之心，就是菩萨，但只有修行到三大阿僧祇劫满时，获得大功德，修出某些庄严相好，成佛已成必然，行者才可以称为"真实菩萨"，如悉达多太子。大乘佛教依据"法身观"，必然承许不仅三世有佛，且十方有佛，从而为菩萨修行扫清了时空障碍。"多佛说"的兴起，是佛法进入大乘佛法的标志之一。[1]

　　佛在过去生的修行事迹是对菩提心、慈悲心的最好诠释，以大乘的佛陀观，不论过去、现在还是未来，佛都是理想的佛，具足了大智慧和大慈悲。"本生""譬喻""因缘"的主人公，可以是六道轮回中的各类生命形态，但他们都是佛的法身的示现，佛以此示范何为菩提心、何为空性见、何为大悲行。菩萨的本生故事为大小乘经典所共享，不同的是，小乘的最高追求是阿罗汉果位，小乘的菩萨就是"有漏"的，牺牲行为都是"漏尽"过程中的必要环节，一切漏尽之时，便是永入涅槃之

---

[1]　释印顺：《初期大乘佛教之起源与开展》，《印顺法师佛学著作全集》第16卷，第131—137页。

日，从此不再轮回。而大乘菩萨是"佛境菩萨行"，大乘经中的本生故事，更需要开显自利利他、平等济度的慈悲精神，而不是自利解脱、一切漏尽的过程。以此为前提，我们方可从本生图像切入中国佛教艺术中的慈悲精神的讨论。

第一节　"舍身饲虎"与"慈悲十义"

历史地看，本生故事源于古印度，其作为佛教教义的载体，随佛教经典和佛教艺术东传，流布于今天的阿富汗、巴基斯坦、日本、斯里兰卡和中国的新疆、青藏高原等地。"本生"，梵文、巴利文均作Jātaka，音译为阇陀伽、阇陀等，本生又称本起、本缘、本生谭、本生经等，或散于大小乘三藏中，或专门勒编成集。汉译佛经中的《六度集经》《生经》《贤愚经》《菩萨本生鬘论》《撰集百缘经》等均属于本生经专辑。《六度集经》共八卷，以"六度"分类，其中"布施度无极"二十六事，"持戒度无极"十五事，"忍辱度无极"十三事，"精进度无极"十九事，"禅度无极"九事，"明度无极"九事，共九十一个故事。"禅度无极"中有一事是对"禅度"的解说，并未涉及具体故事，故实际为九十个故事。以"六度"为本生故事分类，最契合本生故事的内在结构和慈悲精神本质，因为菩萨行可以分疏为布施、持戒、忍辱、精进、禅定、智慧这六类利他行为。

"布施度无极"中的本生故事在《六度集经》全部本生故事中占了将近三分之一，在数量上处于绝对优势。布施分财施、法施和无畏施，财施又分内财和外财，世间一切财物，外财如"所有金银、珍宝、国城、妻子等"，内财如"自身肉、血、头、目、手、足、耳、鼻"，皆仅以"名"而有，自性本空，实无有一物可布施者。菩萨要忆念的，不是这些徒有其名的财物，而是"慈悲"；菩萨要断除的，是对这些徒有其名的财物的占有、贪着和吝惜，随缘利益众生，发坚固布施心。

布施是六度中的"第一度"，也是四摄中的"第一摄"。《大智度论》把"大慈大悲"的"大"和布施波罗蜜直接相关——"大慈大悲"并不是佛之自诩，恰恰是众生听闻或亲见佛的种种广大布施行，以其难舍能舍，难行能行，而名之"大"。

> "大"名非佛所作，众生名之；譬如师子大力，不自言力大，皆是众兽名之。众生闻佛种种妙法，知佛为祐利众生故，于无量阿僧祇劫难行能行；众生闻见是事，而名此法为大慈、大悲。
>
> 譬如一人，有二亲友，以罪事因缘故，系之囹圄。一人供给所须，一人代死；众人言："能代死者，是为大慈悲。"佛亦如是，世世为一切众生，头目髓脑尽以布施，众生闻见是事，即共名之为大慈、大悲。
>
> 如尸毗王，为救鸽故，尽以身肉代之，犹不与鸽等，复以手攀称，欲以身代之，是时地为六种震动，海水波荡，诸天香华供养于王。众生称言：为一小鸟所感乃尔，真是大慈、大悲！[1]

"头目脑髓尽以布施"和"以身肉代之"就是"内财施"或曰"舍身"。可见，最能成就大慈大悲的，就是菩萨不惜身命救度他者的舍身行为。反之，若欲阐明何为"大慈大悲"、何为"大慈大悲"精神，则可以从解析某个"舍生"类本生故事入手。欧阳竟无以为，"慈悲"理念

---

① 〔印度〕龙树造，（后秦）鸠摩罗什译《大智度论》，《大正藏》第25册，第256页。

的极致外化, 莫过于本生经中常有的 "大地震动" 现象; 最动人的慈悲事迹, 莫过于 "舍身饲虎" 本生。

汉译佛经中的 "舍身饲虎" 本生故事主要见于三国·吴康僧会译《六度集经》、北凉昙无谶译《金光明经·舍身品》、北凉法盛译《佛说菩萨投身饴（饭）饿虎起塔因缘经》、北魏慧觉等译《贤愚经·摩诃萨埵以身施虎品》、刘宋绍德与慧询等译《菩萨本生鬘论·投身饲虎缘起》、南朝·梁宝唱等集《经律异相·干陀尸利国王太子投身饿虎遗骨起塔》与《经律异相·萨埵王子舍身》、唐释道世撰《法苑珠林》、唐义净译《金光明最胜王经》等, 以上诸经故事主线相同, 情节各有增删敷衍。

佛教文献里的本生故事一般使用大致固定的叙事结构, 大体分为三部分: 先是交代释迦牟尼讲述故事的背景, 然后由释迦佛讲述一个本生故事, 也就是他前世某一生的菩萨事迹, 最后解释这个前世故事和当下是何种因果关系。

《金光明经·舍身品》中的故事也可分为三段。

第一段, 道场菩提树神请佛讲述过去生 "具受无量百千苦行, 捐舍身命肉血骨髓" 的菩萨事迹。佛陀示现神通, 令 "大地六种震动", 令 "七宝塔" 从地涌出, 大众叹稀有。世尊恭敬绕塔后回到本座, 菩提树神问绕塔因缘, 世尊说过去生舍利安置此塔。佛命阿难从塔中取出舍利令大众瞻仰, 说此舍利乃 "无量六波罗蜜功德所熏"。

第二段, 佛为大众说此舍利的 "往昔因缘": 过去世有国王摩诃罗陀, 生三王子摩诃波那罗、摩诃提婆和摩诃萨埵。一日三人游至一片大竹林, 看到一只产后七天的母虎和七只小虎, 因为饥饿, 奄奄待毙。老虎只吃新鲜的肉和血。第一王子说: "一切难舍不过己身。" 第二王子说: "我们尚有贪念, 智慧薄少, 只有发大悲心的菩萨, 才能做到不惜自己生命去救它们。"第三王子生大忧愁，面对老虎，先作"四念处"观想，又发大悲誓愿，要舍"难舍"，以证无上菩提。摩诃萨埵支走二兄，还至虎所，脱去衣裳，置竹枝上，卧于饿虎前，但众虎虚弱不能唼食，摩诃萨埵又准备好干竹，从高山上跳下，令干竹刺颈出血，再次投身虎口。大地六种震动，诸天赞叹此大悲行。饿虎遂舐血唼食其肉，唯留余骨。二王兄见此惨状，心中愁怖，感到无以面对父母。与此同时，宫中的王后梦到不祥，又听闻宫人报告三王子不知所在，她与国王一同为失去最爱而悲泣苦恼。他们共赴林中，迎载其余二子还宫。

第三段，世尊揭明前世和当下的因缘：摩诃萨埵即佛陀前世，国王和众人起七宝塔，把摩诃萨埵的舍利置于塔中。摩诃萨埵舍身之前曾发下誓言，愿自己的舍利于未来世能为众生作佛事。果然，其时"无量阿僧祇诸天及人，发阿耨多罗三藐三菩提心"。这又揭示了一重因缘——当下时空塔从地涌出、众人绕塔赞叹稀有并发心皈依佛法的因缘所在。"尔时佛神力故，是七宝塔即没不现。"①

欧阳竟无编写的《支那内学院院训释》，其中专辟"释悲训"一章，开显慈悲之甚深意趣；又专辟两节谈慈悲之"威力"。所谓"威力"，就是菩萨"不可思议"的慈悲行为所产生的"不可索解"的力量，而"最不可索解者，舍身饲虎、大地震动二事"。"大地震动"并非单纯的奇观，唯见悲愿之大，提示"法尔如是"的甚深密意；舍身饲虎唯见悲愿之深，提示菩萨住于空性的"无缘大慈"。

欧阳竟无从"舍身饲虎"本生中概括出十种甚深意趣以发覆大乘慈悲精神："一者，舍身饲虎义，是唯一义。"杀身成仁，舍身取义，菩萨心愿唯有拔众生苦一事。"二者，舍身饲虎义，是决定义。"五蕴和合之身危脆，必定不可留，众生有苦，必定济拔，众生未度，不入涅槃。

———————————

① （北凉）昙无谶译《金光明经》，《大正藏》第16册，第353—356页。

"三者，舍身饲虎义，是至极义。"中庸至善，君子无所不用其极，为救度众生菩萨可舍出一切，不留余地。"四者，舍身饲虎义，是快足义。"菩萨以众生之乐为乐，众生苦拔得乐，菩萨因而快足。"五者，舍身饲虎义，是无碍义。"菩萨住于空性，故能弃绝分别心，不被计较、踌躇、爱恶等无明所阻碍，而能成就度生事业。"六者，舍身饲虎义，是不挠义。"菩萨历尽艰辛而百折不挠，所谓"不挠"即"能忍"，能忍一切苦厄，方成菩萨事业。"七者，舍身饲虎义，是平等义。"此指菩萨住于空性而等视一切众生，不起任何分别。"八者，舍身饲虎义，但顾自义。"菩萨一心只以自身心愿救度众生，无有借此获得福报的想法，也无有"我能不能做到"的犹疑。"九者，舍身饲虎义，是蓦直义。"菩萨夙昔行救苦大愿，悲智等修，救度众生时自然表现出纯然的真心和本心，但行中道，不落两边。"十者，舍身饲虎义，是习成义。"菩萨这种行为并非出自偶然，而是其累世修行、自然圆满的功德和果报。①

欧阳竟无以为，"悲为先驱"，菩萨发愿要成就菩提道果后，才有为众生献身的决心；"入地以还，悲则增上，众生能等"——从凡夫菩萨转成登地菩萨（圣人菩萨）后，慈悲心的增长也是般若智慧的增长，慈悲心渐广，体证空性智慧渐深，分别心渐弱，对待众生的心便是住于空性的平等心。菩萨立下慈悲心愿，必以众生为父母、兄弟、妻儿，为救拔众生不惜献出头目脑髓。众生无边无量，菩萨视之无有区别，亦不放弃其中任何一个，"如是灭度无量无数无边众生，实无众生得灭度者"。②舍身本生，乃菩萨大慈大悲事迹的生动记载，更是菩提道行人"多闻熏习，长养种性，振起悲愿"的最好教材。

---

① 　欧阳竟无：《欧阳竟无佛学文选》，武汉大学出版社，2009，第110—111页。
② 　（后秦）鸠摩罗什译《金刚般若波罗蜜经》，《大正藏》第8册，第749页。

第二节　本生图像的东传：从"悲观"到"悲济"

有部认为，"慈悲喜舍"四无量心得成于"舍"。修习四无量心一般从"舍"起观，先把众生分为"上亲、中亲、下亲；中人；上怨、中怨、下怨"七品。第一步，缘中人而修舍心，因为中人于己无怨无亲，容易割舍；第二步，视下怨等同为中人，修舍离贪；第三步，视中怨等同中人，修舍离贪。如是递进，到第七步，视上亲等同中人，修舍离贪。前六步为方便，第七步连最上亲皆能舍去，"舍"方可云"修成"。若无大舍，则无力大悲，犹如只能河边搓手却不能跳进河里去救度落水挣扎的人。修舍心就是修平等心，修悲心就是修救济心，大悲和大舍，乃佛的二种"不共法"。①

作为佛教慈悲精神的教化工具，本生故事以壁画、雕刻的方式呈现。本生图像也是对"六道平等，怨亲无别，四大皆空，舍己利他"及"慈悲喜舍"四无量心的直观诠释。本生故事中，主人公（菩萨）会方便示现为六道中的任何一种生命形态，被救度的对象亦复如是。基于"空观"而践行"利他"，这是几乎所有本生故事的叙事模式和义理内核。其中，"萨埵太子舍身饲虎本生"、"尸毗王割肉贸鸽本生"、"月光王施头本生"、"快目王施眼本生"、"睒子本生"及"须大拿太子本生"等"舍身"类本生图像对"大慈大悲"的图解更直接、更有力，更能"摄受"图像的观看者，尤其是大乘佛法的修行者。

尸毗王割肉贸鸽本生、快目王施眼本生、月光王施头本生和萨埵太子舍身饲虎本生都发生在犍陀罗地区。《高僧法显传》记载，公元 4 世

---

① 〔印度〕五百大阿罗汉等造，（唐）玄奘译《阿毗达磨大毗婆沙论》，《大正藏》第 27 册，第 428 页。

纪初法显从北天竺一路南下，先经过尸毗王割肉贸鸽本生所发生的国家宿呵多国，再东下到犍陀卫国，这是快目王施眼本生的发生地；继续向东，到达竺刹尸罗国。"竺刹尸罗，汉言'截头'也。佛为菩萨时，于此处以头施人，故因以为名。复东行二日至投身喂饿虎处。此二处亦起大塔，皆众宝挍（校）饰，诸国王臣民竞兴供养。散华（花）然（燃）灯相继不绝。"[①] "竺刹尸罗"直译为"截头国"，得名于月光王施头本生，境内有舍身饲虎本生的发生处。两处皆起大塔供人纪念和膜拜。玄奘也到过此地："从此复还呾叉始罗国北界，渡信度河，南东行二百余里，度大石门，昔摩诃萨埵王子，于此投身饲饿乌择（音徒）。其南百四五十步有石窣堵波，摩诃萨埵愍饿兽之无力也，行至此地，干竹自刺，以血噉之，于是乎兽乃啖焉。其中地土，泊诸草木，微带绛色，犹血染也。人履其地，若负芒刺，无云疑信，莫不悲怆。"[②] "乌择"即"乌菟"，唐人讳虎而作"乌菟"。

竺刹尸罗遗迹在今巴基斯坦境内的塔克西拉，乃佛教从印度北传东渐的必由之地。犍陀罗地区作为菩萨纪念地，只有零星本生图像被发现，公元 4 世纪，本生图像沿丝绸之路东传，开始出现在新疆地区的石窟中，其后又经河西走廊而进入中原北方地区。以舍身饲虎本生图像为例，其主要分布地为犍陀罗塔克西拉塔身、克孜尔石窟、敦煌莫高窟、麦积山石窟、庆阳北石窟寺、泾川南石窟寺、大同云冈石窟、洛阳龙门石窟，多以壁画、浮雕形式出现；江浙地区亦有发现，或雕刻在塔身，或雕刻在造像碑阴。日本奈良地区的舍身饲虎本生图像则见于"玉虫厨子"浮雕。

---

① （东晋）法显记《高僧法显传》，《大正藏》第 51 册，第 858 页。

② （唐）玄奘述《大唐西域记》，《大正藏》第 51 册，第 885 页。

龟兹地区是小乘所化之地，流行一切有部学说，出生在龟兹地区的鸠摩罗什，最先学习的就是有部理论。有部重禅观，克孜尔石窟中的本生图像，适于"慈悲喜舍"四无量心的禅观实践。处于汉文化圈的敦煌地区更多被大乘佛教所化，其本生图像更适于相关大乘佛教慈悲精神的教化。从龟兹到敦煌，反映佛教慈悲精神的图像具有从引导"悲观"到表达"悲济"的变化趋势。对比克孜尔石窟第17窟、第63窟、第114窟壁画中的舍身饲虎图，和莫高窟第428窟、第254窟壁画中的舍身饲虎图，可以看出这种变化。

克孜尔石窟多在窟中间建中心柱。中心柱的作用有二，一是结构支撑，二是方便信众环绕，相当于绕行佛舍利塔以表达对佛陀的礼敬。小乘佛教"云无十方佛，唯礼释迦而已"[①]，洞窟的主题就是释迦佛的过去、现在、未来三世，包括位于券顶菱形格中的菩萨本生图像、释迦佛雕塑造像和未来佛弥勒的雕塑造像。礼拜主尊—观本生、因缘和佛传故事—观涅槃—观未来佛，信众仿佛亲身体验了菩萨过去生的成佛之路、现在生的说法之路和未来生的以佛身示现。

克孜尔石窟第17窟、第63窟和第114窟中的舍身饲虎本生图都绘于一个由须弥山围成的菱形窗格内，以单幅的篇幅选取故事中的一个场景：或者定格萨埵太子纵身跳下虎窟的瞬间，或者定格老虎母子啃噬太子身肉的瞬间。这两个瞬间太子都在"作如是观"，如《金光明经》中云：

> 尔时第三王子，作是念言："我今舍身时已到矣。何以故？我从昔来，多弃是身，都无所为，亦常爱护，处之屋宅，又复供给衣

---

① （南朝·梁）僧祐撰《出三藏记集》，《大正藏》第55册，第40页。

服、饮食、卧具、医药，象马车乘，随时将养，令无所乏，而不知恩，反生怨害，然复不免无常败坏。复次，是身不坚，无所利益，可恶如贼，犹若行厕。我于今日，当使此身作无上业，于生死海中作大桥梁。复次，若舍此身，即舍无量痛疽瘰疾、百千怖畏。是身唯有大小便利；是身不坚，如水上沫；是身不净，多诸虫户；是身可恶，筋缠血涂，皮骨髓脑，共相连持；如是观察，甚可患厌，是故我今应当舍离，以求寂灭，无上涅槃，永离忧患、无常、变异，生死休息，无诸尘累。无量禅定智慧功德具足，成就微妙法身，百福庄严，诸佛所赞。证成如是无上法身，与诸众生无量法乐。"①

克孜尔石窟菱形画所选取的乃舍身饲虎故事中最为悲怆的一幕，这一幕成为菩萨正定和正思维之所缘。菩萨"观身不净，观受是苦，观心无常，观法无我"，作"四念处"禅观，于定中增长空性智慧，了达人法二空，遂以空性智慧而布施内财，救济众生，慈悲利他。"此身已尽，梵行已立，所作已办，不受后有"，获得终极解脱。

莫高窟保存了最为丰富的舍身饲虎图像壁画，年代历北朝、隋、中晚唐、五代、宋，共计 15 幅之多，受中原地区卷轴式构图的影响，情节和画面远较单幅菱形画丰富。第 428 窟（北周）和第 254 窟（北魏）的舍身饲虎图均依据《金光明经》绘就。第 428 窟舍身饲虎图绘于人字坡下东壁南侧，画面分三栏，从右上角三位王子辞别父母开始，呈 S 形转折而下，到起塔供养舍利止，以连环画方式完整展现了故事情节。第 254 窟中的舍身饲虎图，在敦煌地区同类题材中所属时代最早，其画面布局未遵循线性时间的顺序规定，由此引导观看者以禅观之"观"直抵

---

① （北凉）昙无谶译《金光明经》，《大正藏》第 16 册，第 354 页。

"慈悲"的甚深意趣——当观看者立于这铺壁画前时，视线的起点是位于画面上方、站在高山之巅的三位王子。中间的萨埵王子目光慈悯地注视下方，右手高高举起，似在发舍身赴死的菩提大愿。两侧的兄长，或仰头注视萨埵太子的面容，悲恻难掩，或紧紧抱着萨埵太子的手臂，百般不忍。跳崖赴死的萨埵、被虎啃噬的萨埵和被悲痛的母亲抱在怀里的萨埵呈顺时针环列，过去、现在、未来不再是时间的流逝，而是凝聚于一点，互相含摄。画面气势磅礴，情感丰沛细腻，世出世间不一不二，堪称"高贵的单纯、静穆的伟大"。这幅作品是把禅定和慈悲诉诸崇高之美的艺术典范。

"舍身"在中土原有文化中是个敏感的话题。儒家和道家注重"厚身"和"全身"，身体发肤受之父母，自弃生命并不被鼓励。儒家所谓"舍身成仁""舍身取义"，其"仁"和"义"一定是以人为本、以人为尺度的，可以牺牲个人生命成全大多数人的利益，但绝不会鼓励牺牲个人以成全人道以外的生命形态，比如"饿鬼道众生"和"畜生道众生"。钱穆说："秦汉时代遵守着儒家思想的指示，大家努力向天下太平世界大同的境界而趋赴。他们只着眼于现实人生之可有理想，这一种理想之实现，已足安慰人心的要求，因此不再有蕲求未来世界与天上王国之必要。但一旦王室腐化，士族兴起，此种现实人生可有的理想境界逐渐消失，人心无寄托、无安慰，自然要转移到未来世界与空中天国中去。这是中国人民在当时感觉到宗教需要的一个最大理由。印度佛教适于此时传入中国。佛教思想之慈悲观与平等观，这是与中国传统观念最相融洽的。而且佛家思想里，更有与中国传统精神极易融洽之一点，即在他的一种'反心内观'的态度。"① 事实上，儒家没有"法身"和"三世"

---

① 　钱穆：《中国文化史导论》，九州出版社，2011，第132—133页。

的概念，这是儒家"宗教性"不强的根本原因。一方面，佛教"慈观"和"悲观"与儒家心性思想相契合，表达为"舍身"的佛教慈悲济度精神与儒家"舍身成仁""舍身取义"精神相契合；另一方面，"舍身"、布施、六度中的出世间性和超越精神也填补了中土原有精神世界的空白。然而这种非人本的、超越"人的尺度"的"宗教性"，在多大程度上能为中国社会接受呢？

"舍身饲虎"，如此奇崛的故事情节，居然在中古社会生活中真实发生，成为佛教传入中国并中国化过程中，印度及西域的文化传统落地中原后产生的小涟漪。《高僧传》卷十二《亡身诵经》记载，昙称为消虎灾，将自己的血肉之躯施予虎口；① 《续高僧传》中，玄览"誓舍身命久矣，意欲仰学大士'难舍能舍'诸经正行"，投水前留下遗文，表白自己欲效仿萨埵太子舍身饲虎，修行布施波罗蜜。② 另有绍阇梨几次以身施虎而未能如愿，临终之前非常遗憾，希望弟子将自己火化不留余烬。弟子不忍，露尸月余而鸟兽无犯。③ 《宋高僧传》中，释行明立志效仿萨埵太子，缩短证得圣果的劫数。某日果然在森林中委身老虎前，

---

① "宋初彭城驾山下虎灾，村人遇害，日有一两。称乃谓村人曰：'虎若食我，灾必当消。'村人苦谏不从，即于是夜，独坐草中，咒愿曰：'以我此身，充汝饥渴，令汝从今息怨害意，未来当得无上法食。'村人知其意正，各泣拜而还。至四更中，闻虎取称，村人逐至南山，啖身都尽，唯有头在，因葬而起塔，尔后虎灾遂息。"（南朝·梁）慧皎撰《高僧传》，《大正藏》第 50 册，第 404 页。

② "弟子玄览，自出家来一十二夏。虽沾僧数，大业未成。欲修行檀波罗蜜，如萨埵投身、尸毗割股、鱼王肉山，经文具载。请从前圣教附后尘，衣物众具任依佛教。"（唐）道宣撰《续高僧传》，《大正藏》第 50 册，第 683 页。

③ "绍阇梨者，梓州玄武人也，俗姓蒲氏。未出家前山行，见虫甚瘦。又将一子于涧中取虾子，虾子又不可得。绍乃叹曰：'此虫应在深山，今乃出路，饥渴甚矣。等是一死，不如充此饥渴。'乃脱衣往卧虫前，虫乃避去。后方出家，唯诵经行道而已，更无异行。大业之初，汝州界虫暴非常，三五十人持杖不敢独行。害人既多，绍乃往其处立茅苫坐，虫并远去，道路清夷。年一百九岁乃见疾，谓弟子曰：'我欲露尸乞诸虫鸟，而彭嫌我身。生尚不食，岂死能尝？可焚之无余烬。'弟子等不忍依其言，乃露尸月余，鸟兽不犯，乃收葬之。"（唐）道宣撰《续高僧传》，《大正藏》第 50 册，第 684 页。

被虎啃啮，须臾肉尽。烧其残骸，得舍利若干。^① 僧人的舍身行为尚有
燃身、燃指、割肉、施身于虫等，或作为一种传播教义、摄受人心的宗
教仪式，承担仪式的功能和传播的功能，或作为头陀苦行中最极端的一
种，成全修行者的献身追求和"涅槃法乐"。而梁武帝以帝王之身亲践
"舍身"之行，数次"舍身"同泰寺，则是有意用国家力量把"舍身"
行为理性化、制度化，庶几令"舍身"这一寄托了佛教价值观的行为参
与国家礼制的建构，从而使佛教意识形态也参与到国家治理中。

第三节　菩萨的成佛之路

本生故事图像在印度和巴基斯坦都有分布，如印度的巴尔胡特佛塔
石壁、桑奇大塔北门栏楯、阿马拉瓦蒂浮雕、马图拉贵霜王朝遗址、阿
旃陀石窟、龙树丘等。据统计，沿塔克拉玛干沙漠以北、天山以南的丝
绸之路北线传入吐鲁番（古高昌）、库车（古龟兹）、塔什干（古疏勒）
等地石窟寺院的本生图像有 64 种。^② 敦煌地区的本生图像涉及 53 个本
生故事，124 幅画。^③ 其中，六牙白象本生、尸毗王本生、忍辱仙人本

---

① "释行明，俗姓鲁，吴郡长洲人也。幼从师于本部，后游方问道。然其耿介轩昂、啸傲自
　放。初历五台峨嵋礼金色银〔色〕二世界菩萨，皆随心应现。由此登天台、陟罗浮、入衡
　岳、游梓潼。属唐季，湘之左右割裂，争寻常而未息，靡有宁岁。于是栖祝融峰下，有终
　焉之志。止七宝台，与玄泰布纳为交契。其性之好恶，泰亦罔抗其轻重焉。尝谓道友曰：
　'吾不愿随僧，崖焚之于木楼；不欲作屈原，葬之于鱼腹。终誓投躯，学萨埵太子，超多
　劫而成圣果。可不务乎？'屡屡言之，都不之信。忽于林薄间委身虓虎前，争竞食之，须
　臾肉尽。时泰公收其残骼，焚之而获舍利。乃撷华酌水，为文祭之。辞中明其勇猛能捐内
　财，破悭法成檀度，未舍已舍当舍三轮顿空，取大果若俯拾芥焉。"（宋）赞宁等撰《宋高
　僧传》，《大正藏》第 50 册，第 857 页。

② 樊锦诗、刘玉权主编《中国敦煌学百年文库·考古卷》，甘肃文化出版社，1999，第
　323 页。

③ 李永宁主编《敦煌石窟全集·本生因缘故事画卷》，上海人民出版社，2001，第 6 页。

生、须大拿太子本生是菩萨累劫多生的成佛之路上具有特定意义的修行事迹，从叙事的角度来看，这几个故事支撑了说法所必需的逻辑形式，是菩萨修行路上的里程碑，也是理解大乘佛教菩萨道理论的锁钥。

一　六牙白象本生

汉译佛经中的六牙白象本生见于《六度集经》卷四"象王本生"、《杂宝藏经》卷二"六牙白象缘"、《杂譬喻经》"象王小夫人喻"等，《大庄严经论》《根本说一切有部毗奈耶杂事》中也有提及。

根据《六度集经》，象王有五百随从、两个妻子。有一天，象王摘了一朵莲花送给大妻，引得小妻嫉妒并发毒誓。小妻心生郁结而亡后，转生为美丽且博学的贵族女，被国王聘为夫人，深得国王欢心。一日她对国王说梦见了六牙白象，想要象牙，如果国王不想办法得到，她将死去。国王只好找大臣商量，大臣果然觅得一人进山寻象。按照夫人的旨意，此人先射象王，等象王走近，再换上沙门的衣服，持钵立在事先挖好的大坑中。象王问他何以如此，他如实相告。象王令拔己牙速速离去。等此人走远，象王才忍不住疼痛扑地大呼，最终命绝转生天上。此人向国王夫人献上象牙，国王忽感怖畏，夫人被雷电劈死。释迦佛说："尔时象王者，我身是也。"[①]　这则本生被《六度集经》系于"戒度无极"，和六度修行德目中的"持戒"相关。

巴基斯坦拉合尔博物馆中藏有"六牙白象本生"浮雕，六牙白象的形象也广泛出现在中国境内佛教艺术遗存中，可以说不计其数。最常见的"六牙白象"造型应当是普贤菩萨的坐骑。这个本生故事的重要之处

---

① 　（三国·吴）康僧会译《六度集经》，《大正藏》第3册，第17页。

在于，部派佛教认为，菩萨都是以六牙白象的形象入母胎的。六牙象征六度，意味着菩萨的累劫多生都是在从事六度慈悲事业。虽然菩萨是多维度时空整合而一的生命表达，但菩萨成佛的故事需要设置逻辑起点和目标，菩萨道需要设置里程碑，以吻合娑婆世界众生的直觉经验。六牙白象就是菩萨生命故事的逻辑起点。

二　尸毗王本生

尸毗王本生见于《贤愚经》卷一"梵天请法六事品"、《六度集经》卷一"萨波达王本生"、《菩萨本生鬘论》卷一"尸毗王救鸽命缘起"等。故事大意：释迦牟尼佛前世为尸毗王，有大慈悲。帝释天命将终，不知投靠谁，毗首羯磨天子说，尸毗王志固精进，乐求佛道，可以皈依。其决定对尸毗王进行测试。帝释天化作老鹰，追逐毗首羯磨化的鸽子，鸽子躲到尸毗王腋下。尸毗王要保护鸽子，老鹰说，既然众生平等，你救鸽子，为什么不救我？尸毗王决定割肉贸鸽。老鹰要求割下的肉要和鸽子等重，王令人取秤，一头放鸽，一头放己肉，割尽全身也不及鸽子重量。王举身上秤，帝释恢复原形，叹其慈悲，令其身体恢复如故。

尸毗王本生图像在克孜尔石窟、敦煌石窟、云冈石窟中都有出现，如敦煌第254窟中，不仅有舍身饲虎本生图像，也有尸毗王本生图像。东晋时法显曾到犍陀罗地区的尸毗王本生发生地，《洛阳伽蓝记》记载，北魏明帝年间，宋云、惠生等奉胡灵太后之命西行，专门到犍陀罗地区巡礼尸毗王圣迹。《六度集经》把这一本生置于布施度类下，布施为第一波罗蜜，舍身是"大慈大悲"的必由之路，尸毗王本生和舍身饲虎本生一样，是最能表现佛教慈悲精神的本生故事。

三　忍辱仙人本生

忍辱仙人本生见于《摩诃般若波罗蜜经》《金刚般若波罗蜜经》《大智度论·释初品·尸罗波罗蜜义》《六度集经》《大般涅槃经》等。克孜尔石窟第 38 窟券顶菱形画中有此题材。

佛陀过去生中曾为"忍辱仙人"，在树下打坐时，遇歌利王的妃子们围观、提问。歌利王醒后暴怒，把忍辱仙人节节支解。《金刚般若波罗蜜经》中云："须菩提，如来说'第一波罗蜜'，非'第一波罗蜜'，是名'第一波罗蜜'。须菩提，'忍辱波罗蜜'，如来说非'忍辱波罗蜜'。何以故？须菩提，如我昔为歌利王割截身体，我于尔时，无我相，无人相，无众生相，无寿者相。何以故？我于往昔节节支解时，若有我相、人相、众生相、寿者相，应生瞋恨。"[①]《大般涅槃经》等经中把这个故事说得更为具体。忍辱仙人对歌利王说：若我真无嗔恨心念，身体即恢复如故。言毕成真，其身复原而无有所损。忍辱仙人并誓曰：未来世若成佛，首先度歌利王。故后世释迦佛初转法轮，于鹿野苑最先度化五比丘，其中憍陈如即当年的歌利王。

顾名思义，忍辱仙人是六度中忍辱度修持的典范。六度中的前三度——布施、持戒、忍辱，都直接和自利利他有关，除布施度外，忍辱度和慈悲心增长的关系也很直观。布施偏重于慈心和舍心的修持，忍辱则偏重于慈心和悲心的修持，对治嗔恚心。如果说布施是表诠性质的"平等给予"，是积极利他行，持戒和忍辱即遮诠性质的"平等不害""平等接受"，是消极利他行。不论施或受，都要以持戒来规范，获

---

① （后秦）鸠摩罗什译《金刚般若波罗蜜经》，《大正藏》第 8 册，第 75 页。

得身、语、意的净化。《大智度论》把忍辱分为"生忍"和"法忍"，《瑜伽师地论》把忍辱分为"耐怨害忍"、"安受苦忍"和"谛察法忍"。"生忍"即对一切众生都能忍受；"法忍"即能观察缘起，洞察实相是空，安忍于这个诸法性空的实相。"耐怨害忍"，就是受到他人的埋怨与加害时，不忿怒、不报怨、不怀恶，对加害者唯有宿生亲善之想、随顺唯法之想，无常苦想和摄受想；"安受苦忍"，就是指对于来自自然界的寒热风霜、天灾人祸，以及来自自身的疾病痛苦和心里焦虑、惊恐等能够承受，不怨天尤人，不退失道业；"谛察法忍"，指菩萨能够对不生不灭的诸法实相产生胜解，安住于此，不为戏论和妄尘所动所染。《大智度论》云："菩萨行生忍，得无量福德；行法忍，得无量智慧。福德、智慧二事具足故，得如所愿。"[①] 忍辱是菩萨成佛之路上极为关键的修持。

四　须大拿太子本生

须大拿太子本生见于《太子须大拿经》、《六度集经》卷二"须大拿太子本生"等。

佛昔日生为叶波国王子，名须大拿，有一妻、一子、一女。太子性好施舍，凡有人乞求，无不施与。父王有一白象须檀延，和须大拿太子同一天出生，能于莲花上行走，勇健有力，每战必胜。敌国派八人向太子乞讨大象，太子施舍了大象，国王震怒，放逐太子。太子带领妻、子、女离城入山，一路又布施了马、车、衣服。太子一家至檀特山安居，老丑婆罗门又来乞讨子女，太子将子女施舍给他做奴婢。帝释天看到太子布施到如此程度，决定对他进行最终考验，遂向太子求布施王

---

① 〔印度〕龙树造，（后秦）鸠摩罗什译《大智度论》，《大正藏》第 25 册，第 164 页。

妃，太子也答应了。太子的德行打动了帝释天。婆罗门将孩子出卖，国王救出两个孙辈，并迎回太子和太子妃。敌国深受感动，将大象送还。

在印度，巴尔胡特佛塔石壁、桑奇大塔北门栏楯、阿马拉瓦蒂浮雕、龙树丘、马图拉贵霜王朝遗址、阿旃陀石窟第 17 窟壁画，以及贾马尔—葛利的雕刻残片上均有须大拿太子本生图像。白沙瓦博物馆、印度国家博物馆、大英博物馆、波士顿博物馆、柏林亚洲艺术博物馆和塔克西拉博物馆皆藏有须大拿本生雕刻残片，大英博物馆馆藏贾马尔—葛利雕刻残片保存得最为完好，包括"赠与白象"、"流放施财"、"林中苦修"和"施舍儿女"四个场景。

叶波国即犍陀罗。玄奘在《大唐西域记》中记载："商莫迦菩萨被害东南行二百余里，至跋虏沙城。城北有窣堵波，是苏达拏太子（唐言善牙）以父王大象施婆罗门，蒙谴被摈，顾谢国人，既出郭门，于此告别……跋虏沙城东门外……有窣堵波，无忧王之所建立。昔苏达拏太子摈在弹多落迦山（旧曰坛特山，讹也），婆罗门乞其男女，于此鬻卖。跋虏沙城东北二十余里，至弹多落迦山。岭上有窣堵波，无忧王所建，苏达拏太子于此栖隐。其侧不远有窣堵波，太子于此以男女施婆罗门，婆罗门捶其男女，流血染地，今诸草木犹带绛色。岩间石室，太子及妃习定之处。谷中林树垂条若帷，亦是太子昔所游止。"[①] 须大拿（即苏达拏）本生故事发生在犍陀罗地区，无忧王在须大拿太子本生故事中的四个情节发生地各建了一座塔，供信众环绕纪念。这四个情节和大英博物馆馆藏贾马尔—葛利雕刻残片上的四个场景高度对应。

须大拿本生在所有本生经中地位非常特殊，在上座部教义中，这是菩萨在因地的最后一生。菩萨从"外财"到"内财"完成了所有布施，

---

① （唐）玄奘述《大唐西域记》，《大正藏》第 51 册，第 881 页。

获得了所有般若波罗蜜功德，接下来将被燃灯佛授记，于未来世成佛。燃灯佛授记在佛经中有很多版本，既可以当作佛本生故事，也可以视为佛传故事的开端。授记之前，菩萨没有布施、持戒等六种波罗蜜多；授记之后，菩萨以六牙白象入胎，方有六种波罗蜜多。这一世的释迦佛也是以六牙白象入胎，从摩耶夫人右胁出胎，降生帝王之家，化现为悉达多太子，而后有"四门出行""树下观耕""逾城出走""白马吻别""树下苦行""打败魔军""睹星觉悟""初转法轮""涅槃示寂"等佛传故事。以六牙白象为节点，菩萨的成佛之路呈现为逻辑上的闭环，犹如重重无尽的镜像。以燃灯佛授记为标志，菩萨累劫多生慈悲救济的故事，过渡到佛一生慈悲说法的故事。而所有菩萨本生故事都是佛说，时间来回跳动如光线折射，过去、现在、未来层层无尽彼此含摄。由此，又一个重重叠叠的镜像世界打开了……

第八章

大慈：石窟中的转轮圣王

转轮圣王治国思想得之于大乘佛教慈悲思想和贵霜王朝政治实践的相互结合。由于大乘佛经产生于犍陀罗，随佛经传译最早进入中国文化的大乘思想就包括大乘佛教的转轮圣王治国思想，这就是佛教传入中国的几种传说都和东汉皇帝有关系的原因。转轮圣王治国思想在中土传统的"皇帝即天子""天命所归"的王权观之外提供了另一种政权合法性来源：燃灯佛授记和菩萨道修行功德。帝王和佛是不一不二的关系，在过去世，功德完全相同；在现在世，花开两朵各表一枝，一个是出家成道的转轮圣王，一个是在人间继续行菩萨道的转轮圣王。转轮圣王事业，不过是菩萨把大乘慈悲思想方便地用于治理国家。

　　从五胡十六国的后赵始，转轮圣王治国思想获得胡人政权认同，成为胡人政权实现"君临诸夏"的意识形态工具，华夏中心主义立场的"华夷之辨"观念，不仅仅导出单向度的"以华防夷模式"，更被胡人君王反向诠释成胡人中心主义的"去华模式"。南北朝时期，大乘佛教慈悲思想借助国家力量在中国文化中扎根和生长。即便北魏孝文帝以大决心推进汉化改革，在南北朝各国统治集团中，想把佛教理念运用于国家治理实践的重要人物屡见不鲜，如北朝的北齐文宣帝高洋和南朝的梁武帝萧衍都试图建立佛教化的国家礼制，引入佛教化的道德教化体系。在统一后的隋唐两朝，从隋文帝到武则天，这种企图层见叠出。

积极建构大乘佛教转轮圣王治国思想的统治者往往会有如下特征。其一，倚重某个高僧或神僧，制定相应的国家祭祀之礼，或创立和转轮圣王思想相应的仪式，如从高僧处受菩萨戒，或表演有佛典依据的"布发掩泥"场景；其二，推行"十善法"，鼓励不杀；其三，按照大乘自利利他精神，实行六度，尤其是布施和禅定；其四，投入巨大的财力物力译经、造像、开窟、建塔，把大乘思想落实在物质文化形态上。

自北凉开凿了中国历史上最早的石窟，转轮圣王治国思想在其后的敦煌石窟、云冈石窟、龙门石窟及洛阳周边石窟、响堂山石窟中均有形象化呈现，石窟成为最好的表法载体。南北朝时期石窟中可见"一佛一转轮圣王"造像模式，实乃转轮圣王思想的逻辑延伸。古代造像和传世文献互相印证，管窥石窟建造之时的历史情境成为可能。本章通过两个佛造像案例，梳理大乘佛教思想在北朝流布的"政治路线"：从水泉石窟主尊的"二佛并立"模式，发微胡灵太后的佛教政治理想；从北响堂"高洋三窟"的转轮圣王坐姿，发覆北齐文宣帝的佛教治国方案。

第一节　转轮圣王思想与大乘菩萨道修行实践

转轮圣王治国思想，作为一种意识形态，肇始于贵霜帝国，亦即大乘佛经的产生之地——犍陀罗地区。佛经进入中原并被大规模译成汉语的时间是公元 1 世纪，正好是贵霜帝国建国和巩固阶段，贵霜帝国选择大乘佛教作为主流意识形态，大乘佛教从而有了强烈的政治品格，并获得发展良机，最早的佛像就是在这一时期出现的。"佛教在这里实现了飞跃，从一个局限于印度的地方性宗教，发展成一个世界性的宗教……佛教在贵霜君主和臣民的供养下，在佛教高僧的推动下，发生了根本性的变化，为进入中国奠定了基础。"①

前文已述及，来自贵霜地区月氏国的佛教高僧支娄迦谶最早传译了大乘经典，最早使用"大乘""慈悲"等语词。支娄迦谶译经中存世并基本得到确认的《道行般若经》《般舟三昧经》《伅真陀罗所问如来三昧经》《大萨遮尼乾子所说经》，都是大乘般若类经典，也是佛或者佛的"代言人"以转轮圣王为契机而展开说法的经。经中会铺陈转轮圣王的功德、事迹，当转轮圣王就治理国家事宜提问时，佛、菩萨或王公大臣、长者会趁机进言，阐述如何做一个合格的转轮圣王，如何建构转轮圣王意识形态，如何用佛法教化人民，如何建立人间佛国。可以说，转轮圣王思想和般若思想，都是最早进入中国文化的佛教思想。

"转轮王"，梵文 Cakravartin，音译为"斫迦罗伐辣底曷罗阇"或"遮迦越罗"，中土释为"由轮旋转，应导威伏一切，名转轮王"。② 中国文化中对"王"的定义，最直截了当的莫过于战国时范雎游说秦昭王曰："夫擅国之谓王，能利害之谓王，制杀生之威之谓王。"③ 这里所谓的"王"，乃掌握生杀大权的国家最高统治者。"法轮"作为佛法常驻不灭的隐喻、"转法轮"作为佛说法的隐喻，修饰作为世俗政权最高统治者称谓的"王"。"转轮王"，作为佛经传译带来的汉语新词，其构词方式本身，即暗含了"王即如来、如来即王"的政教合一原则，这条原则为东传后佛教如何处理和中古中国各朝中央政权的关系埋下伏笔。

关于转轮圣王的特征描述可见《长阿含经》卷六《转轮圣王修行经》："乃往过去久远世时，有王名坚固念，刹利水浇头种，为转轮圣王，领四天下。时，王自在以法治化，人中殊特，七宝具足：一者金轮

---

① 孙英刚、何平：《犍陀罗文明史》，第 136 页。

② （南朝·宋）法云编《翻译名义集》，《大正藏》第 54 册，第 1094 页。

③ （汉）司马迁撰《史记》卷七十九《范雎蔡泽列传》，第 2411 页。

宝，二者白象宝，三者绀马宝，四者神珠宝，五者玉女宝，六者居士宝，七者主兵宝。千子具足，勇健雄猛，能伏怨敌，不用兵杖，自然太平。"《修行本起经》对这七宝有详细描述。这些轮宝象征转轮圣王的合法性，有如中国历史中的"命符"或"祥瑞"，必须"具足"才能令转轮圣王出世；或者，反过来说，这七宝是转轮圣王功德的应化，功德具足，七宝显现，因缘具足，转轮圣王出世。

　　除了七宝外，转轮圣王还因功德而具备四种德性：大富、相好、无疾病、寿命长。就"相好"而言，佛有三十二相、八十种好，转轮圣王也有三十二相，如法护等译《施设论》卷一载："如转轮圣王妙色端严，具三十二大丈夫相，一切人众倾渴瞻仰者，应知即同如来应供正等正觉，三十二相清净圆满。一切众生，瞻仰无厌。"[①] 佛的相好庄严是累劫修行所得，转轮圣王和佛不一不二。但《大智度论》中明确指出："菩萨相者，有七事胜转轮圣王相。菩萨相者：一、净好；二、分明；三、不失处；四、具足；五、深入；六、随智慧行，不随世间；七、随远离。转轮圣王相不尔。"[②] 换一种说法，转轮圣王的相好，有七个方面是不如佛的。这七个方面，参照经文，分别是：不净、不分明、有漏、有缺、浅入、随世间、随近事。总之，转轮圣王是世间的王，和佛相比，随时空因缘，有种种不足。

　　那么，转轮圣王与佛之间的种种"同"和种种"异"，又渊源何自？这就进入了大乘佛教的菩萨道修行理论。"菩萨"一词可能最早出现在早期部派佛教时期，即佛陀涅槃以后 100 年左右，特指未成正觉时的佛陀。但这并不意味着佛陀时代没有菩萨理念。所有佛教传统都认

---

① （西晋）法护等译《施设论》,《大正藏》第 26 册，第 516 页。

② 〔印度〕龙树造，（后秦）鸠摩罗什译《大智度论》,《大正藏》第 25 册，第 91 页。

为，无量劫前，善慧童子在燃灯佛前发愿成佛，至最后一生人间成佛，经历了漫长的修学过程，这一过程就是菩萨道。释迦牟尼行菩萨道成佛或"佛菩萨"理念成为大小乘佛教菩萨思想的共同源泉。

小乘和大乘的区别在于，小乘认为最后生只有一个佛，大乘认为有十方三世无数佛。发愿的不同也决定了声闻和菩萨行果的差异，前者"少事少业少希望住"，后者"多事多业多希望住"。菩萨道修行主要通过六度事业完成，大乘行人发菩提心而修行布施、持戒、忍辱、精进、禅定、智慧六种波罗蜜，将在一世又一世轮回中获得生命的不断提升，最后超越轮回而臻至佛境。

佛于过去生行菩萨道的修行事迹即"本生谭"。六度以布施为第一度，"第一"是含有价值考量的排序。"第二"忍辱波罗蜜，通常是为利益他人而安忍于身体受损、生命被夺，亦可视作无畏施、内施，其实也是布施波罗蜜。所以，大乘经中的本生故事，皆把布施、忍辱两种利他行置于菩萨行中极其重要的地位，颂扬菩萨舍身的故事数量居多、品第居上。经中认为，最能体现佛菩萨慈悲精神的，就是"舍身饲虎""割肉贸鸽"等，为了济度其他众生，不惜舍弃"国城、妻子、头目、脑髓"，牺牲自己的生命。

燃灯佛授记善慧童子将来成佛，是所有佛教传统公认的菩萨行的逻辑起点。玄奘译《大般若波罗蜜多经》记载了这个故事："我于往昔燃灯佛时，众华王都四衢道首，见燃灯佛，献五莲华，布发掩泥，闻上妙法，以无所得为方便故，便得不离布施波罗蜜多乃至般若波罗蜜多，不离内空乃至无性自性空，不离四念住乃至八圣道支，不离四静虑、四无量、四无色定，不离一切三摩地门、一切陀罗尼门，不离佛十力、四无所畏、四无碍解、大慈、大悲、大喜、大舍、十八佛不共法，不离诸余无量无数无边佛法。时，燃灯佛即便授我无上正等大菩提记，作是言：'善男子！汝于来世过无数劫，即于此界贤劫之中，当得作佛，号释迦牟尼如来，应正等觉，宣说般若波罗蜜多度无量众。'"① 龙树在《大智度论》中引《持心经》，说得更为明确："我见锭光佛时，得诸法无生忍，初具足六波罗蜜；自尔之前，都无布施、持戒等。"② 也就是说，佛走上成佛之路，开始菩萨行的慈悲事业，标志性事件是"燃灯佛授记"。授记之前，没有布施、持戒等六种波罗蜜；授记之后，经种种道路，成就"大慈、大悲、大喜、大舍、十八佛不共法"等佛的功德。

需要强调的是"见燃灯佛，献五莲华，布发掩泥"。这个故事在《佛说太子瑞应本起经》中有更详细的记载：释迦文佛得定光佛授记后，正要稽首佛足，看到地上潮湿，菩萨立即脱下皮衣想把泥水盖住，但皮衣太小，不足以盖全。菩萨"乃解发布地，令佛蹈而过"。③ 定光佛再一次预言菩萨将勇猛精进度化众生。"献五莲华，布发掩泥"非常具有可视性，成为犍陀罗佛教艺术的重要表现题材，这一题材经古代丝绸之路东传至中国。

《大萨遮尼乾子所说经》卷六，严炽王问大萨遮尼乾子："大师！谁能护此一切众生？谁能护持此器世间？"依照下面的经文可知，这个问题其实就是问：谁是转轮圣王？谁能成为转轮圣王？大萨遮尼乾子说："皆是众生自业果报，及王国主力能护持。"④ 众生以各自业力而成为某一国土的众生，善根满足，不起诸恶，世间未立王法。国王因自身业力果报，而有维护诸善众生和国土安乐的能力，遂成为转轮圣王。转轮圣王是具有"轮宝"等八种宝物和多种神通，弘扬护持佛法，借助佛力治

---

① （唐）玄奘译《大般若波罗蜜多经》，《大正藏》第 7 册，第 146 页。

② 〔印度〕龙树造，（后秦）鸠摩罗什译《大智度论》，《大正藏》第 25 册，第 275 页。

③ （三国·吴）支谦译《佛说太子瑞应本起经》，《大正藏》第 3 册，第 472—473 页。

④ （北魏）菩提流支译《大萨遮尼乾子所说经》，《大正藏》第 9 册，第 329 页。

世的人间帝王。然而转轮圣王这些非凡的神力又是如何修得的呢？转轮圣王和佛的关系当作何解？

　　转轮圣王和佛的关联正系于"布发掩泥"故事中。《佛说太子瑞应本起经》载，定光佛从菩萨头发上走过后，又说，菩萨"奉戒护法，寿终即生第一天上，为四天王。毕天之寿，下生人间，作转轮圣王飞行皇帝——七宝自至，一、金轮宝，二、神珠宝，三、绀马宝朱髦鬣，四、白象宝朱髦尾，五、玉女宝，六、贤鉴宝，七、圣导宝——八万四千岁，寿终即上生第二忉利天上，为天帝释。寿尽又升第七梵天，为梵天王。如是上作天帝，下为圣主，各三十六反，周而复始。及其变化，随时而现，或为圣帝，或作儒林之宗，国师道士，在所现化，不可称记"。① 而我们知道，释迦牟尼佛这一世成佛之前，正是生在转轮圣王之家的太子。太子"四门出行"而悟"生老病死"苦；太子树下观耕、树下思维而悟"六道轮回"苦；太子逾墙出城、出家修道，苦行而未得觉悟；太子于菩提树下入深禅定，获三明六通；太子降魔，最后证得无上正等正觉而成佛。佛住世八十年，说法四十五年，第一次说法是在鹿野苑，说"苦集灭道"四圣谛。这意味着，"布发掩泥"故事中的预言，因为转轮圣王出家修道成佛而成为事实。蕴含丰富的转轮圣王思想的《大萨遮尼乾子所说经》如是说："彼释种子沙门瞿昙，若不舍家出家为道者，当作转轮圣王王四天下，当行法行而为法王。"——释迦牟尼如果不出家，他这一世将是转轮圣王；"而彼王子沙门瞿昙不乐如是世间之乐，舍家出家，勇猛精进，行大苦行"，② 终于在菩提树下觉悟成佛。

　　换句话说，在过去生中，转轮圣王就是成佛路上的菩萨，转轮圣

---

① （三国·吴）支谦译《佛说太子瑞应本起经》，《大正藏》第 3 册，第 472 页。

② （北魏）菩提流支译《大萨遮尼乾子所说经》，《大正藏》第 9 册，第 342 页。

王积累的成佛功德，就是菩萨身的佛积累的功德。关键之处在于，当菩萨行菩萨道、慈悲行，积累了种种功德，转生转轮圣王之家时，作为太子，既可以选择继承王位而成为新一代转轮圣王，也可以选择出家修道最后成佛。从佛的视角来看，成为"转轮圣王"，是佛没有选择的那个"可能性"；而从转轮圣王的视角来看，转轮圣王也可以是佛在人世间的映像，佛以转轮圣王示现，在人间建立佛国净土。佛经中的这条线索，又埋下了中古中国政教关系中从"一佛一转轮圣王"转为"转轮圣王即佛"的草蛇灰线。

在《放光般若经》《伅真陀罗所问如来三昧经》中，转轮圣王译作"遮迦越罗"。无罗叉译《放光般若经》强调了"布施"之于转轮圣王的重要性："是为菩萨摩诃萨行檀波罗蜜教授众生，自行布施，劝助人令布施，见人布施赞叹代其欢喜。菩萨作如是施者，得生四大姓家，得为遮迦越罗，便以四事摄取众生：一者惠施，二者仁爱，三者利人，四者同义。是为四事。"[①] 据古正美研究，贵霜帝国佛教意识形态的模式，就是"一佛一转轮圣王"的"护法"模式：转轮圣王负责财施，佛负责法施。《弥勒下生经》就是贵霜王朝为"护法模式"而创造的一部大乘经典。[②] 在《弥勒下生经》中，弥勒成佛后向转轮圣王蠰佉及其民众说法，王及民众负责供养，共同成就理想的佛国世界。

所有记载转轮圣王的佛教文献，都要解决两个关键问题：转轮圣王的身份如何获得？转轮圣王的神通如何维持？这两个问题是转轮圣王治国意识形态得以成功建构、转轮圣王统治得以有效、人间佛国得以最终实现的关键。依据上述分析，转轮圣王得到过燃灯佛授记，实际是践行

---

① （西晋）无罗叉译《放光般若经》，《大正藏》第 8 册，第 134 页。

② 古正美：《从天王传统到佛王传统——中国中世纪佛教治国意识形态研究》，第 93 页。

菩萨道的菩萨。作为积累了和佛等齐功德的大乘菩萨，转轮圣王要和佛一样传播大乘佛法，要在治理国家的世间法中，贯彻大乘慈悲精神，用慈悲法治理和教化人民。《转轮圣王修行经》《修行本起经》《大萨遮尼乾子所说经》强调执持戒律的重要性；《弥勒下生经》强调转轮圣王不用刀枪而用自身的道德垂范感化人民；《放光般若经》《伅真陀罗所问如来三昧经》《大般若波罗蜜多经》《大智度论》强调教导人民行"十善道"，"复有菩萨摩诃萨安住施戒波罗蜜多，作转轮圣王成就七宝，以法教化不以非法，安立有情于十善道，亦以财宝济诸贫乏"。[①] "十善道"即十种不行之事：不杀生、不偷盗、不淫欲、不妄言、不两舌、不恶口、不绮语、不贪欲、不嗔恚、不愚痴。其中第一条"不杀生"，可以解释佛教传入中国后的许多政治现象，如不止一位南北朝帝王受菩萨戒，某些杀人如麻、嗜杀如命的帝王却要素食，并接连颁布禁止渔猎的诏令等。

总而言之，治国只是菩萨行大乘道的方便，慈悲才是大乘精神的关键。转轮圣王治国，究其本质，就是用大乘佛教慈悲之道治理国家。建立转轮圣王治国意识形态，就是以慈悲为舟楫，践行大乘菩萨道。

第二节 佛教传入对东汉以降政教关系的影响

转轮圣王治国思想是兴起于贵霜的大乘佛教思想在国家治理领域的方便之用，或者说，治国之道，是大乘思想的应有之义。这也许可以解释为什么关于佛教最早传入中国的几种说法都和汉代帝王有关：汉明帝

---

① （唐）玄奘译《大般若波罗蜜多经》，《大正藏》第7册，第20页。

夜梦金人而遣使求法；楚王英"诵黄老之微言，尚浮图之仁祠"①，涉嫌逆反而被明帝黜废乃至自杀；汉桓帝"设华盖以祠浮屠老子"②，在宫中同时祭祀老子和佛陀。有学者认为，汉末佛教传入时，中国思想和宗教正在经历从"敬天"向"崇道"的转化。汉桓帝祭祀帝王师形象的老子、浮屠，目的是用他们的"清虚无为之道"稳固自己的统治。汉末"天"的地位下降，与大一统分崩离析有关，也和佛教带来关于"天"的新概念有关。"天"只是六道中的一道，并无至高无上的地位。"敬天"转变为"崇道"，佛陀、老子代表的佛道教，才有机会和儒教一起成为帝王师，辅佐帝王实行教化。③ 古正美认为，正是由于汉桓帝想从佛教思想中汲取资源以建立一套佛教意识形态，安世高僧团才得以译出最早的一批佛经。一般以为安世高译的是小乘经典，事实上，小乘禅经正是了解大乘的基础，安世高译的是大小乘共法。④

　　关于佛教和政治的关系，东晋庐山僧团领袖道安有一句名言："今遭凶年，不依国主，则法事难立。"⑤ 这是站在僧团的视角而言。从帝王的角度，因最早传入中国的是大乘佛教思想，大乘佛教思想中本来就有治国理政的思想资源，很容易被帝王利用。大乘佛教借助国家力量扎根和风行，恰恰是贵霜传统在中国的延续。

　　然而，佛教被帝王采纳以教化辅政，甚或作为主流意识形态的信仰依据，都将遇到一个严峻的壁垒：华夷之辨。内典和外典都有记载，佛是"戎神""胡神""外国之神"，从西域沿陆上丝绸之路传入的佛教

---

① （南朝·梁）慧皎撰《高僧传》，《大正藏》第50册，第345页。

② （清）陈梦雷原辑，蒋廷锡重辑《古今图书集成》博物汇编神异典第59卷《释教部汇考》，《万续藏》第88册，第463页。

③ 张雪松：《唐前中国佛教史论稿》，中国财富出版社，2013，第58—61页。

④ 古正美：《从天王传统到佛王传统——中国中世纪佛教治国意识形态研究》，第54页。

⑤ （南朝·梁）慧皎撰《高僧传》，《大正藏》第50册，第351页。

是"胡教"。祭祀是在南郊还是西郊、是否准许汉人出家、辞亲出家是否大不孝、沙门不拜国主是否不忠、"道先佛后"还是"佛先道后"等争论，都是以"华夷之辨"为坐标的。《弘明集》和《广弘明集》中有大量记载。但"华夷之辨"的本质是汉族统治集团以汉族为中心固守华夏文化正朔、防止政权的合法性被外来文化攻破，是一种"攻防模式"。十六国时期，"五胡乱华"，以异族政权的视角来看，则佛教正好成全其作为"胡人"的宗教和文化认同，佛陀作为"戎神"正好助其"君临诸夏"。

最著名的一段争论发生在十六国时期的后赵，中书著作郎王度，作为入仕羯胡政权的汉族士大夫，向刚掌握王权的石虎奏议：

> 夫王者郊祀天地，祭奉百神，载在祀典，礼有尝飨。佛出西域，外国之神，功不施民，非天子诸华所应祠奉。往汉明感梦初传其道，唯听西域人得立寺都邑以奉其神，其汉人皆不得出家。魏承汉制，亦修前轨，今大赵受命，率由旧章。华戎制异，人神流别，外不同内，飨祭殊礼，荒夏服祀，不宜杂错。国家可断赵人悉不听诣寺烧香礼拜，以遵典礼。其百辟卿士，下逮众隶，例皆禁之。其有犯者，与淫祀同罪。其赵人为沙门者，还从四民之服。[1]

伪中书令王波的奏议和王度相同，内容涉及国家祭典、旧制因袭、民间祭祀、服装规制、内外之别等，"华戎"界限泾渭分明。其中特别值得注意的是"天子诸华"和"大赵受命"两句，显然王度以为，即便国主和国民不是汉人，这个天下依然是华夏的天下，这个政权的血统依然

---

[1]　（南朝·梁）慧皎撰《高僧传》，《大正藏》第50册，第383页。

是华夏无疑，外族人也是受天命的天子，其政权的合法性和汉、魏一样来自天命。

这显然完全不是石虎所乐听。后赵的第一代皇帝是石勒，石勒以神僧佛图澄为国师，短暂以"天王"之名行皇帝事，后称帝。石勒死后，其子石弘即位，很快被石虎所废。石虎迁都邺，对佛图澄礼敬有加。石虎亦谋划做"天王"而不是华夏传统的"皇帝"。王度的上书，目的也是力阻天王制度的实行。石虎如是回应：

> 朕生自边壤，忝当期运，君临诸夏。至于缮祀，应兼从本俗。佛是戎神，正所应奉。夫制由上行，永世作则。苟事无亏，何拘前代。其夷赵百蛮，有舍其淫祀，乐事佛者，悉听为道。①

他自称"君临华夏"，而不是"天子诸华"，更不是"天子受命"。佛教也不是王度所谓"与淫祀同罪"，而是用以替代"淫祀"的国家宗教。而且，石勒并不避讳自己来自相对于"中国"的"边地"，理直气壮地说，边地有边地的礼俗，它们也应该获得尊重和遵从。可以看出，石虎也在刻意强调"华夷之辨"，不过是站在"夷本位"，声张"夷"的强势和主导地位。

文献记载，石虎在佛图澄的辅佐下，以"九龙灌顶"的仪式，在邺都登坛受天王位。"九龙灌顶"是庆祝释迦牟尼佛出生的仪式，再现这一仪式，意味着与佛同构的转轮圣王的诞生。石虎不做"皇帝"而做"天王"，最大的意图就是确立其权力合法性的来源——不是来自诸夏传统的"天命"，而是来自累世行菩萨道所积累的"功德"。转轮圣王不是

---

① （南朝·梁）慧皎撰《高僧传》，《大正藏》第 50 册，第 383 页。

上天选择的，是自身的善业导致的善报。

石虎这一举动意义重大，在中国历史上第一次颠覆了华夏传统的"君权神授"这一至高无上的政治原则，第一次以"夷"为中心强调了"华夷之辨"，第一次为非华夏传统的政权开出新的道统和政统，第一次从国家高度建立佛教意识形态，佛教传入中土后，第一次有机会重现贵霜王朝的传统，秉承转轮圣王治国的大乘理想。

据古正美研究，实行天王制的少数民族政权还有吕光建立的"后凉"和姚苌建立的"后秦"，这两个政权都和鸠摩罗什的辅佐有关。佛图澄和鸠摩罗什都来自龟兹，古正美认为，"天王制"传统来自西域的龟兹国。天王传统在中国延续了很长时间，隋文帝、唐高宗都有做"天皇"的记录，只是一些帝王并未以天王代皇帝，而是奉行天王和帝王的双轨制。"佛教的传播，不是靠来往中国与中亚或印度之间的商人或旅行者即能做到的事；佛教的传播，如果没有政治因素使然，其在中国是不能形成气候，甚至生根。"[1]

总之，正如孙英刚、何平所云，经西域传入的佛教和印度本土佛教相比已有很大不同。犍陀罗地区尤其是贵霜王朝的大乘思想深植于大乘佛经，通过佛经翻译而进入中国文化。[2] 把大乘思想用于治国之术的转轮圣王思想，不仅为以维护华夏道统和政统为天职的汉族政权提供了思想资源和教化手段，更为同出于西域的北方少数民族政权提供了国族认同和文化认同的依据，他们打破"华夷之辨"中默认的"华为主方，夷为客方"的攻防模式，尝试以"夷"为主而声张"华夷之辨"，实现"君临诸夏"的野心，建立以大乘佛教为根柢的意识形态，重新定义权

---

[1] 古正美：《从天王传统到佛王传统——中国中世纪佛教治国意识形态研究》，第98页。

[2] 孙英刚、何平：《犍陀罗文明史》，第147页。

力合法性的来源。从大乘佛教本位的角度来看，这一切只不过是弘法的方便和佛陀的慈悲化现。

第三节　从北凉到北魏：石窟中的"一佛一转轮圣王"

汉亡以后，佛教何以流行于魏晋，汤用彤总结了四方面的原因："自汉通西域，佛教入华以来，其始持精灵报应之说，行斋戒祠祀之方，依傍方术之势，以渐深入民间……然佛教之传播民间，报应而外，必亦借方术以推进，此大法之所以兴起于魏晋，原因一也"；"西晋天下骚动，士人承汉末谈论之风，三国旷达之习，何晏、王弼之《老》《庄》，阮籍、嵇康之荒放，均为世所乐尚。约言析理，发明奇趣，此释氏智慧之所以能弘也。祖尚浮虚，佯狂遁世，此僧徒出家之所以日众也……此则佛法之兴得助于魏晋之清谈，原因二也"；"汉魏之后，西北戎狄杂居。西晋倾覆，胡人统治。外来之勤益以风行，原因三也"；"盖安法师于传教译经，于发明教理，于厘定佛规，于保存经典，均有甚大之功绩。而其译经之规模，及人才之培养，为后来罗什作预备，则事尤重要。是则晋时佛教之兴盛，奠定基础，实由道安，原因四也"。[①]

十六国是由"五胡"在中原北方建立的政权，你方唱罢我登场。除了后赵，十六国中最值得一提的是北凉。按照古正美的研究，北魏道武帝拓跋珪在平城称帝时，北凉政权正在都城姑臧，以昙无谶为"总设计师"，设计"以佛治国"方案，推进以大乘佛教转轮圣王政治思想治理国家、教化人民。史籍有记载的最早提出"天子即佛""王即如来"的

---

①　汤用彤：《汉魏两晋南北朝佛教史》，第153—155页。

人，就是道武帝时的沙门法果。[1] 太武帝拓跋焘消灭北凉统一北方之前，曾数次向北凉国主沮渠蒙逊讨要昙无谶，甚至派大臣去索取，未果。昙无谶以西行取经为由向沮渠蒙逊请辞，遭杀身之祸。沮渠蒙逊不久亦崩，其子沮渠牧犍在位时，北凉被北魏所灭。

北凉的重要之处在于以国家力量开凿了中国历史上最早的石窟——武威天梯山石窟，留存至今。宿白因此总结出石窟艺术的"凉州模式"。北凉工匠，一部分前往敦煌——敦煌莫高窟中年代最早的第275窟就是北凉石窟；一部分被北魏胜利者迁至平城。北魏太武帝拓跋焘也是中国历史上第一次大规模灭佛的皇帝，所谓"三武一宗"的其中一"武"就是指太武帝拓跋焘。灭佛原因很复杂，比较重要的因素是太子拓跋晃佞佛，想利用北凉僧人集团建立佛教政治模式，这遭到了拓跋焘依赖的国师崔浩的抵制。作为儒生，崔浩一直推进北魏儒家典章制度的建设，为了排佛，甚至搬出道士寇谦之，怂恿太武帝在儒家皇帝之外再加一个道教名号，做道教皇帝。灭佛事件发生后，平城的北凉僧人四散隐匿。继太武帝之位的是其孙文成帝拓跋濬而非太子拓跋晃。文成帝很快宣布恢复佛教，任命凉州僧人师贤为"道人统"，并命他在平城郊外建造佛像。因转轮圣王和佛有同样的"相好"，文成帝"诏有司为石像，令如帝身。既成，颜上足下，各有黑石，冥同帝体上下黑子"。[2] 师贤故去，昙曜继任，受命在平城武周山开凿巨型石窟。最早开出的就是云冈石窟的"昙曜五窟"。开窟的匠人，应该也是来自凉州。

关于"昙曜五窟"如何继承犍陀罗造像传统，为源自贵霜王朝的

---

① "法果每言太祖明睿好道，即是当今如来，沙门宜应尽礼，遂常致拜。谓人曰：'能鸿道者人主也，我非拜天子，乃是礼佛耳。'"（北齐）魏收撰《魏书》，中华书局，1974，第3031页。

② （北齐）魏收撰《魏书》，第3036页。

转轮圣王治国思想表法，古正美在《贵霜佛教政治传统与大乘佛教》一书中有详细分析，阿城在此书基础上配以高清图片，出版了讲稿性质的《昙曜五窟：文明的造型探源》。这种犍陀罗造像传统来自北凉，北凉的思想资源由昙无谶、昙曜等僧人输送过来。昙无谶是龟兹和尚，昙曜出生地不明，可能来自龟兹，也可能来自罽宾。

上述研究指出，犍陀罗艺术表达转轮圣王治国思想的模式就是"一佛一转轮圣王"的"护法模式"，转轮圣王负责财施，佛负责法施。依据的经典主要是《悲华经》和《弥勒下生经》。如《弥勒下生经》中，弥勒佛下生到转轮圣王蠰佉的国度为之说法，转轮圣王和民众供养弥勒佛。[1]"一佛一转轮圣王"作为大乘思想的表法符号，其信仰诉求和学理依据，正是本章在第一、二节所讨论的。

文成帝之后，献文帝 12 岁登基、18 岁禅位给孝文帝拓跋宏。孝文帝在掌握实权的文明太后死后，骤然加大了改革步伐，推进从礼教到文治的全面汉化，尤其是国家祭祀仪式的汉化。公元 495 年，孝文帝从平城迁都洛阳，加强鲜卑贵族和汉人士族的联合统治，改鲜卑姓为汉姓，改鲜卑风俗、语言、服饰为汉制，鼓励鲜卑人和汉人通婚，参照南朝典章制度，制定官制朝仪。北魏的平城时代结束，云冈石窟强健饱满、宽肩窄腰、薄衣贴肉的犍陀罗造像风格，逐渐过渡为北魏龙门石窟和洛阳周边石窟的南朝士大夫造像风格：褒衣博带，瘦削内敛，面带神秘微笑。

河南偃师水泉石窟是洛阳周边的小石窟，距龙门石窟 23 千米，目前仅存洞窟一座。洞窟后壁凿出并列的立佛二尊，北侧立佛似作说法印，跣足立于仰莲座上。因后壁中央有一个自然溶洞，南侧立佛腹部

---

① 　古正美：《从天王传统到佛王传统——中国中世纪佛教治国意识形态研究》，第 116 页。

以上已经全部毁去，但不妨碍对洞窟主尊造像格局的判断——"二佛并立"。

由于北魏时期法华信仰的流行，云冈石窟中有大量"二佛并坐"像，乃取自《法华经》中释迦佛分半座于多宝佛的典故。水泉石窟南北两壁也有许多"二佛并坐"小龛像。但"二佛并立"的主尊安排模式，笔者在中国境内只发现三例，一例为 20 世纪上半叶藏于山东临淄龙泉寺、几经坎坷落户于青岛博物馆的两尊并立丈八佛，一例为陕西彬县大佛寺 Q27 圆拱龛内立于并蒂莲座之上的两尊佛像，一例就是水泉石窟作为主尊的并立两佛。关于水泉石窟开凿年代，因文献缺失，一直没有定论。温玉成的结论是开凿于孝文帝迁都洛阳之后的太和十几年，完工于景明、正始间；[1] 贺玉萍考订了窟外右侧摩崖碑记，把能够辨认的字数增加到 537 个，并对通行的错讹进行了校正。她的结论是开凿于孝武帝至孝明帝期间，具体为熙平二年（517）。[2]

如果把"二佛并立"置于"一佛一转轮圣王"的思想史线索下，则水泉石窟主尊开凿和孝明帝有关是说得通的，和孝武帝有关则显牵强，因为孝武帝推行汉化改革，应该不会鼓励这种表征佛教政治模式的造像方式。"熙平"是孝明帝的年号，孝明帝 515 年登基时年仅 7 岁，同年"己亥，尊胡充华为皇太妃……丙子，尊皇太妃为皇太后……九月乙巳，皇太后亲览万机"。[3] 孝明帝朝实际执政者是灵太后胡氏，又称"胡灵太后"。

《魏书·皇后列传》载，胡灵太后"临朝听政，犹称殿下，下令行事。后改令称诏，群臣上书曰陛下，自称曰朕"。[4] 元魏汉化有年，胡

---

① 　温玉成：《洛阳市偃师县水泉石窟调查》，《文物》1990 年第 3 期，第 73 页。

② 　贺玉萍：《北魏洛阳石窟文化研究》，河南大学出版社，2010，第 61 页。

③ 　（北齐）魏收撰《魏书》，第 221—222 页。

④ 　（北齐）魏收撰《魏书》，第 337—338 页。

灵太后虽然没有如后代武则天那样称帝，然就行事而言却是无名有实。元魏汉化多年，这种挑战"三纲五常""男尊女卑""内外有别"的儒家宗法秩序的行为，必将面临对其合法性的质疑。同时，胡灵太后出生于一个佛教家庭，父亲"雅敬佛法"，从姑为比丘尼，胡灵太后"幼相依托，略得佛经大义"。[①] 在孝武帝平城时代，同样摄政的文明太后就留下了转轮圣王治国的草蛇灰线。从历史中汲取资源，建立大乘佛教转轮圣王治国理念，复制平城时代"一佛一转轮圣王"造像模式，对胡灵太后而言，是顺理成章的选择。

史籍中没有留下胡灵太后造像的记录，但她在统揽大权的熙平元年即开始建造洛阳城永宁佛寺以及著名的永宁寺塔。从《洛阳伽蓝记》记载的多个细节看，永宁寺塔很可能模仿了贵霜王朝迦腻色伽王建造的位于犍陀罗国都城的雀离浮图，而"雀离"（Cakra）就是"轮宝"的意思。永宁寺塔是胡灵太后作为"转轮圣王大塔"来建造的，与造像一样具有纪念意义和象征意义。

《洛阳伽蓝记》评价雀离浮图乃"西域浮图最为第一"，其中所引5世纪中叶的《道荣传》已将雀离浮图的尺寸做了说明。模仿雀离浮图的永宁寺塔是"九级佛图"，胡灵太后又在京师以外的各州造"五级佛图"。《魏书·任城王列传》载："灵太后锐于缮兴，在京师则起永宁、太上公等佛寺，功费不少，外州各造五级佛图。又数为一切斋会，施物动至万计。"[②]

胡灵太后倚重和发展佛教的另一个重要事迹，就是派遣宋云和惠生到西域取经，"凡得一百七十部，皆是大乘妙典"。[③] 据《洛阳伽蓝

---

① （北齐）魏收撰《魏书》，第1834页。

② （北齐）魏收撰《魏书》，第480页。

③ （魏）杨衒之撰，周祖谟校释《洛阳伽蓝记校释》，中华书局，2010，第168—169页。

记》，这些经典大多是大乘瑜伽行派学说。瑜伽行派重大乘禅法，胡灵太后根据这些经典，就势下令倡导禅法。《洛阳伽蓝记》之"崇真寺"一节，以很大篇幅讲述了北方重禅法轻义门。崇真寺比丘慧嶷死七日后复活，回忆阎罗王审判情景：坐禅苦行僧智胜、诵经僧道品皆升天堂，专讲《大般涅槃经》《华严经》并领众千人的昙谟最、造作经像的道弘和造寺弃官出家的宝真却被送进黑门治罪。阎罗王说："讲经者心怀彼我，以骄凌物，比丘中第一粗行。今唯试坐禅、诵经，不问讲经。"胡灵太后遣人证实五人为实有后，以为灵异，"即请坐禅僧一百人常在内殿供养之"，又"诏不听持经像沿路乞索"，"自此以后，京邑比丘皆事禅诵"。[①] 习禅风气经胡灵太后作为国家层面的政策予以鼓励后，北方禅僧大量增加。余风所披，北魏末年少林寺神僧达摩被后世禅宗认定为初祖，神僧僧稠被北齐文宣帝拜为帝王师，文宣帝从其受菩萨戒。

胡灵太后还在熙平二年请高僧灵辨法师到洛阳宫中，辗转各殿讲演《华严经》和《大品般若经》。这两部经，前者可作大乘菩萨道修行的操作手册，后者可谓大乘菩萨道理论总纲和方法指南。按照菩萨道修行"十善法"之"戒杀第一"，胡灵太后掌权后的熙平元年，曾"重申杀牛之禁"。[②]

《魏书》中载，臣下多称孝明帝和胡灵太后为"二帝"或"二圣"。偃师水泉石窟主尊"二佛并立"布局，既可以解释为"如来即王、王即如来"——只不过彼时有两个皇帝并存，也可以解释为"一佛一转轮圣王"——以因应胡灵太后想确立转轮圣王意识形态、重新定义执政合法性的企图；或以为太武帝的"汉化"改革，到北齐文宣帝时，发生了严

---

① （魏）杨衒之撰，周祖谟校释《洛阳伽蓝记校释》，第 59—62 页。

② （北齐）魏收撰《魏书》，第 224 页。

重"倒退"，文宣帝高洋虽然是汉人，在文化上却认同鲜卑，其建立的政权被后世称作"鲜卑化汉族政权"。"倒退"乃相对于"进步"而言，未免染上"汉族中心主义"和历史进步论的偏见。从长期被忽视的水泉石窟主尊布局着手，考察胡灵太后如何恢复历史上一直存在的大乘佛教转轮圣王治国传统，消解女性掌握国家权力的合法性焦虑，我们可以看到，北齐文宣帝的所谓"鲜卑化"不是偶然，也算不上倒退，只不过是转轮圣王治国传统中的一环而已。从大乘佛教传播的视角来看，他们在践行菩萨道；从中国佛教文化建立和发展的视角来看，大乘佛教通过王权而在中国逐渐确立。

第四节　为慈悲表法：北响堂"高洋三窟"中的转轮圣王形象

534 年至 535 年，权臣高欢携魏孝静帝迁都于邺，是为东魏。东魏乃从北魏分出的割据政权，洛阳僧尼大多随迁到邺，臣民愿意施舍宅地建立寺院，出家风气兴盛。550 年，高洋逼迫孝静帝禅让，建北齐，在位十年（550—559 年），年号天保。相对于东魏，北齐的佛教有"中兴"之誉，"属高齐之盛，佛教中兴。都下大寺略计四千，见住僧尼仅将八万，讲席相距二百有余，在众常听出过一万。故寓（宇）内英杰咸归厥邦"。[①] 文宣帝高洋曾下诏："今以国储分为三分，谓供国、自用及以三宝。"[②] 三分之一的国家财政用于发展佛教，此举可谓空前绝后。北

---

① （唐）道宣撰《续高僧传》，《大正藏》第 50 册，第 501 页。

② （唐）道宣撰《续高僧传》，《大正藏》第 50 册，第 553 页。

齐的僧尼人数一度达到全国人口的十分之一，正史以为，北周和北齐交战，齐败亡，国遂不存的原因，就是"以佛治国"："齐跨山东，周据关右，周则多除佛法而修缮兵威，齐则广置僧徒而依凭佛力。及至交战，齐氏灭亡，国既不存，寺复何有？修福之报，何其蔑如！"①

响堂山石窟包括北响堂、南响堂与小响堂（又名水浴寺），位于河北省邯郸市峰峰矿区之鼓山，近东魏、北齐国都邺城（今河北临漳），并在邺城和山西太原晋阳宫的交通要道上。由隋刻《滏山石窟之碑》可知，南响堂始凿于天统元年（565），由北齐后主佞臣、鲜卑贵族高阿那肱出资所凿；水浴寺石窟为北齐武平年间所凿；北响堂石窟开凿年代缺乏确切文献，有学者以为其始凿于东魏，完成于北齐文宣帝时期，有学者以为其乃文宣帝在位时期所凿。无论如何，北齐文宣帝高洋和北响堂石窟有甚深因缘和莫大关联。

本章之前讨论了"布发掩泥"这个特殊的本生故事对建构转轮圣王意识形态的特殊意义：转轮圣王的合法性源于燃灯佛授记和过去生积累的"布施"等功德，转轮圣王即佛，佛即转轮圣王，佛和转轮圣王在今世的故事只不过是"花开两朵，各表一枝"。由此可以理解，"布发掩泥"何以被北朝统治者设计利用而成为一种特殊仪式。

《续高僧传》载，北齐文宣帝高洋经常把头发铺在地上，让高僧法上在他的发头上踩过："文宣常布发于地令上践焉。"② 又载，隋大业年间，高昌王麴氏对曾任陈朝广陵大僧正的慧乘施行了"布发掩泥"的仪式："释慧乘……陈任广陵大僧正……大业六年，有敕郡别简三大德入东都，于四方馆仁王行道，别敕乘为大讲主。三日三夜兴诸论道，皆为折畅靡不冷然。从驾张掖，蕃王毕至。奉敕为高昌王麴氏讲金光明，吐言

---

① （后晋）刘昫等撰《旧唐书》，第3027页。

② （唐）道宣撰《续高僧传》，《大正藏》第50册，第485页。

清奇闻者叹咽。麹布发于地。屈乘践焉。"[①]　在这个仪式中，高昌王显然把慧乘当成燃灯佛，把自己当成获得授记的菩萨。燃灯佛授记的艺术主题在南北朝时期已经广为流传，云冈石窟就达十余幅。云冈石窟第18窟主尊很可能就是燃灯佛。"布发掩泥"这个因地的菩萨行完成后，菩萨最终将获得转生为"转轮圣王"的果报。而转轮圣王虽然是不可思议大果报，但要真正成佛，还要继续不忘大乘济度本愿，行六度菩萨行。高洋的一切和佛教有关的行为，都可以置于这个框架中而得到合理的解释。

　　《续高僧传》的作者道宣，记载了高洋对法上行"布发掩泥"仪式后，接着写道："天保二年又下诏曰：仰惟慈明，缉宁四海，欲报之德，正觉是凭。诸鸷鸟伤生之类，宜放于山林。即以此地为太皇太后经营宝塔。废鹰师曹为报德寺。"[②]　四海安宁，乃承佛恩。为报佛恩，皇上下诏放生、造塔、建寺。"即以此地为太皇太后经营宝塔"的"此地"，不知何地，也许和北响堂的三座塔形窟有渊源。同年（551），高洋还下诏让当时最有势力的僧团领袖僧稠到邺，僧稠为他讲法，"说三界本空，国土亦尔，荣华世相不可常保"。[③]　高洋听后，毛竖汗流，马上要求僧稠教"四念处"禅观，学了没多久，就证得"深禅定"。"四念处"禅观，即"观身不净，观受是苦，观心无常，观法无我"，从观察思维人的直觉和经验入手，体认缘起法的空性，以放下对世间荣华的执着，放下对世间苦难的焦灼。高洋得禅悦后，即从僧稠处受菩萨戒，放生、素食、断肉。"月六年，三敕民斋戒，官园私菜荤辛悉除。"[④]　在六年间三次下

----

① （唐）道宣撰《续高僧传》，《大正藏》第50册，第633页。
② （唐）道宣撰《续高僧传》，《大正藏》第50册，第485页。
③ （唐）道宣撰《续高僧传》，《大正藏》第50册，第553页。
④ （唐）道宣撰《续高僧传》，《大正藏》第50册，第553页。

诏戒杀断荤辛，这是高洋企图以大乘佛教的慈悲思想治国的表现，按照大乘佛教慈悲理念，只有去除内心杀意，才能获得永久和平。断肉意味着断除对众生的杀害之心，"不害"，就是对众生行无畏施。这是高洋以转轮圣王的十善业法教化治理人民。

天保三年，高洋"下敕于邺城西南八十里龙山之阳，为构精舍，名云门寺。请以居之，兼为石窟大寺主"。^① 石窟大寺可能就是今天响堂山的常乐寺。常乐寺存石碑《重修三世佛殿记》曰："文宣常自邺都诣晋阳，往来山下，故起离宫，以备巡幸。于此山腹，见数百圣僧行道，遂开三石室，刻诸尊像，因建此寺。"^② "三石室"为高洋所建，就是今尚存的北响堂"高洋三石室"——大佛洞、释迦洞和刻经洞。

北响堂石窟有大小洞窟九座，其中比较大的就是这三座石室。三室皆为覆钵塔形制。大佛洞内部为中心方柱式塔庙窟格局，中心方柱三面开龛，三龛皆为一佛二菩萨。正面龛佛结跏趺坐，手印毁损；左右两壁之龛，主尊佛皆为转轮圣王坐姿。释迦洞也是中心方柱式，但只有正壁开龛，龛内为一佛二弟子二菩萨组合，佛手施无畏与愿印。刻经洞，照其覆钵塔形制，应和上层的双佛洞为一整体。双佛洞主尊为释迦多宝二佛并坐像，刻经洞分内外两室，内室三壁三龛，皆为一佛二弟子四菩萨七尊像组合，龛楣等处共有若干尊小佛，象征千佛。

大佛洞和释迦洞无刻经。刻经洞是北响堂唯一有刻经的洞窟，窟内前壁刻有《无量义经·德行品》赞佛偈文，窟外前廊有《维摩诘所说经》，右壁有《胜鬘经》和《佛说孛经抄》，前廊左外壁有《往生论偈》，覆钵左侧有"弥勒佛""狮子佛""明炎佛"等佛名，有十二部经名，右

---

① （唐）道宣撰《续高僧传》，《大正藏》第 50 册，第 553 页。

② 陈传席主编《中国佛教美术全集·雕塑卷·响堂山石窟》（上），天津人民美术出版社，2014，第 8 页。

侧有大圣十号。洞外摩崖有《唐邕写经记》碑，详细刊载晋昌郡开国公唐邕刻经缘由、内容、时间。如关于刻经缘起，碑文曰："眷言法宝是所归依，以为缣缃有坏，简册非久，金牒难求，皮纸易灭。于是发七处之印，开七宝之涵，访莲华之书，命银钩之迹，一音所说，尽勒名山。"关于刻经内容，碑文曰："《维摩诘经》一部，《胜鬘经》一部，《孛经》一部，《弥勒成佛经》一部"，和前述刻经位置对应。碑文中还有"我大齐之君……家传天帝之尊，世祚轮王之贵"等颂词。①

　　鉴于北响堂三石窟皆为塔形窟，刘东光以为，塔形窟具有陵葬意义，是高洋以佛教转轮圣王的身份，而非世俗帝王身份为父兄及自己起的灵庙。《长阿含经》中说有四种人可以起塔，分别是佛、辟支、声闻、转轮圣王，北响堂石窟系高洋以转轮圣王身份所营造，是高洋转轮圣王身份的象征。刘文中提到，转轮圣王有"君权神授"的性质。② 此种说法有欠妥当。本章在之前已经分析了转轮圣王的身份并非家族传承，也非上天授予，而是一种特殊的果报。转轮圣王未臻佛位，但是世间法中的最高统治者。转轮圣王的使命并不是以上压下，而是像父母那样维护人民的安宁。轮宝作为转轮上的信物，系于转轮圣王是否行十善道，持守五戒。"只要他遵循善法，做贤明之君，轮宝就可能重新显现……如果他不能持守正义，就会给臣民带来灾难；背离善法，便意味着背弃最高道德原则，意味着国家的毁灭。"③ 总而言之，无论是向下一路的治理人民，还是向上一路的成就佛道，转轮圣王都要行大乘菩萨道，成就

---

①　峰峰矿区文物保管所、芝加哥大学东亚艺术中心：《北响堂石窟刻经洞——南区1、2、3号窟考古报告》，文物出版社，2013，第48—49页。

②　刘东光：《试论北响堂石窟的凿建年代及性质》，《世界宗教研究》1997年第4期，第67页。

③　孙英刚：《转轮王与皇帝：佛教对中古君主概念的影响》，《社会科学战线》2013年第11期，第79页。

悲智双运的大乘理想。

北响堂大佛洞中心柱左右壁龛菩萨的转轮圣王坐姿,最能为大乘佛教悲智思想表法,直观地呈现了北齐文宣帝高洋转轮圣王的自我定位和以转轮圣王思想慈悲治世的政治理想。《中国佛教美术全集·雕塑卷·响堂山石窟》描述道:"主尊身着通肩式袈裟,左舒相坐于圆形须弥莲座上,右手施无畏印,左手施与愿印。造像大气磅礴,流露出皇家风范。"① 对照相关佛经,这两龛主尊,应该是转轮圣王菩萨像,其坐姿是"转轮王坐"。

"转轮王坐"有"转法轮"之意,大抵右腿膝盖弯曲,左腿做半结跏趺坐,身体重量倾向左端。关于"转轮王坐",黄现璠先生有很恰切的论述。

《施饿鬼甘露味大陀罗尼经》有"半跏坐,如转轮王坐法"之句。似乎轮王坐(即转轮王坐)与半跏趺坐相同,其实不然。轮王坐,名轮王跏或轮跏,与全跏趺坐(即前之结跏趺坐)、半跏趺坐,为诸佛之三种坐法。观自在菩萨如意轮瑜伽云:"礼,诸佛已全跏半跏或轮王跏,随意而座。"

《金刚顶经一字顶轮王瑜伽一切时处念诵成佛仪轨》亦有"即结跏趺坐,全半或轮跏"之句,足为半跏自半跏,轮跏自轮跏,绝不相同之证。轮跏之坐法与意义,同书于"全半或轮跏"句下续云:"皆以右押左,端身定支节,左手仰跏上,仰右手安左,即发大悲心,拔济利安乐,尽无余有情,以此性成就。"

前引《施饿鬼甘露味大陀罗尼经》关于此坐形状,亦有简单之

---

① 陈传席主编《中国佛教美术全集·雕塑卷·响堂山石窟》(下),第173页。

记载: "先以右手如托颈状, 去颈一寸许, 以肘安右膝上, 次以右仰侧, 舒五指垂右膝上, 作施乳状。"此种坐法, 大抵左足深屈于内, 右足直立, 左手于左股之后着地, 右手之手头或前膊梢边, 安于右膝上, 因而上半身之重量, 稍倾于左方。为此坐者, 意义所在, 盖为"即发大悲心, 拔济利安乐。"佛教像, 例如如意轮尊及狮子吼观音, 亦如此坐也。[①]

关于北响堂大佛洞, 有必要强调两个要点, 以补充目前一些考古文献和石窟寺图录的不足: 其一, 中心柱左右壁龛主尊坐姿, 应表述为有佛教义理依据、能和史实相勾连的"转轮王坐", 而不是以文献中常见的"舒相坐""自在坐"这种直观而随意的方式命名; 其二, "转轮王坐"表"大悲"法, 就禅定而言, "转轮王坐"能入慈心定, 策发大悲心。高洋三石室中为大乘思想表法、为大乘慈悲行和菩萨道表法的图像符号、刻经内容远不止这一处, 基于佛教义理, 从思想史的视角出发, 对石窟的形制、造像和刻经进行解读, 将帮助我们梳理北齐文宣帝高洋的转轮圣王治国思想, 还原大乘思想在中土构建和传播的历史。

---

① 　黄现璠:《古书解读初探: 黄现璠学术论文选》, 广西师范大学出版社, 2004, 第153页。

第九章

平等：“七世父母”与庶民之祭

由于口头传统和祭祀传统的存在，佛教进入中国的时间和汉译佛经出现的时间并不能等同，但早期的汉译佛经依然是我们考察佛教东传之初其思想文化和中土本有思想文化激荡融会的依据。佛涅槃后300多年，书面佛经出现于月氏人在犍陀罗地区建立的贵霜帝国，最早传入中国的佛经和译经师很多来自贵霜，而贵霜是大乘佛教所化之地，其统治者依据大乘佛教信仰建立了一整套治国意识形态。佛经汉译从公元150年前后开始，最早的译经家是安世高和支娄迦谶。支娄迦谶来自贵霜地区月氏国，把大乘经典和大乘观念介绍给中土。安世高的译经，虽然以小乘禅数学为多，但禅定为大小乘共法，关于解脱的理论和修行方法也为大小乘共享。安世高传译这些小乘经典，不过是为大乘佛教提供支持。大乘佛教思想的核心是"智慧"和"慈悲"，把智慧解脱作为修行目的和人生解脱，大小乘是一致的，区别在于"慈悲"——基于解脱的利他实践。可以说，佛教进入中国，首先给中国文化带来的是大乘佛教的慈悲思想。思想外化为行动，或体现在统治阶层的意识形态建构，或体现在知识阶层的观念交锋、义理会通，或体现在日常伦理规范的共许和运用，或体现在礼制和习俗的建立和流传，或体现在文学和艺术作品的创作和接受。

作为外来的知识、思想和信仰，佛教初传中土之时受到的最剧烈的质疑和攻讦就是"孝"的问题，沙门辞双亲，废色养，弃妻子，绝血食，剃须发，残天貌，背理伤情，乃大不孝。考诸中国佛教史，佛教知识分子在辩驳中从来没有承认自己"不孝"，亦不认可出家就是对父母不孝。从《牟子理惑论》起，历代佛教知识分子的应对策略都是把"孝"的实践分为世间孝和出世间孝，就菩萨道实践而言，出世间孝涵盖世间孝，世间孝只是出世间孝得以实现的辅助因缘。如此，儒家的孝被归入"世间孝""小孝"，和人天乘匹配；佛教独有的"出世间孝"方为"大孝"，是真正的大乘。从《弘明集》《广弘明集》收录的隋唐以前的各家到唐代宗密，到北宋契嵩，到明代智旭，以"出世间孝"为旨归的佛教孝道理论日趋细致、完善。

　　如果说"世间孝"和"出世间孝"在思想观念层面的论辩往还尚限于儒佛精英阶层，但我们看到在中古早期的造像记、写经题记、发愿文、忏文等民间佛教文献中，致孝的对象——"父母"也被分成两种："生身父母"和"七世父母"。"世间孝"和"生身父母"、"出世间孝"和"七世父母"分别对应。

　　"七世父母"作为中土未曾有的佛教新观念，和"大乘""慈悲"等更基本的大乘观念一样，最早出现于支娄迦谶译《道行般若经》。"父母"即"生身父母"，这在儒家知识和观念系统里是不言而喻的。佛教把"父母"分成"生身父母"和"七世父母"，既是对本土观念的适应，也迫使儒家重新思考孝道的边界——对儒家而言，原先无须论证的常识受到挑战，立论的前提不得不被重新审视。如果说"出世间孝"帮助佛教在义理层面应对儒家的质疑和攻击，那么，借助"七世父母"这一独特的知识和观念，作为信仰的佛教得以在民众中获得一席之地。本章考察藏内汉译佛经，以期梳理作为知识和观念的"七世父母"的教理依据；考察儒家宗法制度中的"天子七庙"，以期索隐其与"七世父母"的内在关联;考察中古时期造像记、写经题记中的"七世父母",以期呈现中古时期民众信仰、伦理和习俗。

第一节　"七世父母"与"现在父母"

从藏内文献看,最早出现"七世"和"父母"组合的汉译佛经是支娄迦谶译《道行般若经》。在经中,佛提醒大乘行人(菩萨)要提防在"魔"的扰乱下起"自可、自贡高",亦即"高估自己的修行成就而骄傲自满"的修行障碍,这会导致嗔恚、恨怒,不能从慈悲中生出"善巧方便",乃至"退转"。菩萨将会远离"萨芸若"(一切智),丧失"阿耨多罗三藐三菩智"(无上正等正觉)。而"魔"施行其伎俩时,先要使用种种手段以取得菩萨信任。其中之一就是能说出菩萨"七世祖父母字某"。[①] 三国·吴支谦译《大明度经》、后秦鸠摩罗什译《小品般若经》《摩诃般若波罗蜜经》、唐玄奘译《大般若波罗蜜多经》第四卷、北宋施护译《佛母出生三法藏般若波罗蜜多经》二十五卷皆是《道行般若经》的同本异译,上述"七世祖父母"直接表达为"七世父母"。[②]"七世祖父母"和"七世父母"意思一样,但"七世祖父母"仅此一例,而"七世父母"则递传于后世文献中。另外,在西晋无罗叉译《放光般若经》、后秦鸠摩罗什译《摩诃般若波罗蜜经》以及《大智度论》等文本中,"七世父母"用法皆与支娄迦谶译同。

在东晋瞿昙僧伽提婆译《中阿含经》、后秦佛陀耶舍共竺佛念译

---

① (东汉)支娄迦谶译《道行般若经》,《大正藏》第8册,第460页。

② (三国·吴)支谦译《大明度经》,《大正藏》第8册,第495页。

《长阿含经》和刘宋求那跋陀罗译《杂阿含经》中亦能找到"七世父母"的"踪迹"。《中阿含经》和《长阿含经》都是一些短篇佛经的结集，《中阿含经》"七世父母"大致在两种语境中使用。其一，佛说一位名叫"无恚"的长者，极大富乐，财多无量，其子"受生清净，乃至七世父母不绝种族，生生无恶，博闻总持"。① 其二，如经文所示，佛问："颇有师及祖师，至七世父母，作如是说：'我此五法，于现法中自知自觉，自作证已，施设果耶？'鹦鹉摩纳白世尊曰：'无也。瞿昙！'"② 两种语境中的"七世父母"略有区别：前者为了说明长者子何以生而"清净"，皆因其七世父母都修持了净法也即佛法；后者为了说明有成就的祖师能在这一世证悟，并不仅仅是现世之功，也不是自己一人之功，这种果报当上溯"七世父母"因缘。前者看起来像是建立在血缘关系上的代际传承关系，而后者更像一种三世因果的隐喻。《长阿含经》中的"七世父母"和《中阿含经》中的大致同义，如在《长阿含经·阿摩昼经》中，婆罗门及其弟子阿摩昼都有所谓"七世以来父母真正，不为他人之所轻毁"的殊胜出身，婆罗门自恃种姓高而骄慢，派阿摩昼去考察瞿昙何以有三十二大人相。佛陀趁机宣说种姓制度的不合理，指出只有"舍家财产，捐弃亲族，剃除须发，服三法衣，出家修道，与出家人同舍饰好，具诸戒行，不害众生"，③ 才是真正高贵。婆罗门皈依佛，终得解脱涅槃。

　　《杂阿含经》第八八六经中，婆罗门来听佛陀说法，判断佛陀具备的是"婆罗门三明"："婆罗门父母具相，无诸瑕秽，父母七世相承，无诸讥论，世世相承，常为师长，辩才具足；诵诸经典、物类名字、万物

---

① （晋）瞿昙僧伽提婆译《中阿含经》，《大正藏》第1册，第499页。

② （晋）瞿昙僧伽提婆译《中阿含经》，《大正藏》第1册，第667页。

③ （后秦）佛陀耶舍、竺佛念译《长阿含经》，《大正藏》第1册，第82页。

差品、字类分合、历世本末,此五种记,悉皆通达,容色端正。是名,瞿昙!婆罗门三明。"而婆罗门之所以有"婆罗门三明",是从"七世父母"处继承而来的。佛陀宣说无常寂静之理,婆罗门心服,承认瞿昙的三明才是真三明。[①] 同样用法亦见刘宋施护译《白衣金幢二婆罗门缘起经》。[②]

除了《般若经》《阿含经》,本生经中的《贤愚经》《出曜经》等亦能检出"七世父母"。其中姚秦竺佛念译《出曜经》中"尔时世尊说七佛根原、七世父母、名号姓字、翼从多少,说戒本末"[③] 一处,第一次把"七佛"和"七世父母"并列。"七佛"乃"过去七佛","七佛"和"七世父母"并非单纯的数字偶合,两者皆传达佛教的三世观念。

上述例子帮助我们把"七世父母"还原到最早一批汉译佛典中去,并对这一中土未曾有的知识进行粗线条勾勒。其一,"七世父母"出现在中土最早的大乘般若类经典《道行般若经》中,这部经是中土"趋入大乘的途径","七世父母"随着大乘观念系统进入中土文化。其二,在原始佛教《阿含经》中,"七世父母"被佛用来消解婆罗门种姓优越感、批判种姓制度的不合理,"七世父母"具有印度文化特征。其三,在本生经中,"七佛"和"七世父母"有内在关联,"七世父母"指向大乘佛教"时空无限"的观念。

汉译佛典中第一次出现"七世父母"和"现在父母"对举,见于署名竺法护的《佛说盂兰盆经》。经中讲述目连得神通后欲度父母报哺乳恩,以"道眼"发现母亲在饿鬼道中受苦。目连往奉钵饭,饭未入口,化为火炭。不得进食,状极痛苦。目连求助于佛,佛便授目连"救济

---

① （南朝·宋）求那跋陀罗译《杂阿含经》,《大正藏》第2册,第224页。

② （南朝·宋）施护译《白衣金幢二婆罗门缘起经》,《大正藏》第1册,第216页。

③ （后秦）竺佛念译《出曜经》,《大正藏》第4册,第684页。

之法"。

> 十方众僧于七月十五日僧自恣时，当为七世父母及现在父母厄
> 难中者，具饭、百味五果、汲灌盆器、香油锭烛、床敷卧具、尽世
> 甘美以著盆中，供养十方大德众僧……具清净戒圣众之道，其德汪
> 洋，其有供养此等自恣僧者，现在父母、七世父母、六种亲属得出
> 三途之苦，应时解脱，衣食自然。若复有人父母现在者，福乐百年；
> 若已亡七世父母，生天，自在化生，入天华光，受无量快乐。①

《佛说盂兰盆经》中的"七世父母"成为重要的佛教观念，有赖于
唐代高僧宗密的系统阐发。在《佛说盂兰盆经疏》中，宗密发覆了"七
世父母"的深义，并对两种"父母"——"七世父母"和"所生父母"
做出辨析。其"七世父母"观可约为五点。

其一，佛教所谓"七世父母"，指"七世所生父母"，即三世六道
轮转中的所有生身父母。而儒家的"七世"指父亲、祖父一直往上推
七代，偏重父系传承；儒家所谓"所生父母"，专指此生父母、上一代
祖宗。

其二，人何以有"七世父母"？因组成人身的地水火风"四大"只
不过是"灵识"的寄托之地。七世，也是多世的意思。在佛教看来，人
以灵识为本，生生世世都有父母生养。这些"父母"非如儒家所认为的
那样，只是一代代祖宗从身体到身体的传续，这一世的人身，是生生世
世无数父母的无数种因缘的和合。

其三，正因为这一世所得人身不仅由这一世父母所生，更是七世

---

① （西晋）竺法护译《佛说盂兰盆经》,《大正藏》第 16 册，第 799 页。

乃至多世各种因缘和合，七世有情众生皆于我有父母之恩。儒家所谓的"孝"，只针对上一代父母，佛教所谓的"孝"，则要报七世父母之恩、报六道众生之恩。儒家孝顺是报恩的一种方式，但远不及佛教报恩广大。

其四，众生以业力故，在六道轮转，释迦牟尼佛化身说法，就是为了济度六道众生。济乃"救济"，度即"度脱"。佛随宜说教，教分权实五乘：人乘、天乘、声闻乘、缘觉乘、菩萨乘。只有菩萨乘的"悲智六度法门"，才能完成"七世父母"的救济和度脱，才是菩萨所行的究竟"报恩"。

其五，和"所生父母"比，"七世父母"是更殊胜的福田，兼具"悲心、敬心、孝心"。福之大者，莫大于施。父母殁后设盂兰盆供，以清净食安慰鬼神，资助七世父母之业报，这样的孝顺方能合乎"报恩"。

宗密的"七世父母"观完整诠释了大乘佛教慈悲思想。慈悲作为大乘佛教独有的精神，作为最早搭载汉译佛经进入中土的知识和观念，一度被等同为儒家的"仁"。"大慈大悲""大乘""七世父母"作为汉语词汇皆由支娄迦谶通过佛经翻译而创造，对"慈悲"的定义和系统阐述则见于《大智度论》："大慈与一切众生乐，大悲拔一切众生苦。"[1] 慈悲有"众生缘"、"法缘"和"无缘"之分，儒家的"仁"只能对应于众生缘悲，乃"小慈小悲"；证得空性之后的佛菩萨才有无缘大慈、同体大悲。大慈大悲和空性智慧不一不二，广大和平等乃慈悲利他实践的应有之义。

所作皆苦，《大智度论》中把"菩萨"定义为既是六道中轮回的众生，也是济拔苦难的慈悲行者，菩萨事业在自利利他实践中得以成办。

---

① 〔印度〕龙树造，（后秦）鸠摩罗什译《大智度论》，《大正藏》第25册，第256页。

儒家把"仁"的原则运用于家庭伦理而有"仁孝"，大乘佛教借助儒家既有的"孝"，把慈悲思想运用于自他关系尤其是血亲关系，而有"慈孝"。慈孝之于仁孝，犹如"大慈大悲"之于"小慈小悲"。依缘起性空的平等法，"一切男子是我父，一切女人是我母，我生生无不从之受生，故六道众生皆是我父母。而杀而食者，即杀我父母，亦杀我故身"。①在这个意义上，"七世父母"等同于"六道众生"。儒家强调由血缘关系远近决定的"爱有差等"，进而"移孝于忠"，把家庭关系中的"亲疏差等"扩充为整个社会的宗法等级关系。如果说把济度的对象落实在"父母"是佛教对儒家之"孝本"的努力适应，"七世父母"这种一体同观普覆全体的平等诉求，可以视作外来的佛教在家庭伦理、意识形态以及文化观念等方面对儒家提出的挑战。正是"适应"和"挑战"之间的张力，推动佛教进入中国文化的观念世界。而如果没有《佛说盂兰盆经》，"七世父母"只能作为佛典中零星微茫的异域文化知识而存在。《佛说盂兰盆经》以及后代佛教僧人的经疏、疏抄（对于经疏的经疏），围绕该经而产生的讲经文、目连变文、《佛说盂兰盆经》变相，以及以该经为契机而形成的祭祀和丧葬习俗如盂兰盆节法会、七七斋等，令"七世父母"从知识进入观念，从观念进入生活。"七世父母"进入了中国文化史和思想史的视野。

第二节　"七世父母"与"天子七庙"

"盂兰盆"作何解，历代学者众说纷纭。有一种说法是来自梵文

①　（后秦）鸠摩罗什译《梵网经》，《大正藏》第24册，第1006页。

"avalambana",意为"悬着、依赖";或巴利文"ullampana",意为"解脱、大慈大悲";或伊朗文 urvan,意为"灵魂"。[①]《佛说盂兰盆经》中,佛为目连解说如何"修孝顺"——行慈悲之道,以"行救度"——助现在父母乃至七世父母解脱:"若有比丘比丘尼、国王太子、王子大臣宰相、三公百官、万民庶人行孝慈者,皆应为所生现在父母、过去七世父母,于七月十五日——佛欢喜日、僧自恣日——以百味饮食安盂兰盆中,施十方自恣僧。乞愿便使现在父母寿命百年、无病,无一切苦恼之患,乃至七世父母离饿鬼苦,得生天人中,福乐无极。"[②] 这实际上是一项祖先祭祀的仪式设计方案,虽然用了儒家的核心观念"孝顺"和"父母",但其终极关怀却和儒家有异。

王国维指出,周人制度与商代的制度有很大的区别,主要是建立了三项制度:一是"立子立嫡"之制;二是"庙数之制",即有关宗庙祭祀之制;三是"同姓不婚"之制。[③] 礼源于祭祀,祭祀既是对鬼神的示敬活动,又是区别尊卑秩序的重要手段。后世儒家以"亲亲"和"尊尊"为人伦两大要项,由"亲亲"而"尊尊",宗庙之礼始成。儒家以"孝"为核心的祖先祭祀制度建立在血缘关系基础之上,以"亲亲"为感情基础、以"尊尊"为等级规范。《礼记·大传》:"亲亲故尊祖,尊祖故敬宗,敬宗故收族,收族故宗庙严,宗庙严故重社稷。"祭祀之礼,就是把治国之道高度抽象化,并通过充满隐喻的仪式,把这一套逻辑具体而微地展示出来,以令天子百官乃至人民体其精神,悟其本义,各安其位,恪守本分。

---

① 〔美〕太史文:《幽灵的节日:中国中世纪的信仰与生活》,侯旭东译,浙江人民出版社,1999,第19页。

② (西晋)竺法护译《佛说盂兰盆经》,《大正藏》第16册,第799页。

③ (清)王国维:《殷周制度论》,《观堂集林》上册,中华书局,1959,第453—454页。

　　和宗法制度相应的是森严的祭祖权力等级。宗法、宗庙、丧服，是宗法制度中不可或缺的几个重要方面，而庙制的一个核心问题，是自天子以降的宗庙隆杀之数。《礼记·王制》："天子七庙，三昭三穆，与大祖之庙而七；诸侯五庙，二昭二穆，与大祖之庙而五；大夫三庙，一昭一穆，与大祖之庙而三；士一庙；庶人祭于寝。""寝"，历代各家解释不一，有的以为是睡房，有的以为是厅房，有的以为是庙后面的置衣冠处，大体指私密性的小型空间。除了"七庙"，《礼记》中和"七"相关的规定还有"七祀""七日而殡"等，在天子、诸侯、大夫、士、庶人五个等级中，"七"是和天子匹配、标志天子至高无上身份的数字，天子以下，不得僭越。

　　中国文化中"七"的甚深意涵可上溯至《周易》。"伏羲画卦""文王演卦""孔子作传"，以中原为中心的华夏文化对宇宙的观察和对人世的体认，庶几收束于斯。阴阳翻转、七日来复，这是《周易》的剥卦和复卦。复卦乃剥卦之覆卦，剥卦是五阴一阳，唯一的阳爻是上九，阳气即将剥落，剥极必复，复卦是一阳五阴，唯一的阳爻是初九，阳气正在复生。"反复其道，七日来复"（复卦卦辞），"七"既是卦象的六爻往复之数，也是中国文化对时间循环更新规律的观察和总结。

　　《周易》丰卦爻辞数次提及"日中见斗"，"斗"即北斗，由七星构成。北斗七星主宰日月五星，"日月五星"又名"七政""七曜""七辉""七纬""七精"等，《尚书·舜典》："在璇玑玉衡，以齐七政。"孔安国传："七政，日月五星各异政。"孔颖达疏："七政，谓日月与五星也。"[①] "七"之数何以专配天子，或和"七政"相关。《史记·封禅书》："舜在璇玑玉衡，以齐七政。遂类于上帝，禋于六宗，望山川，遍群

_____

① 　（汉）孔安国传，（唐）孔颖达疏《尚书正义》，（清）阮元校刻《十三经注疏》，第126页中栏、下栏。

神。""类"即"禷",祭天之意。"禋",升烟祭祀。观察日月五星,可知政治得失。这段话是说,舜用美玉制成的观测天象的器具璇玑,观察日月五星的运行,以度合天意,审察自己执政的得失,并祭祀上帝、名山大川、六宗群神。"七政"是天意的表达媒介,"天子"肩负天命而管理国家,需要时时和"七政"对照、核准,以确保上天的意旨在人间不走样。

事实上,佛经中之"七",也指向"圆满无尽"和"彻底解脱",证得须陀洹果的圣者,会在最多七世的时间内证得解脱。《佛说无量寿经》描述佛出世时"从右胁生,现行七步",[①] 前六步表示六道,第七步寓意跳脱六道。佛经中使用"七"的例子很多,如"七觉支""七情""七苦"等。《中阿含经》中"七世父母"和"七佛"有关,"七佛"作为过去佛,表法过去、现在、未来三世之时间无尽。同时"七"也代表"东、西、南、北、上、中、下"七方,表法空间无尽。"时空无尽""佛佛无尽"正是《法华经》开显的大乘观念。"七世者无始皆开,何止七世。但随世俗且言七耳。又七世以来爱习未舍,可以摄化,故说开之七世父母。"[②]

"七世父母"中的"七世",不管是从自己往上数七代还是从父母往上数七代,在方便从俗的意义上都指七代祖先。由于"七庙"中的"太祖"是不变的,故这七代祖先和"天子七庙"中的祖先,至少有六代是重合的。也就是说,"七庙"和"七世"最直观的意思都是七代祖先。礼制规定天子亡故的"所生父母"曰"考",享受几代天子子孙的祭祀后,渐渐遥远,失去受祭之所,成为"鬼",而"庶士、庶人无庙,死

---

① (三国·魏)康僧铠译《佛说无量寿经》,《大正藏》第12册,第265页。

② (宋)智圆述《涅槃经疏三德指归》,《卍续藏》第37册,第402页。

曰鬼"——庶人父母去世后,不配有庙和祭仪,亦不允许子女祭祀,径直称作"鬼"。"礼不下庶人",祭祀七代祖先更是至高无上的特权,唯天子可用。

　　然而在《佛说盂兰盆经》中,佛却开示,"比丘比丘尼、国王太子、王子大臣宰相、三公百官、万民庶人"皆可供奉盂兰盆。这和儒家宗法礼制大异其趣,意味着从天子到庶人,不再有七庙、五庙、三庙和无庙的区别,不被允许祭祀的庶民,不仅可以超荐"所生父母",甚至拥有了和天子一样的祭祀七代祖先的机会。同时,"盂兰盆"专为一切在地狱受报的父母而设,祭祀的人没有等级,他们的父母去世后也没有等级。父母死后或生天或在地狱,取决于其前生所造的业力,业报至何处即在何处,佛力无从干涉,何况其子女。依此逻辑,即便子女贵为天子,其父母殁后也可能在地狱受苦。欲救父母,唯有"奉盆"一途。

　　儒家"亲亲""尊尊"的等级框架和严整肃杀的宗法礼制,对于最下位的庶民而言无论如何都是束缚和压迫,大乘佛教通过祖先祭祀把慈悲观和平等观渗透到了庶民的生活世界。度脱"七世父母"的盂兰盆供作为庶民的祭祖之法,寄寓了大乘佛教的终极关怀——没有差等的慈悲和感同身受的平等。葛兆光在《中国思想史》一书中提问:"佛教究竟对信仰者承诺了什么? 为什么佛教信仰能够迅速在民众中流传?" [1] ——佛教对庶民信仰者的最大承诺,唯有"平等平等,无所分别" [2],盖因"差序格局"乃儒家政治大厦的基本结构。

　　盂兰盆仪式的执行者是"十方自恣僧",祭祀的时间是每年七月十五日,所谓"佛欢喜日、僧自恣日"。是日之前,"一切圣众或在山间

---

① 　葛兆光:《中国思想史》,第 349 页。

② 　(唐)玄奘译《大般若波罗蜜多经》,《大正藏》第 7 册,第 722 页。

禅定,或得四道果,或树下经行;或六通自在、教化声闻、缘觉;或十地菩萨大人、权现比丘",僧人用闭门禅定、供养律藏、严格持戒等修行获得的功德和力量,在这一日累积到顶峰。他们充当大众的敬田,接受大众布施。他们先为施主的"所生现在父母、过去七世父母"施行"咒愿"——特定的祭祀仪轨,然后受食。受食前,先把盆奉佛前,然后自食。祭祀仪式或法事的成功,乃"蒙三宝功德之力、众僧威神之力故", ① 这意味着僧人可以成为主持祭祖仪式的祭司。在以孝维系的宗法社会,在以孝为本的等级体制中,被视为异端的佛教和被视为异类的出家僧众,以济度父母的名义,为自身争取到一席之地。

第三节 庶民何以为祭: 写经题记和造像记中的 "七世父母"

宗密把始于《佛说盂兰盆经》的佛教孝慈教化传统命名为"盂兰盆之教":"应孝子之恳诚,救二亲之苦厄,酬昊天恩德,其唯盂兰盆之教焉。"他把"盂兰盆之教"概括为四个观念:孝顺、设供、拔苦与报恩。 ② 儒家分孝顺为生前侍养和殁后追思,佛门的报恩即"报四种恩"——三宝恩、国王恩、师长恩及父母恩。中国本土创造的佛教疑伪经《佛说父母恩重难报经》(简称《父母恩重经》)又把"父母恩"概括为十种,所谓"一者怀胎守护恩,二者临产受苦恩,三者生子忘忧恩,四者咽苦吐甘恩,五者回干就湿恩,六者洗濯不净恩,七者乳哺养育

---

① (西晋)竺法护译《佛说盂兰盆经》,《大正藏》第 16 册,第 799 页。

② (唐)宗密述《佛说盂兰盆经疏》,《大正藏》第 39 册,第 506 页。

恩，八者远行忆念恩，九者为造恶业恩，十者究镜（竟）怜愍恩"。①
佛门四众弟子报父母十种恩，事实上和儒家孝子的孝行无有异样。宗密
的四个观念中，只有"设供"和"拔苦"是为佛教所独有的。《佛说盂
兰盆经》对中国社会的重大而持续的影响，正好是这两个观念的仪式化
和通俗化：由盂兰盆斋会演化的盂兰盆节，以及由"目连救母"故事演
化的讲经文、斋文、变文、宝卷、戏文等佛教讲唱文学，目连戏成为后
世蔚为大观的佛教艺术形式。

关于盂兰盆斋会的最早记载见于南朝·梁的《荆楚岁时记》。作者
宗懔记述荆楚地区孟秋望日节俗时说："七月十五日，僧尼道俗悉营盆供
诸寺。按《盂兰盆经》云：'有七叶功德，并幡花歌鼓果食送之'，盖由
此。"② 颜之推就身后事寄语子孙："及七月半盂兰盆，望于汝也。"③ 后
世法琳在《辩正论》中称齐高帝时"七月十五日，普寺送盆供养三百名
僧"，④ 志磐在《佛祖统纪》中提到梁武帝萧衍于大同四年（538）"幸
同泰寺，设盂兰盆斋"。⑤ 后两条因没有旁证，有人以为是僧人身份的
史学家的附会。⑥ 根据以上文献大致可推测，南朝齐梁之际，盂兰盆斋
会已被民间接纳；作为虔诚的佛教徒，梁武帝志在做一个大乘佛教的转
轮圣王，建立了以大乘佛教为意识形态的治国策略，把表达佛教孝慈之
道的盂兰盆斋会引入宫廷，也算是应有之义。如果说南朝文献中的盂兰
盆斋会尚是佛门主导的孝亲祭祀仪式，那么到唐五代，盂兰盆斋则演化

---

① 马世长：《〈报父母恩重经〉与相关变相图》，《宿白先生八秩华诞纪念文集》下册，文物出
　　版社，2002，第541页。
② （南朝·梁）宗懔：《荆楚岁时记》，宋金龙校注，山西人民出版社，1987，第123页。
③ 檀作文译《颜氏家训·曾国藩家训》，中华书局，2008，第136页。
④ （唐）法琳撰《辩正论》，《大正藏》第52册，第503页。
⑤ （宋）志磐撰《佛祖统纪》，《大正藏》第49册，第351页。
⑥ 〔美〕太史文：《幽灵的节日：中国中世纪的信仰与生活》，第49页。

为盂兰盆节,因道教斋醮的加入,盂兰盆节又衍生为中元节。入宋,中元节逐渐世俗化和常态化,尤其是宋室南渡后,中元节在江南地区成为市民社会一年一度的狂欢节。

　　和南朝相比,北朝更盛行造像、写经、转读、讲经等福业。"若人能于是经典中,若自转读、若教人读,一遍、二遍及三遍者,当知是人自请如来转妙法轮。若有善男子于是经典若自抄写、若教人抄,当知彼人即是受持一切诸佛甚深法藏,常得欢喜,速获安乐,于未来世当得作佛。"[1] 藏经洞出土的敦煌文献保留了大量北朝时的佛教写经,这些写经往往带有"题记",标明抄经人或委托抄经的人的心愿:为何抄经,为求何福,为避何灾,为灭何罪等。或开凿石窟、雕刻小型造像碑、铸造金铜佛像,同时在石头和金石材料上镌刻"造像记"。

　　藏经洞文献中只有 12 个以"目连救母"为题材的写本。另有用于斋会的"盂兰盆文"四件,乃以《佛说盂兰盆经》为依据,表明斋会的目的与功德。[2] 这些敦煌变文卷子大多抄成于晚唐五代,但文字文本定型之前,口头文本一直在不断发展、传播。佛教讲唱传统自东晋庐山慧远始,南北朝时,僧人以"唱导"的形式传播佛法,蔚然成风。"所谓的'唱导'和'变文',不外乎是针对着同一事物的两种说法。'变文'主要从文体上而言,乃指其体,'唱导'则着眼在其演播方式及功用,乃言其用。二者一体一用,相即而不相离。"[3] 许多前辈研究者论定目连讲经文和目连变文产生于南北朝时期,变文中的"目连救母"故事来源庞杂,《佛说盂兰盆经》不是唯一的经典依据,但是最重要的来源和

────────────

[1]　(隋)阇那崛多等译《大威灯光仙人问疑问经》,《大正藏》第 17 册,第 888 页。

[2]　何莹:《敦煌写本〈盂兰盆文〉研究》,《世界宗教文化》2019 年第 1 期,第 128 页。

[3]　陈允吉:《〈目连变〉故事基型的素材结构与生成时代之推考》,《佛教与中国文学论稿》,上海古籍出版社,2010,第 174 页。

依据。①

　　值得探讨的是，敦煌卷子中的佛教写经，并未见有抄写《佛说盂兰盆经》的卷子。《佛说盂兰盆经》自西晋法护译出后，经文本身并未通过抄经写经的方式在民间流传，"目连救母"在佛经中仅是叙事框架，身负传法使命的佛教僧人或以讲经的方式发明义理，或以唱导的方式不断演绎，遂有情节越来越丰富、形象越来越丰满的"目连救母"故事，诉诸文字递传迄今。虽然《佛说盂兰盆经》未被北朝民众抄写，但诸多写经题记和造像记中，出现不少把"七世父母"作为"奉为"（即"功德受益人"）的现象。由此我们可以看到《佛说盂兰盆经》自西晋译出后在中古社会流布的轨迹：在"目连救母"故事因僧人讲唱而传播的同时，"七世父母"观念以及相应的佛教祭祀仪式也在潜移默化地影响着民众。

　　池田温所编《中国古代写本识语集录》收录了从东汉末到北宋的大约 2630 条敦煌写经题记，内容各式各样。其中，把"七世父母""七代父母""七代久远""七世灵魂""七世含识""七世师尊父母""七世师长父母"等作为祝愿对象的，约有 100 条，隋代以前约有 25 条。②"七世父母"主要在北朝造像记中出现，南朝甚微。"北朝造像愿文奉为中，七世父母名列第四，居一切民众、眷属、皇帝之后。在主要奉为中，居己身和皇帝之后，列居第三位。"③南朝最早的是萧齐永明十年（492）的《大方等大集经》卷十二比丘无觉题记："永明十年八月七日，比丘无觉敬造《大方等大集经》一部，以此功德，愿七世父母早生净土，心

---

① 　陈允吉：《〈目连变〉故事基型的素材结构与生成时代之推考》，《佛教与中国文学论稿》，第175—177 页。

② 　〔日〕池田温编《中国古代写本识语集录》，东京大学东洋文化研究所，1990。

③ 　〔日〕佐藤智水：《北魏佛教史论考》，冈山大学文学部，1998，第 100 页。

念菩提。一切含生，寿命增长，远离恶道。"① 北方地区，最早的是北魏正始二年（505）的《大般涅槃经》卷四十武威人张宝护题记："正始二年正月八日，信士张保护，武威人也，凉州刺史前安乐王行参军援护。盖闻志性虚寂，超于名像之表，冥化幽微，绝无玩寻之旨。是以弟子开发微心，咸（减）割资分之余，雇文士敬写《大般涅槃经》一部，为七世父母、所生父母，家眷大小，内外亲戚，远离参（三）途，值遇三宝。覩闻者悟无生忍，证于十住龙化（华）。初会，躬为上首，一切含识之类，者同斯契。比丘僧照写。"② 值得注意的是，所抄经中，以《大般涅槃经》出现得最为频繁，约占百分之三十。这种现象或可主要归因于佛"涅槃"以一期肉身"亡故"的方式方便示现。

　　"七世父母"的传播概况，有学者依据《先秦秦汉魏晋南北朝石刻文献全编》《中国美术史雕塑篇》《北朝佛道造像碑精选》《石刻史料新编》《北京图书馆藏龙门石窟造像题记拓本全编》《全上古三代秦汉三国六朝文》等文献资料进行统计并得出结论："430—519 年间，七世父母思想主要在僧团内部和特定信众——清信士中流传，还没有扩张到整个社会群体，特别是俗众奉行者稀少。519 年之后，俗众比例不断增多，截至 579 年，俗众已成为接受七世父母理论最多的群体……这种变化与佛教在中土发展相呼应。""中土七世父母理念的主要受众群体，经历了由僧众到俗众逐渐流传的过程。在此过程中，奔走于民间的僧人起到了举足轻重的作用，而僧俗组成的社邑是其主要的传播渠道。"③

　　本节统计了颜娟英主编《北朝佛教石刻拓片百品》中收录的 49 则

---

① 〔日〕池田温编《中国古代写本识语集录》，第 93 页。

② 〔日〕池田温编《中国古代写本识语集录》，第 99 页。

③ 赵青山：《从敦煌写经题记所记"七世父母"观看佛教文化对中土文化的影响》，《兰州大学学报》（社会科学版）2009 年第 6 期，第 41 页。

造像记，其中含"七世父母""七祖眷属""七祖先灵"奉为的共 16 例（北魏 8 例，东魏 3 例，北齐 3 例，北周 2 例）。[①] 综合《中国古代写本识语集录》中北魏至北周的"七世父母"案例，我们或可一窥"七世父母"如何构建庶民的生活世界和信仰世界。

其一，以"七世父母"为奉为的愿文，其功用为祭祀纪念、祈福禳灾，祭祀对象为"像主"的祖先。"像主"即出资人，出资人有僧尼也有男女信众。他们"减割家珍"，请人造像、抄经，或随义邑集体造像开窟，并把出资的目的具明。愿文比较程式化，但也有发挥余地。从行文中流露的劝信的意愿看，很多愿文由僧人编撰。造像目的有祈福保平安、表达信仰坚固道心、赞颂佛拯手垂衣、祈佛慈悲拔出苦海等。含"七世父母"的愿文，一般都是用来祭祀父母及父母以上的祖先的。

其二，"七世父母"不会单独使用，而是和"皇帝（及百官）""师僧""所生父母"构成一个系统，位置经常在"所生父母"之后，最后以"一切众生""法界含生""圆通六道""因缘眷属"总摄。如北魏《夫蒙文庆造像记》："为亡父亡妹、七世父母、因缘眷蜀（属）造立石像一区。"[②] 北齐《潘景晖造像记》："逮及七祖先零（灵），圆通六道，俱证金刚。"[③] 同一块碑中，像主蒙文庆还列出了父、祖、曾祖、高祖之名。在一般民众心中，"七世父母"和血缘意义上的七世祖先是差不多的意思。而佛教意义上的"七世父母"，等同于六道众生。以爱父母的人之常情为所缘，扩展为爱众生，这是大乘佛教慈悲行的方便。北魏是鲜卑政权，魏文帝从平城迁都洛阳后推行汉化政策，北齐高氏是鲜卑

①　颜娟英主编《北朝佛教石刻拓片百品》，台北：中研院历史语言研究所，2008。

②　颜娟英主编《北朝佛教石刻拓片百品》，第 44 页。

③　颜娟英主编《北朝佛教石刻拓片百品》，第 230 页。

化的汉族人,北朝政权中,既有以宗法制度为根基的儒家意识形态,又不时建构和推广以转轮圣王思想为根基的佛教意识形态。从奉为的位次看,"七世父母"恰如连接儒佛意识形态的中介——从皇帝、百官到"所生父母",再到"七世父母",乃儒家"亲亲""尊尊"的等级形态的描述,从"七世父母"到"六道圆通""法界含识"等,则是呈现大乘佛教建立在缘起法之上的众生平等的世界图景。

其三,像主希望减割家珍、造像抄经所获功德,能让回向的对象,尤其是自己的直系亲属"托生兜率",或上生天上,或听弥勒说法;遇三途八难,堕地狱饿鬼,则能通过造像抄经功德,永别苦因,速得解脱。这反映了北朝时流行的弥勒信仰,以及《佛说盂兰盆经》中的地狱和济拔观念在中国社会生活中的持续深入。

清代金石大家王昶论曰:"释氏以往生西方极乐净土、上升兜率天宫之说诱之,故愚夫愚妇相率造像,以冀佛佑。百余年来,浸成风俗。释氏谓弥陀为西方教主,观音势至又能率念佛人归于净土。而释迦先说此经,弥勒则当来次补佛处,故造像率不外此。综观造像诸记,其祈祷之词,上及国家,下及天子,以至来生,愿望甚赊,其余鄙俚不经,为吾儒所必斥。然其幸生畏死,伤离乱而想太平,迫于不得已而不暇记其妄诞者,仁人君子阅此,所当恻然念之,不应遽为斥詈也。"[1] 以儒家立场,佛教观念中的"三世"为妄诞,"地狱"为恐怖,鄙俚不经,儒生不取。庶几等同"三世"的"七世父母"恐怕也在"妄诞"之列。然儒家亦不得不承认,佛教传入中土之后,在抚慰离乱、托付来生、安顿生死、教化因果等方面,的确慰藉了庶民之心,"本"于空性智慧的"慈悲

---

[1] (清)王昶:《北朝造像诸碑总论》,《金石萃编》卷39,陕西人民美术出版社,1990,第5页右。

之教"，其"迹"行于各种善巧方便。幸有金石，庶民不致因位卑而彻底失声；幸有"盂兰盆会"等庶民之祭，中国文化精神中的"慈悲"和"平等"总算有个落实处。金石以记善，木叶以托悲，即便不得正史眷顾，庶民恳切的愿望也有机会得到响应，并在历史时空中长存。

第十章

报恩：从观念到艺术

大乘孝亲思想最集中体现在《梵网经》、《优婆塞戒经》、《佛说父母恩难报经》、《父母恩重经》、《大方便佛报恩经》、《佛说盂兰盆经》、《菩萨睒子经》、《银蹄金角犊子经》(又称《佛说孝子经》)、《地藏菩萨本愿经》等经中，必须指出，这些经大部分是被历代佛教史家和教内高僧认定的"疑伪经"。上述经中，只有安世高译《佛说父母恩难报经》是已被确认从印度传译过来的真经，而《父母恩重经》则明确被归入伪经，其余皆尚未有定说。

关于孝道的弘扬，云栖袾宏指出："况劝孝自有《大方便报恩经》及《盂兰盆经》，种种真实佛说者流通世间，奚取于伪造者?"① 云栖袾宏点到的《大方便佛报恩经》并不确定是真经，只能肯定其并非译于东汉，且是多种经或经中片段的整合。而《佛说盂兰盆经》是真经还是疑伪经，以现代佛教学的方法，也尚未有定论。但如云栖袾宏所印可的，这是两部合乎大乘佛教教理的佛教"孝经"，是大乘佛教慈悲与智慧精神在中国文化中的一种呈现。

一个时期的文化观念会通过文学和艺术的形式表达出来。仅就上述两部佛经而言，与之有关的文学艺术作品，有根据《佛说盂兰盆经》演

---

① （明）云栖袾宏撰《竹窗三笔》，明学主编《莲池大师全集》，上海古籍出版社，2011，第1507页。

绎的目连变文和根据《大方便佛报恩经》演绎的《双恩记》，两者皆属莫高窟藏经洞出土的"敦煌遗书"；有莫高窟壁画、重庆大足石刻及山西高平开化寺壁画中依《大方便佛报恩经》演绎的变相；榆林窟则有目前所能见到的唯一一铺目连变相。即便被精英佛教打入另册的疑伪经《父母恩重经》，也衍生出《父母恩重经讲经文》《父母功德图册》《十恩德赞》《父母恩重赞》《孝须乐》等讲唱、曲子词，以及许多以孝道为内容的《孝子行孝》《董永卖身葬父》《二十四孝押座文》《十二时行孝文》《孝子传》等孝道文学，敦煌石窟中亦有多例"父母恩重经变相"。从大乘佛教慈悲义理，到佛教慈孝类经典中的慈悲思想，再到变文和变相对佛教慈孝类经典的艺术呈现，大乘佛教慈悲精神在佛教中国化的历程中如流水般漫延、如空气般氤氲，参与到中国人的日常生活中，也参与到中国文化的构建和生长中。

第一节 《大方便佛报恩经》："报恩"与"方便"

根据经录，《大方便佛报恩经》有七卷和一卷两种版本。隋费长房《历代三宝记》之前，《大方便佛报恩经》在经录记载上均为七卷，失译，时代不明；《历代三宝记》记载有一卷本和七卷本两种《大方便佛报恩经》，将七卷本记为"出后汉录"。七卷本一直通行到今天。① 有学者通过考察《大方便佛报恩经》中的二十一条佛教词语及五类语法现象，认为《大方便佛报恩经》不是东汉时期的文献，如果是译经，它的翻译年

---

① 史光辉对经录中有关《大方便佛报恩经》的记载作了详细梳理，见氏著《〈大方便佛报恩经〉文献学考察》，《古籍整理研究学刊》2011 年第 9 期，第 15—16 页。

代当在东晋之后。① 僧祐《出三藏记集》将《大方便佛报恩经》辑入《新集续撰失译杂经录第一》，认为此类经文"多出四鋡六度道地大集出曜贤愚及譬喻生经。并割品截揭撮略取义，强制名号仍成卷轴"。② 僧祐说的是一类经，并未指定《大方便佛报恩经》，但"割品截揭撮略取义"这种提法却在现代得到响应。明代四高僧之一云栖袾宏以为此经乃"真实佛说"，用以和伪经《父母恩重经》对举；同在四高僧之列的蕅益智旭编有《阅藏知津》，收入《大方便佛报恩经》。清杨仁山把《大方便佛报恩经》收入《佛学书目表》之《等不等观杂录卷二》，并在"识语"一栏中备注："如来往劫修行，皆是证无生忍以后之事，非凡情所能测度。其中表法，可以理喻。"③《阅藏知津》和《佛学书目表》皆未收入《父母恩重经》，可见明以后教内大德和信仰佛教的知识分子拣择《大方便佛报恩经》为符合大乘教义的真经。现代也有研究者响应，以为形式上或有"割裂撮取"之嫌，但大乘经都是结集而成，这部经并非单纯本生故事的集合，也有说理的成分，逻辑清晰连贯，蕴含的思想为佛教本身独有，非中国僧人改造。笔者以为，《大方便佛报恩经》义理为"真"，其宣说的"孝道"与儒家忠孝思想有别，实为大乘佛教慈悲思想。《大方便佛报恩经》是考察大乘佛教慈悲思想如何呈现在中国文化观念中，又如何以变文、变相等形态进入民众日常生活的合适个案。

《大方便佛报恩经》主旨如经题所示，以广大方便之法门报恩——上报三宝恩，中报君亲恩，下报众生恩。佛说此经，缘起于外道对佛教孝慈的质疑。《序品》中，阿难于王舍城次第乞食，遇"供养父母奇特

① 方一新、高列过：《东汉疑伪佛经的语言学考辨研究》，人民出版社，2012，第289—335页。

② （南朝·梁）僧祐撰《出三藏记集》，《大正藏》第55册，第21页。

③ （清）杨仁山：《佛学书目表》，《大藏经补编》第28册，第628页。

难及"的婆罗门子，不由偈赞此人。外道梵志趁机嘲讽：汝师瞿昙适生一七，其母命终，岂非恶人；不顾恩分，舍父舍国，逾城入深山，是不孝人；不行妇人之礼，令其愁毒，是无恩分之人。阿难乞食已，还诣佛所，向佛提出了至为关键的问题："世尊，佛法之中，颇有孝养父母不耶？"[1]《孝养品》，世尊升莲花台，现"虚空法界不思议众生等身"，并"以正遍知""妙方便"宣说佛法真实义。"众生等身"，乃化身的平等、丰富和具体；"正遍知"，乃法身的真理、平等和普遍；"妙方便"，乃佛菩萨之利他慈悲，佛随顺众生，把定中所见，以众生能接受的方式开显示现。《孝养品》由两部分组成：第一部分是佛宣说的大乘佛教孝慈观总纲，也是全经总纲；第二部分是体现大乘佛教孝慈精神的须阇提太子本生。从第一部分内容看，佛所说的"大方便"和"报恩"，就是以"四恩"为所缘的六度菩萨行，析之如下。

　　"报恩"的对象是一切众生，当树立"缘起无我"和"众生平等"的正知正见。经中云："一切众生亦曾为如来父母，如来亦曾为一切众生而作父母。"[2] 这是全经最关键的一句。缘起性空，空故平等。众生以业力故，轮转过去、现在、未来三世。一切即一，一即一切，如来十大名号中的"正遍知"，即彰显如来法身普遍的德性，在过去世的修行实践中，如来已化身一切众生。如《大智度论》中云，众生缘慈悲只是小慈小悲，无缘慈悲才是大慈大悲。儒家所谓"下对上曰孝"，是为这一世的父母亲与子女关系建立的伦理规则，尤其强调下对上的服从，行为主体是居于下位的子女，行为对象是居于上位的父母，行为目标是令父母愉悦。佛教的孝，建立在缘起论、业力论和因果论之上，把奉事的对

---

[1]　失译《大方便佛报恩经》，《大正藏》第 3 册，第 127 页。

[2]　失译《大方便佛报恩经》，《大正藏》第 3 册，第 127 页。

象从生身父母扩展为一切众生——三世众生和六道众生。今世父母和今世别的众生无有差别，今世众生和过去世、未来世众生也无有差别。如此广大的目标、如此平等的心地，如何能做到？只有发菩提心，行菩萨道，自利利他，自觉觉他，最后证悟广大平等的佛之空性智慧，得以行广大平等的佛之慈悲。儒家之孝和佛教之孝的区别，就是众生缘（父母缘）慈悲和无缘慈悲的区别，就是小慈小悲和大慈大悲的区别。

　　"恩"乃"世出世恩"。何为"恩"，大乘经典中有多种记载，近代人间佛教创始人太虚大师最常引用的是弥勒问经《大乘本生心地观经》，其中《报恩品》曰："我今为汝分别演说世出世间有恩之处……世出世恩有其四种：一父母恩，二众生恩，三国王恩，四三宝恩。如是四恩，一切众生平等荷负。善男子！父母恩者，父有慈恩，母有悲恩。"[1]　大乘佛教的"恩"乃"世出世恩"，是"世出世间有恩之处"。"四恩"之"父母恩""众生恩""国王恩""三宝恩"，都有两个维度——世间和出世间。出世间的维度，乃佛法与外道之不共。佛儒之可会通，在世间法层面；佛儒之辨异，在出世间法层面。太虚大师曾把"四恩"又化约为两种恩：众生恩和三宝恩。一切众生皆父母，则报众生恩即报父母恩；法界广大，国家政治不过五乘法中的人乘正法，故报三宝恩，习世出世间法，世间法中的国王恩自然得报。发报三宝恩的心，就是发菩提心。以菩提心为统摄，凡举修学世出世间之法门，皆是菩提行和大悲行。

　　报恩乃如来"本愿"，如来本愿由众生成就。本愿即根本誓愿，是佛及菩萨于过去世未成佛果以前为救度众生所发起之誓愿。《大方便佛报恩经》于"序品"中和盘托出何为"佛之本愿"："释迦如来于无量百千万亿阿僧祇劫，难行苦行，发大悲愿：若我得成佛时，当于秽恶、

① 　（唐）般若译《大乘本生心地观经》，《大正藏》第3册，第297页。

国土、山陵、堆阜、瓦砾、荆棘，其中众生具足烦恼，五逆十恶，于中成佛而利益之，使断一切苦，获一切乐，成就法身，永尽无余。其佛本愿如是。"而孝养父母乃救度众生之方便，父母亦如来达成本愿之所缘缘。"为孝养父母，知恩报恩故，今得速成阿耨多罗三藐三菩提，以是缘故，一切众生能令如来满足本愿故。"如果以世间法论，父母恩是父母把子女抚养长大成人的恩，以出世间法论，父母恩是父母作为众生，成全菩萨救度众生的本愿，父母（众生）因子女（菩萨）的救度而得以度脱轮回，这是一个自利利他的过程。"是以当知，一切众生于佛有重恩。有重恩故，如来不舍众生。"① 这是大乘菩萨道理论的基本架构：发菩提心（令一切众生离苦得乐）—行菩萨行（难行能行，难忍能忍）—证无上正等正觉（速成阿耨多罗三藐三菩提）—以大悲心救度众生（如来不舍众生）。随缘不变故，本愿贯穿菩萨成佛之前的一世又一世菩萨道修行实践；不变随缘故，方有丰富的佛本生故事流传。《大方便佛报恩经》中共有 15 个本生故事，应作如是观。

"报恩"乃菩萨救度众生的"方便"，是菩萨大悲心的体现。"善巧方便"，在最早传译的大乘经《道行般若经》中作"沤和拘舍罗"，是大乘佛教的重要思想。《法华经》所谓"开、示、悟、入佛之知见"，"佛之知见"也就是诸法实相。佛就是为了开、示、悟、入诸法实相这一"大事因缘"而来到这个世界，佛的如是发心，即慈悲之源；佛的如是教化，即善巧方便之源。大乘佛教认为智慧和方便两者缺一不可，"菩萨摩诃萨当学沤和拘舍罗，未得般若波罗蜜者不得入，已得般若波罗蜜乃得入"。② "善巧方便"，体现为六度万行，尤以布施波罗蜜为第一波罗蜜，"头目、髓脑、国城、妻子、象马、七珍、辇舆、车乘、衣

---

① 失译《大方便佛报恩经》，《大正藏》第 3 册，第 127 页。

② （东汉）支娄迦谶译《道行般若经》，《大正藏》第 8 册，第 438 页。

服、饮食、卧具、医药，一切给与"。① 六度中的任一度，皆和其余五度互相融摄，故"难舍能舍"的布施度，亦是"难忍能忍"的"勤修精进、戒、施、多闻、禅定、智慧，乃至具足一切万行。"菩萨修习的"方便"，其一是"以大悲心故，常修习有方便"——以业力理论，有因必有果。众生在三界六道中的二十五种果报形态，为"二十五有"。菩萨因为"无我"，遂能够用不同方便救度不同形态的众生。其二是"修平等慈，常修舍行方便"——"慈悲喜舍"四种广大无量心的修习，最终得成于舍心的成就。依《阿毗达磨大毗婆沙论》，修慈对治嗔心，修悲对治害心，修喜对治不乐，修舍对治贪嗔。舍心成就，作无分别观，"平等平等"，其余方得成就。其三是"亦明鉴一切众生空、法空、五阴空，如是不退不没不沈空有，修实相方便"，"实相方便"即由观"诸法无我"而得证"一实相"空性智慧。其四为"不舍二乘，修遍学方便"，这是《法华经》中的会三归一思想。《法华经》中所谓三乘，即声闻、缘觉二乘和大乘。佛法本无三分，佛说三乘是为令众生悟入一乘，三乘为趣一乘之由渐，故修学大乘，不能舍声闻、缘觉二乘，佛开三乘教法接引众生，就是善巧方便。"是以如来慈悲本誓，显大方便。"②

总之，《大方便佛报恩经》的大乘思想可以概括为以下几点。其一，报恩的"恩"，不管如何分开说，皆可总说为"三宝恩"和"众生恩"；其二，报恩的主体是菩萨；其三，报恩的对象是众生；其四，报恩的手段是以善巧方便救度，善巧方便不离般若智慧；其五，报恩的目标是令众生解脱，并通过令众生解脱，完成渐进的成佛之路；其六，父母是众生之一，六道众生在无尽轮回中，互为父母子女；其七，选取父母作为报恩的对象，和世间法尤其是儒家伦理中的孝道相符合，随顺孝道，是

---

① 　失译《大方便佛报恩经》，《大正藏》第 3 册，第 127 页。
② 　失译《大方便佛报恩经》，《大正藏》第 3 册，第 127 页。

菩萨救度众生的方便; 其八, 报父母恩, 是世间法中的报答父母生养之恩和出世间法中的助父母度脱轮回, 此二者不一不二; 其九, 报父母恩的本质, 是父母这种特殊的因缘成全了菩萨的本愿、大悲行; 其十, 报恩即发菩提心, 报恩行即行菩萨行, 菩萨行即六度万行, 六度之中, 布施第一。布施之最, 头目脑髓。牺牲世人最自贵重的身体劝发菩提心, 亦是最难行的忍辱行。菩萨本生, 即菩萨于无数次轮回中, 和各种形态的众生一起, 共同谱写的一幕幕知恩报恩事迹。

第二节　《大方便佛报恩经》变文: 说唱与偈赞

敦煌藏经洞保存的文献中存有《大方便佛报恩经》写卷 48 件。大乘佛教把抄写、读诵、受持佛经并广为他人说法看作修行的重要手段, 鼓励信众以此培植福田, 获得福报。如法抄写佛经并一心供养, 可得世间和出世间所有利益。在印刷术发明和普及之前, 抄经是佛经流通的方式。《大方便佛报恩经》中的大乘佛教慈悲思想, 则通过讲经文、变文和变相等方式, 普及流传到民众生活中。

变文是随着藏经洞敦煌文书重现于世而进入学者视野的一种文学体裁。变文发现的意义非同一般, 如郑振铎言:"在'变文'没有发现以前, 我们简直不知道:'平话'怎么会突然在宋代产生出来?'诸宫调'的来历是怎样的? 盛行于明、清二代的宝卷、弹词及鼓词, 到底是近代的产物呢? 还是'古已有之'的? 许多文学史上的重要问题, 都成为疑案而难于有确定的回答。"[1]

---

[1]　郑振铎:《中国俗文学史》, 江西教育出版社, 2018, 第 126 页。

前辈学者对变文、变相的讨论集中在"变"是"变更"之"变"还是"神变"之"变"，变文和变相是否有对应关系，变相是否为变文的"插图"等问题上。本书论述重点在于大乘佛教慈悲思想在中国文化和中国艺术中的呈现，在此视角下，变文、变相有以下特点。其一，严格意义上的变文、变相都本于佛经。其二，变文、变相的"变"既有"变更"的意思，也有"神变"的意思。其三，变文、变相是大乘思想流播中土后的产物，主要表达的是大乘思想，而非小乘思想。其四，从变文、变相可见印度大乘佛典如何从形式上通俗化，印度大乘思想如何附丽于中国文化和中国艺术完成传播。其五，变文乃大乘佛教为中国文学贡献的新文体，变相乃大乘佛教为中国艺术贡献的新画种。其六，变文、变相填补了宗教教义和伦理风俗之间的沟壑，是佛教表法化俗的工具。佛教要表的法是世出世间法，宣示大乘佛理的那些变文、变相，在承担世俗的文学艺术功能之余，必有引导信众解脱的意向。其宗教性质和信仰特征不容忽视，甚或先于其他特征而存在。

已知《大方便佛报恩经》的变文文本比较少，只有敦煌文书中的《双恩记》（残卷）一种，现藏俄罗斯科学院东方学研究所。白化文、赵匡华校录的文本，名《佛报恩经讲经文》，从文本结构看，的确是讲经的形式，先引一句原文，再逐词串讲。其内容残存第三、七、十一卷，卷首尾各有标题与卷号，第三卷卷首有"双恩记第三"标题，末阙如；第十一卷卷首有"报恩经第十一"，末有"佛报恩经第十一"，皆指《大方便佛报恩经》；第七卷卷首有"双恩记第七"，而卷末有"佛报恩经第七"，显示该文本与《大方便佛报恩经》有关联。① 龙晦寻章逐句仔细比对后认为，这个文本"是比较忠实地依《大方便佛报恩经》改编成

---

① 白化文、赵匡华校录《佛报恩经讲经文》，周绍良、白化文编《敦煌变文论文录》，上海古籍出版社，1982，第812—849页。

变文的"。① 然而白化文在《什么是变文》中，试图辨析什么是真正的"变文"，他并不认为"讲经记""押座文"这种和尚向大众讲经所用的底本可以等同于变文。② 但更多的研究者把这篇《佛报恩经讲经文》当作敦煌藏经洞文书中仅有的《大方便佛报恩经》的变文，通常称之《双恩记》。

　　《双恩记》的行文结构一般是"经文"—"散文"—"韵文"，"经文"部分摘自《大方便佛报恩经》，略有出入；"散文"紧随"经文"，乃是对"经文"内容的更口语化的解释、演绎和对情节的更生动的敷陈；"韵文"又紧随"散文"，是把"散文"内容以偈语或诗歌的形式再表现一次，朗朗上口，自然贴切。有时为把经文的意思讲透，让经文故事更有吸引力，散文、韵文会交替几个回合。"完整的变文结构形式，都是录一段散文体说白，再录一段韵文体唱词，如此复沓回环。在由白变唱之际，必定存在某些表示衔接过渡的惯用句式。"③

　　如《大方便佛报恩经》开头《序品》部分，原经中只有不到500字，"如是我闻"以下，交代了佛说法的时间、地点，到场听法大众的身份、成就、机缘，以示证信。《双恩记》即依据此段，但规模扩大成约5000字，几乎是原经的十倍。如《大方便佛报恩经》中"菩萨摩诃萨三万八千人俱。此诸菩萨久殖德本，于无量百千万亿诸佛所，常修梵行，成满大愿"④ 一句，《双恩记》先照录经文，可能因抄写故，文字略有出入，然后以散文形式分别解释什么是"菩提"，什么是"萨埵"，什么是"菩萨摩诃萨"。接着又用诗偈形式，描绘"居尘俗"的"在家菩

---

① 　龙晦：《敦煌变文〈双恩记〉本事考索》，《龙晦文集》，巴蜀书社，2009，第334页。

② 　白化文：《什么是变文》，周绍良、白化文编《敦煌变文论文录》，第429页。

③ 　白化文：《什么是变文》，周绍良、白化文编《敦煌变文论文录》，第435页。

④ 　失译《大方便佛报恩经》，《大正藏》第3册，第127页。

萨"的德行："虽居尘俗情高豁，恤物忧贫无暂歇。见苦长闻起对治，于人未省生怨结。保行藏，持不煞，念念中间专省察。坚固身心虽在家，此人也得名菩萨。虽居俗舍浑客尘，别有阴功伏鬼神。无恨怨酬（仇）无爱春（眷）。不怜毫（豪）富不斯（欺）贫。破除己物如他物，保惜他身似己身。坚固彻头行这行，也得名为菩萨人。"[①] 然而变文中很快指出，经中说的菩萨，还不仅仅等同于尘俗菩萨，更是果德圆满位趋十地的圣人菩萨。这段散文后，变文用"韵"一字直接引出韵文部分："三僧祇却（劫）除烦障，百亿分身曾供养。释梵诸天起敬心，龙神鬼趣生回向。为众生，心愿广，誓把尘劳与扫荡。见道如来说此经，所以权为菩萨相……知道释迦宣此教，故来同听大乘经……"[②]

从以上比对大体可知，至少就《大方便佛报恩经》论，其"变文"，就是依托经文而有的"讲经文"；既然是"讲经文"，就要对经文中特有的佛教名相予以解释，对佛经尤其是如《大方便佛报恩经》这样的大乘经中的大乘精神予以揄扬，对大乘佛教的核心价值予以提点和宣示。最关键的，要用契理契机的形式实现上述意图，以贯彻佛祖释尊"慈悲化众"的本怀。《双恩记》中这部分，以五千字释五百字，可谓"苦口婆心"；五千字中，韵文所占比重远远多于散文部分；韵文当中，情感抒发和画面描绘又远远多于释名和说理。且这段韵文严格押韵，合乎平仄的对联也不少，抑扬顿挫，声情并茂。如"保行藏，持不煞，念念中间专省察""为众生，心愿广，誓把尘劳与扫荡"这样的句式，吸纳了"渔歌子"曲调，亲切、自然，节奏明快，把听者面对外来文化和陌生

---

① 白化文、赵匡华校录《佛报恩经讲经文》，周绍良、白化文编《敦煌变文论文录》，第820—821页。

② 白化文、赵匡华校录《佛报恩经讲经文》，周绍良、白化文编《敦煌变文论文录》，第821—822页。

知识的压力化为无形，把日常生活中的文学和艺术形式用作舟楫。尤其是关于菩萨形象和听法场景的描述，细节丰富，气象庄严，令听众如状其貌、如临现场。如此强烈的画面感，如此有摄受力的场景营造，不由让人联想，当韵文从讲经者口中一板一眼唱出之时，是否有一幅相应的画卷正缓缓打开……

第三节 "报恩经变相"：慈悲与观想

傅芸子、程毅中、白化文、梅维恒等学者皆认可变文和变相相互依存、相辅而行，这是变文的一个必要特征。白化文以为："变文是配合变相图演出的，大致是边说唱边引导观看图画。说白叙述故事，唱词加深印象。变文是一种供对听众（也是观众）演出的说唱文学底本。"[①]梅维恒的观点正好相反：不是变文配合变相，而是变相配合变文。他指出，"变文"和"变相"的"变"，究其根本，是指佛教人物变现出来的化身或形象，要完全理解这个词，必须追溯到如佛教中的"神通"等印度文化概念。艺术家把"变"这种借助神力才能有的现象再现于纸画、丝绸画或壁画上，就是"变相"。讲说"变"的人在表演时使用"变相"作为一种解说故事的手段。[②] 这种"配有图画而散韵相兼地说唱故事的技法是在印度出生的，由佛教化的伊朗族'伯父'和突厥族'伯母'培养长大，最后由中国'双亲'收养"。[③] 巫鸿通过对文献资料的分析和

---

① 白化文：《什么是变文》，周绍良、白化文编《敦煌变文论文录》，第437页。
② 〔美〕梅维恒：《绘画与表演——中国绘画叙事及其起源研究》，王邦维、荣新江、钱文忠译，中西书局，2011，第1页。
③ 〔美〕梅维恒：《绘画与表演——中国绘画叙事及其起源研究》，第77页。

对藏经洞降魔变壁画的考察指出，盛唐以后变相绘画定义趋于严格。一方面必须是宗教（主要是佛教）题材；另一方面，是一种复杂的二维构图。"作为石窟的一个有机组成部分，制作这些壁画是为宗教奉献而非用于通俗娱乐活动。"敦煌变相分为"经变"以及与变文密切相关的绘画两类。"经变"使复杂的教义浓缩为偶像化的构图，以降魔变绘画为例，与变文密切相关的绘画，则和敦煌通俗文学交互影响，交互借鉴，互相成为对方的创作灵感和创作源泉。[①]

　　综观对变相问题的种种讨论，核心问题主要有两个：其一，如何定位变相和变文的宗教品格；其二，变相和变文的关系。这两个问题，又可归纳为一个："变"是"神变"还是"改变"。傅芸子、孙楷第、梅维恒等皆以"神变"为变文、变相之本，把变文、变相视作宗教（主要是佛教，兼以道教）艺术，须先确立其宗教品格，方可讨论艺术特征、传播功能等衍生问题；或者说，所有问题皆从"神变"亦即佛教的神通问题起步。如孙楷第在一篇文章中指出的"以图像考之，释道二家，凡绘仙佛像及经中变异之事者，谓之'变相'……然则变文得名，当由于其文述佛诸菩萨神变及经中所载变异之事……"[②] 郑振铎、周绍良、白化文等虽然承认变文、变相是一种宗教艺术，但不认为变文、变相全部和宗教尤其是佛教、道教相关，非宗教题材的变文、变相作品也有很多例子。尤其是变文，他们谨慎地消解其宗教性，而强调其先有所本、继而被"改变"为通俗说唱文学形式的文体特征。如周绍良："'变'之一字，也只不过是'变异''改变'的意思而已，其中并没有若何深文奥义。如所谓'变相'，意即根据文字改变成图像；'变文'，意即把一种

---

① 〔美〕巫鸿：《何为变相？——兼论敦煌艺术与敦煌文学的关系》，《礼仪中的美术：巫鸿中国古代美术史文编》，第 388—389 页。

② 孙楷第：《变文之解》，《现代佛学》第 1 卷第 10 期，1951 年 6 月。

记载改变成另一种体裁的文字……只要它依据另一种体裁改编成讲唱的，就都称之为'变文'。"①

　　"变"是"神变"还是"改变"？巫鸿的方案是"细分"：把"变相"分为"经变"及"与变文密切相关的绘画"（即故事画）两部分，经变是偶像化的构图，表达教义，具有纯粹的宗教功能，故事画则和变文一起在通俗化的道路上相辅相成。同时，巫鸿强调了石窟中的经变，他认为不应该仅仅从观众的角度去"观看"，或把它们抽离出其所在的建筑结构或宗教仪式而平面地"观看"，这些画寄托了供养人和画工的宗教情怀，洞窟也是僧人修习禅定和观想的立体空间。变相，主要不是配合变文用于大众化的寓教于乐项目，而是信仰者修持方案的一部分。

　　上述视角有助于我们考察《大方便佛报恩经》的变相（简称"报恩经变相"）如何传达大乘佛教的慈悲精神。关于"报恩经变相"的最早记载，乃《大唐大慈恩寺三藏法师传》中"显庆元年（656）十二月五日"条，玄奘法师所备之礼中有"《报恩经变》一部"。②"报恩经变相"目前出现在三处：甘肃敦煌莫高窟、四川大足石刻和山西高平寺壁画。有关报恩经变的敦煌壁画有39铺，最早的作品绘制于盛唐时期，经中唐、晚唐、五代，一直到宋，以吐蕃时期和归义军时期为多。壁画内容主要和《序品》《孝养品》《论议品》《恶友品》《亲近品》这五品对应，分为两大类：对应《序品》的《说法图》和对应其余四品的故事画。这两大类又遵循大乘佛教方便善巧的原则，分别指涉出世间和世间，并

---

① 　周绍良：《谈唐代民间文学——读科学院文学研究所〈中国文学史〉中"变文"节后》，周绍良、白化文编《敦煌变文论文录》，第407—409页。

② 　"玄奘幸蒙恩宠，许垂荫庇。师弟之望，非所庶几，同梵之情，实切怀抱。辄敢进金字《般若心经》一卷并函，《报恩经变》一部，袈裟法服一具，香炉、宝字香案、藻瓶、经架、数珠、锡杖、藻豆合各一，以充道具，以表私欢。"（唐）慧立本，彦悰笺《大唐大慈恩寺三藏法师传》，《大正藏》第50册，第22页。

"一体同观"为"世出世间不二"。

松本荣一把敦煌壁画中的"报恩经变相"分成两种形式：净土变形式和非净土变形式。净土变形式又分两种：图内置经中本生故事图像和外缘置经中本生故事图像。① 采用净土变形式的"报恩经变相"有9铺，一般中间部分是《说法图》。《大方便佛报恩经》的主尊释迦牟尼佛居于法会正中，左右二菩萨胁侍，周围簇拥声闻、天龙八部和眷属等，前面有水榭，其上设伎乐团队。佛放白毫相光，十方诸佛坐在莲台上，各有二菩萨胁侍，乘祥云赴会。

《说法图》表现佛的"说法神变"。明代佛教类书《大明三藏法数》依据《大宝积经》经文，辑录了佛用以调伏众生的三种神变："一说法神变，谓如来无碍大智，知诸众生善恶业因，及善恶果报。或以声闻缘觉之法，及以大乘之法而得解脱。如是知已，则现一切神变而为说法，是名说法神变。二教诫神变，教即教诲，诫即警诫。谓如来教诸弟子，是应作是不应作，是应信是不应信，是应亲近是不应亲近，是法杂染是法清净，行如是道得声闻乘，行如是道得缘觉乘，行如是道成就大乘，现诸神变而为教诫，是名教诫神变。三神通神变，谓如来为调伏憍慢众生故，或现一身而作多身，或现多身而作一身，山崖石壁，出入无碍，身上出火，身下出水，身下出火，身上出水，入地如水，履水如地等，现诸神变调伏众生，是名神通神变。"② 白毫相光，亦佛三十二相好之一，大乘经典中，但凡佛眉心现白毫相光，必有大事因缘。佛契机现身而为应机大众说法，即令众生开示悟入佛之知见的"大事因缘"。

大乘佛教认为，佛以神变说法，乃说其定中所见。而佛向众生说法

---

① 〔日〕松本荣一：《敦煌画研究》，线装书局，2000，第99页。

② （明）一如等编《大明三藏法数》，《永乐北藏》第181册，第550页。

这个行为本身，就是佛亲自示现的大慈悲，是世间法意义或伦理意义上的"慈悲"的道德本源。而大慈大悲作为与佛位对应的特征，只有佛已然证得，佛的一切示现都是神通示现，都是为慈悲表法。

《大方便佛报恩经》中，单纯演说大乘佛教义理的文字篇幅相当大，占全经三分之一强，散落在各品中，报恩经变的《说法图》，既有以图像方式直观呈现经中《序品》的功能，又承担了为经中佛直接开示议论而非譬喻或叙述的大乘义理表法的功能。前者诉诸眼、耳、鼻、舌、身、意六根，观众凭前六识的感官经验即可领略；后者诉诸"观想"，是在听闻佛法的基础上的止观实践，这是变相的宗教性所在。

"研究宗教艺术包括佛教石窟绘画有一个总的原则，即单体的绘画和雕塑形象必须放入其所在的建筑结构与宗教仪式中去进行观察。"[①]敦煌石窟建筑类型通常分为六种，分别是毗诃罗式窟（禅窟）、中心塔柱式窟、殿堂窟、佛坛窟、大佛窟和涅槃窟。前两种类型的石窟沿用印度和中亚的建筑形制，适用于小乘行人禅修；殿堂窟和佛坛窟多数建于五代至宋，其壁画和雕塑表现了大乘经典的内容，反映出大乘教义逐渐取得优势。"报恩经变相"的《说法图》，几乎全部出现在盛唐以后的殿堂式石窟和佛坛式石窟中。和"阿弥陀经变相""无量寿经变相"等大乘经经变一样，"报恩经变相"《说法图》亦采用佛居中心，听法者、护法者等环绕"十方"的特征。必须指出的是，如果把壁画单纯视作美术作品，观众和壁画之间是看和被看的关系，则壁画只有上、下、左、右"四方"，乃二维世界。佛教的时空观是"东南西北四维上下"，如果佛的"出世间"视角算作一维，则大体可以算作五维世界。观看者并未自外于此隆重的法会，而是会中一员。故禅宗祖师语录中常有"灵山一

---

① 〔美〕巫鸿：《何为变相？——兼论敦煌艺术与敦煌文学的关系》，《礼仪中的美术——巫鸿中国古代美术史文编》，第 352 页。

会，俨然未散"之说。《说法图》中心的佛，跏趺坐，结说法印，眼神凝视画外。普通观众会觉得不管从哪一个角度观看，佛始终慈悯地注视着自己。事实上佛慈心普覆，平等注视众生。《说法图》用于禅观，大乘修行者通过"观像"这种止观法门与诸佛菩萨的慈悲相遇。

"报恩经变相"把题材集中在经中四品。敦煌壁画的"报恩经变相"中，《序品》佛说法场面一般为主题画面，《恶友品》《孝养品》《论议品》《亲近品》四品分列主体画面两侧、下方，或布置在《序品》外周的四角。如开凿于大历年间的第 31 窟，"报恩经变相"独立一壁，分为左中右三栏，中栏《序品》，右侧《恶友品》，左侧《孝养品》。根据李永宁统计，敦煌 29 铺"报恩经变相"中，《序品》22 铺，《孝养品》20 铺，《恶友品》25 铺，《论议品》17 铺，《亲近品》11 铺。《恶友品》最多。[①]

《孝养品》侧重报父母恩，《论议品》侧重人和非人道众生（鹿女，鹿母夫人）的关系，《恶友品》侧重兄弟关系，《亲近品》的主角是一头狮子。和《论议品》中鹿母夫人的故事有所不同，鹿女故事人物关系众多，鹿女在各种关系中一点一点呈现前世的果报，果地是叙事的重点。而坚誓狮子侧重此世的修行，因地是叙事的重点。无论何种关系模式，无论因地还是果地，布施度和忍辱度的修持，难行能行难忍能忍，放下自我以成全他者的大无畏和彻底牺牲精神，始终是经中所表之法的重中之重。意在摄受人心的变相和变文，必然会把笔力倾注在"舍身"主题——布施行和忍辱行的渲染上。

《大宝积经》所云之"第二神变"，所谓"现诸神变以为教诫"，正是经中各种本生和本行故事的归趣。这些故事又落实在时间和空间中，以顺应人的业力的方式表慈悲法。人间慈悲，最重要的是慈悲地处理人

---

① 李永宁：《报恩经和莫高窟壁画中的报恩经变相》，敦煌文物研究所编《敦煌研究文集》，第 198—199 页。

和人的关系、人和非人众生的关系，"报恩经变相"兼顾世出世间，既有"座上深观"的神变表达，又有"座下广行"的利他法门，是大乘佛教传入中土，和中国文化传统、中国艺术传统共同孕育的宗教艺术奇葩。

第四节 "父母恩重经变相"：疑伪经中的慈与孝

《父母恩重经》又名《佛说父母恩重经》《报父母恩重经》《大报父母恩重经》《佛说父母恩难报经》等，经题和《佛说父母恩难报经》相似，最重要的区别在于前者是"恩重难报"，后者是"恩难报"。然仅此一字即折射出中国佛教史上的"大事件"——疑伪经的出现。《佛说父母恩难报经》，署名后汉安世高译，被认为是"真经"，是佛教孝道经典中以父母恩名经之最早者。篇幅更长的《父母恩重经》，历代均不入藏，教内判为中土人士撰作的"伪经"。什么是疑伪经，何以有疑伪经，以及如何判定疑伪经，不仅是中国佛教思想史上的大问题，落实到具体经目的讨论时，亦不可一概而论。《父母恩重经》在唐初道宣《大唐内典录》中未见著录，其始见于武周时期明诠的《大周刊定众经录》。智升《开元释教录》将之列入《疑惑再详录》，认为其中引丁兰、董黯、郭巨等孝子事迹，因此是"人造"（中土人制作）的"伪经"。[1] 明代高僧云栖袾宏在《竹窗三笔》中提到，他的两位友人各自发心刊印了两种不同版本的《父母恩重经》，虽然他们德行"忠孝纯正"，但"见其劝孝，而不察其伪"，以假乱真，反而助长了伪经的流通。至于此经何以成"伪"，袾宏未详加辨析，只用四字盖定："鄙俚之谈。"[2] 由此也可推测，

---

① （唐）智升撰《开元释教录》，《大正藏》第 55 册，第 474 页。

② （明）云栖袾宏：《竹窗三笔》，明学主编《莲池大师全集》，第 1507 页。

袾宏所处的时代，《父母恩重经》在民众中流传。刊刻此经乃成风尚，以此功德寄孝思、求福报，应该是当时民间社会的共识。

由于未入藏、未经官方楷定，《父母恩重经》并非指某种定本，而是一系列历代流传的民间抄本、印本和石刻本。这些版本长短不一、详略不同、各有侧重、各有增删，但"孝子故事"、"十恩德"和"十八地狱"这三组关键内容会以不同的组合形式出现在不同的版本中。最早出现的版本，因为有"孝子故事"而被教内判定为中土创造的"伪经"，稍后出现的版本，因为没有"孝子故事"，又被认为是对"伪经"面目的有意掩饰。

所谓"孝子故事"指有一类写本中出现的丁兰、董黯、郭巨、闪子四位孝子的孝行事迹。丁兰是后汉时人，少年丧母，遂刻木作母事之如生。其妻毁木母，被神灵感应而受惩罚。董黯事母至孝，邻人不孝子忿恨辱董母，董黯杀之以报仇，因孝获官府赦免。郭巨亦事母至孝，因入不敷出，逼妻活埋其子以保母亲日用。天神感动，令掘得黄金。这三个故事都是佛教传入中土以前就在中国民间社会广为流传的孝子故事，在汉以后的雕刻、绘画中多有表现，敦煌写本《孝子传》《搜神记》中亦有记载。只有闪子事迹出自佛经中的"睒子本生"：睒子和盲父母在山中修行时，迦夷国王到山上打猎，误射披鹿皮衣在溪边汲水的睒子。睒子中箭，临终念父母无人供养，国王表示愿意代替他，并引盲父母到睒子身边。天神为睒子孝心所感，施药救睒子。

所谓"十恩德"，指父母在生养子女过程中示现的十种美德，无一不是牺牲自己而利益子女。依马世长校录敦煌写本《报父母恩重经》，十种恩德分别是"一者怀胎守护恩，二者临产受苦恩，三者生子忘忧恩，四者咽苦吐甘恩，五者回干就湿恩，六者洗濯不净恩，七者乳哺养育恩，八者远行忆念恩，九者为造恶业恩，十者究镜（竟）怜愍恩"。① 宗密在《佛说盂兰盆经疏》中也援引该经列举了十种父母。②

所谓"十八地狱"，指不孝子女，命终将堕阿鼻地狱中的十八种地狱，遍历受苦。十八种地狱名分别对应不同罪愆。

现今能见到的《父母恩重经》写本，主要从敦煌藏经洞文献中流出，计有 60 件。综合各种研究成果可知，这些写本的内容大致可分为四种系统。③

其一，全本或"甲种本"或"丁兰本"。所谓"全"，以收入丁兰、董黯、郭巨、闪子等孝子事迹为据。这个系列的经中，俱有"昔丁兰木母，川灵感应；孝顺董黯，生义报恩；郭巨至孝，天赐黄金。迦夷国王入山游猎，挽弓射鹿，误伤闪胸，二父母仰天悲嗥。由闪至孝，诸天下药涂疮，闪子还活。父母眼开，明睹日月。不慈不孝，天不感应。闪子更生，父母开目。人之孝顺，百行为本。外书内经，明文成记"一段。全本写经，多是唐代前期职业书手所抄，格式规整，字迹亦佳。

其二，古本或"乙种本"或删节本。敦煌文献中多见这种。和全本的区别即经文中没有上述孝子故事的段落。这种类型的写本，书法水平明显低于全本的写本，抄写年代也多晚至唐代晚期和五代。或因智升指责孝子事迹是"人造"，故删去，以消弭"伪经"嫌疑。

其三，"丙种本"和"丁种本"。这一系列没有出现孝子故事，但郑阿财把没有出现孝子故事，且文末有"若有一切众生能为父母作福造

① 马世长：《〈报父母恩重经〉与相关变相图》，《宿白先生八秩华诞纪念文集》下册，第541页。

② （唐）宗密述《佛说盂兰盆经疏》，《大正藏》第 39 册，第 508 页。

③ 参见马世长《〈父母恩重经〉写本与变相》，段文杰主编《敦煌石窟研究国际讨论会文集：石窟考古（1987）》，辽宁美术出版社，1990；孙修身《〈佛说报父母恩重经〉版本研究》，敦煌研究院编《段文杰敦煌研究五十年纪念文集》，世界图书出版公司，1996；郑阿财《〈父母恩重经〉传布的历史考察——以敦煌本为中心》，项楚、郑阿财主编《新世纪敦煌学论集》，巴蜀书社，2003。

经，烧香请佛，礼拜供养三宝，或饮食众僧，当知是人能报父母其恩"和"若有众生能为父母或七月十五日造佛盘名为盂兰盆，现佛得果，当知是人报佛母恩"的定为丙种本，是乙种本的变体。孙修身则把没有孝子故事，但有"十恩德"和"十八地狱"的类型定为丙种本。郑阿财则把没有孝子故事，但有"十恩德"和"十八地狱"的另归入丁种本，与此相应，郑阿财所谓的丙种本，是从乙种本向丁种本过渡的类型。

除了手写传抄，《父母恩重经》的石刻版本，也可见到三种，分别是"房山云居寺石经"、"四川安岳卧佛院石经"和"山东宁阳经幢"。围绕这些版本，分别有《父母恩重经》的讲经文和变文、《十恩德赞》等歌赞和"父母恩重经变相"。敦煌藏经洞保存的《十恩德赞》和丙种本中的十种恩德，次第名目全同。①

敦煌艺术中的"父母恩重经变相"共有六种，其中四种为中唐到北宋时期绘制的石窟壁画，两种为藏经洞所出之绢画，分别藏于伦敦大英博物馆和甘肃省博物馆，伦敦大英博物馆藏品为北宋时期制作，甘肃省博物馆藏品有淳化二年（991）的题记。无论壁画还是绢画，皆以佛说法图为主，没有孝子的内容，符合乙种本的内容。绢画都有以"父母劬劳恩重如山"为主题的经文抄录（文字未必照录写本佛经中的"十恩德"）或图像表现，符合丙种本的内容。大足石刻中的"父母恩重经变相"有两种，分别位于宝顶山的大佛湾和小佛湾，均雕凿于南宋初期。其中宝顶山的一铺石刻浮雕，正中是"投佛祈求嗣息"图，两侧用十组画面表现"十恩德"。每个画面所配榜题和《父母恩重经》中的"十恩德"文字完全一样。每一处榜题旁边都配有"慈觉大师"的赞颂文。这组画面的下层则是地狱变相，榜题中亦点明此乃不孝子将受到的报应。

---

① 郑阿财：《〈父母恩重经〉传布的历史考察——以敦煌本为中心》，项楚、郑阿财主编《新世纪敦煌学论集》，第33页。

画面栩栩如生，目者如临其境，不禁悚然心惊，继而惕然自省。

依靠多种版本的写本、石刻、印本，以及相关的讲经文、歌赞、变相等，《父母恩重经》在中国社会广为流布。尤其留存于敦煌艺术和大足石刻中的"父母恩重经变相"，把父母的"十恩德"和惩罚不孝子的"十八地狱"诉诸视觉艺术，的确能襄助佛教进行五乘中的"人天乘"的孝道教育。由于"十恩德"和"十八地狱"强烈的画面感更易形成艺术化的表达，篇幅也更长，"人为"的《父母恩重经》比真经《佛说父母恩难报经》获得了更多的传播机会。

据智升在《开元释教录》中所记"《父母恩重经》一卷。经引丁兰、董黯、郭巨等，故知人造，三纸"，①　以及唐德宗年间圆照撰《贞元新定释教目录》卷二十八《伪妄乱真录》之"《父母恩重经》一卷。经引丁兰、董黯、郭巨等，故知人造，十纸"，②　丁兰、董黯、郭巨三个孝子的故事成为教内经录家判《父母恩重经》为伪经的最重要的证据。先有甲种本即全本，后有乙种本即删节本。后世认为乙种本系列把三孝子情节删除，正是要掩饰"伪经"其"伪"。即便传世的《父母恩重经》写本以没有孝子故事的删节本为最多，变相中亦未采纳孝子题材，依然不能揭去其"伪经"的标签。然何以"三孝子事迹"不被教内接受？不妨比对被判为真经的《佛说父母恩难报经》。

《佛说父母恩难报经》略述父母养育子女辛苦恩德后，继而告诫父母恩德是难以报答的："右肩负父，左肩负母，经历千年，正使便利背上，然无有怨心于父母。此子犹不足报父母恩。"这是《长阿含经》《中阿含经》中多次出现的经典段落。若如此尚不能报父母恩，则何以为

---

① （唐）智升撰《开元释教录》，《大正藏》第 55 册，第 672 页。

② （唐）圆照撰《贞元新定释教目录》，《大正藏》第 55 册，第 1016 页。

报？经中云："若父母无信教令信，获安隐处；无戒与戒教授，获安隐
处；不闻使闻教授，获安隐处；悭贪教令好施，劝乐教授，获安隐处；
无智慧教令黠慧，劝乐教授，获安隐处。"① 即令父母得闻佛法，信受
佛法，行布施、持戒等六度，最后证得出世间智慧而得安隐、得解脱。
这才是佛教意义上的报恩。而《父母恩重经》中的四个孝子故事，除了
闪子的故事和佛经有关外，另外三个，或以烧"木刻之母"的名义令其
妻"血流洒地"（丁兰），或为报邻人辱母之仇斩其头颅（董黯），或为
奉养老母逼妻活埋亲子（郭巨），以"父母之恩昊天罔极"的名义大开
杀戒，无一不是以儒家宗法制度的名义为生命强行排序。在以上三个孝
子故事中，三个主人公都没有秉承佛本生经中菩萨的牺牲精神，没有牺
牲自己去救助母亲，而是凭借宗法制度的差序格局带来的地位优势，牺
牲自己的下位者的生命，以保全自己的上位者的生命。这种充满"我
执"的牺牲，违背了佛教依缘起的平等精神，违背了大乘佛教舍身布
施、自利利他的菩萨道精神，更挑战了以性空为本、以不害为第一戒的
慈悲精神。这种孝，甚至也不尽符合先世孔孟之"仁"，只能说迎合了
东汉以后以《孝经》为代表的儒家意识形态：只有如此"昊天罔极"的
孝，才能推演出天经地义的上下君臣关系，从而实现"移孝于忠"。教
内所判之"伪"，盖如是也。

　　然而以抽象的教义、凌虚的观念格真伪固非庶民百姓所介怀。到雕
凿大足石刻的南宋，佛教传入中国已有一千多年，通过变相这种视觉艺
术形式流布的是"伪经"而非"真经"；乃至明代中晚期高僧大德还在
苦口婆心教人辨识，重复着前辈的工作，这种现象直到今天亦复如是。
只能说，在最核心的价值观上，佛教没能对儒家构建的观念世界和儒家

---

① 　（东汉）安世高译《佛说父母恩难报经》，《大正藏》第 16 册，第 778 页。

教化的生活世界有太多撼动。伪经虽然为中土后造，却是中土接受佛教思想的真实状态的反应；变相虽然是佛教东传佛经汉译后才有的艺术形式，但已经用来讲述"十恩德"这样的"中土故事"。佛教艺术固然起敷导教化作用，然即便有预设的价值和配套的观念，作为手段的艺术作品也未必完全处于观念的从属地位，达到预期的传播和教化效果。为新观念做准备的新艺术亦可能为旧有观念利用，以致新观念被遮蔽、被混淆，隐没不彰。

郑阿财注意到唐宗密《佛说盂兰盆经疏》中大量援引《父母恩重经》以陈述父母深恩难报。[①]《佛说盂兰盆经疏》把《佛说盂兰盆经》中济拔地狱众生的祭祀仪式提炼出来并加以强调，使庶民也可以用一套庄重的仪式，祭奠生身父母乃至七世父母——在儒家礼制中，只有天子可以祭祀"七庙"即七世祖先（一始祖加己身以上六代先祖），庶民祭祀父母，不能有仪式，只能在自家厅堂或卧室进行。宗密并没有辨析《父母恩重经》是伪是真，恐怕亦不在意。佛教不离世间，只要情感真切，宗密依然取用发挥，为建立为民众的佛教祭祀仪式而苦口婆心。而丙种本《父母恩重经》末尾的"若有一切众生能为父母作福造经，烧香请佛，礼拜供养三宝，或饮食众僧，当知是人能报父母其恩"和"若有众生能为父母或七月十五日造佛盘名为盂兰盆，现佛得果，当知是人报佛母恩"，正好是宗密推广的奉盆仪式。发端于南北朝、兴盛于唐朝并在宋以后绵延不绝的盂兰盆节俗，以及和《佛说盂兰盆经》《佛说盂兰盆经疏》相关的七七斋等佛教化仪式，方才是佛教孝慈观念真正推广成功之处，堪称"佛教中国化"之硕果和"佛教化中国"之典范。

---

① 郑阿财：《〈父母恩重经〉传布的历史考察——以敦煌本为中心》，项楚、郑阿财主编《新世纪敦煌学论集》，第 47 页。

第十一章

大悲：文学与美术中的《观音传》

第一节　观音成道类变文和变相

中土观音信仰中，观音最常为人称颂的名号是"大慈大悲救苦救难观世音菩萨"，源于《法华经》之《观世音菩萨普门品》为观音特德所做的界定：以何因缘名观世音？若有百千万亿众生，受诸苦恼，闻是观世音菩萨，一心称名，观世音菩萨即时观其音声，皆能解脱。观音寻声救苦，可救七难——火难、水难、刀难、风难、鬼难、囚难、贼难；解三毒——贪、嗔、痴；应二求——求男得男，求女得女。这是观音行菩萨道时示现的神通和方便。①

《法华经》的汉译本，根据智升《开元释教录》记载，乃"三译三缺"。② 竺法护译《正法华经》，十卷二十七品，公元286年；鸠摩罗什译《妙法莲华经》，七卷二十八品，公元406年；阇那崛多、达摩笈多译《添品妙法莲华经》，七卷二十七品，公元601年。《法华经》宣说了大乘佛教法身思想、一乘思想、开权显实思想、开远显近思想等。鸠摩罗什译本中，《观世音菩萨普门品》位居全经二十八品中的第二十五品，比较靠后，按天台智顗科判，这一品已属于流通分，乃菩萨成就大

---

① （后秦）鸠摩罗什译《妙法莲华经》，《大正藏》第9册，第56页。
② （唐）智升撰《开元释教录》，《大正藏》第55册，第511页。

慈悲后所行的神通事迹, 所谓"大悲行门"。

大乘经中, 关于观音"大悲行门"的记载很多, 而关于观音身世的记载一直支离破碎, 难以统一。《法华经》有包括观音菩萨在内的多位菩萨, 他们的事迹互有侧重, 共同为菩萨道表法。北凉沮渠蒙逊时,《观世音菩萨普门品》由经中一品, 单独别行, 称作《观音经》, 经中的菩萨只剩下观音菩萨。信仰者或持诵《观音经》, 或称名持咒, 便可与观音菩萨感应道交, 获得济拔。观音菩萨过去生的修行事迹更加无从索隐。

变文和变相是大乘思想流播中土后, 在中土文学艺术领域萌发的新枝叶。变文随着藏经洞敦煌文书重现于世而进入学者视野, 是一种依据佛经的通俗化说唱文本, 乃大乘佛教为中国文学贡献的新文体; 变相是佛说法神变或佛本生故事的图像化表达, 乃大乘佛教为中国艺术贡献的新画种。作为佛教表法化俗的工具, 变文和变相填补了搭载印度文化的大乘教义和中土伦理风俗之间的沟壑。从变文和变相, 可见印度大乘思想如何附丽于中国文化和中国艺术完成传播。

严格意义上的变文和变相, 和佛经关系非常密切。观音身世和因地修行事迹在大乘佛典中的缺失, 导致唐以前观音成道变文和相关图像的缺失。观音身世变文在敦煌文书中难觅踪影: 敦煌文书中和《观世音菩萨普门品》有关的变文共有两例, 分别是《妙法莲华经讲经文三》和《妙法莲华经讲经文四》, 其中的观音, 乃"神通妙力强""久远曾成佛"的胜义菩萨; 敦煌文书中不乏以通俗形式表现大乘菩萨累世修行事迹的通俗说唱文本, 如目连变文、睒子变文、《大方便佛报恩经》变文 (《双恩记》) 等, 但并无相关观音因地修行事迹的变文。敦煌壁画中, 讲述佛菩萨因地修行故事的图像比比皆是, 如舍身饲虎、割肉贸鸽、八相成道等, 或依据某一部经如《大方便佛报恩经》而绘制种种故事画, 但并没有和观音成道相关的本生故事图像。敦煌壁画中的观音经变，无论属于法华信仰还是观音信仰，或以佛为主尊，或以观音为主尊，无外乎《观世音菩萨普门品》中的观音三十三化身或"救七难，解三毒，应二求"的神通事迹。

作为观音菩萨"大悲行门"的表法符号，千手千眼观音又称"大悲观音"。如《华严经》中观音菩萨告诉善财童子："我已成就菩萨大悲行解脱门，善男子，我以此菩萨大悲行门，平等教化一切众生，相续不断。善男子，我住此大悲行门，常在一切诸如来所，普现一切众生之前，或以布施摄取众生，或以爱语，或以利行，或以同事摄取众生，或现色身摄取众生，或现种种不思议色净光明网摄取众生，或以音声，或以威仪，或为说法，或现神变，令其心悟而得成熟。或为化现同类之形，与其同居而成熟之。善男子，我修行此大悲行门，愿常救护一切众生，愿一切众生离险道怖……"①

有关千手千眼观音的记载最早出现在唐代，相关大乘经典主要有：伽梵达摩译《千手千眼观世音菩萨广大圆满无碍大悲心陀罗尼经》，简称《千手经》；耶舍崛多译《十一面观世音神咒经》；玄奘译《十一面神咒心经》；不空译《十一面观自在菩萨心密言念诵仪轨经》；菩提流支译《千手千眼观世音菩萨姥陀罗尼身经》；不空译《金刚顶瑜伽千手千眼观自在菩萨修行仪轨经》；等等。其中影响最大的就是《千手千眼观世音菩萨广大圆满无碍大悲心陀罗尼经》中宣说的咒语——《大悲咒》。该经中的观音于普陀落迦山对佛发下菩提誓愿：欲安乐利益一切众生，今我即时身生千手千眼。菩萨遂应化为千手千眼观音。② 千手千眼观音寄

①　（唐）实叉难陀译《大方广佛华严经》,《大正藏》第 10 册，第 367 页。

②　（唐）伽梵达摩译《千手千眼观世音菩萨广大圆满无碍大悲心陀罗尼经》,《大正藏》第 20 册，第 106 页。

托了菩萨济拔本愿，亦令民众希望获得长久安全的本能愿望得到呼应。民间流传的观音灵验记以为诵《大悲咒》能驱鬼、伏妖，能消除恶业。

　　唐代出现了千手千眼观音前身即妙善公主的传说，宋朱弁《曲洧旧闻》最早记录了这一传说的来历：翰林学士蒋之奇出守河南汝州，于香山寺"取唐律师弟子义常所书天神言大悲之事，润色为传"。① 据《两浙金石志》，清代时，绍兴府学中有一块碑，碑阳文字显示，北宋元符二年（1099），汝州太守应某寺住持怀昼之请，润色了唐代流传的《大悲传》文本，并于元符三年鸠工勒碑。崇宁三年（1104），杭州天竺寺僧道育重刻了这块碑。清人记录此碑时，尚不知"出守汝州"之语出自何人。② 蒋之奇亦曾出守杭州，碑文盖因此而传至杭州。其后，南宋祖琇编《隆兴佛教编年通论》卷十三收录有《香山妙善缘起》；③ 再后，则是元代赵孟頫夫人管道昇撰写《观音大士传》，存《绿窗女史》④ 及《江宁金石记》⑤ 中。明代，《香山宝卷》始流行，并出现根据《香山宝卷》改编的戏剧，一般称《观音得道》或《观世音修道香山记》。《香山宝卷》又名《观世音菩萨本行经》，是妙善故事的通俗说唱文本，今存最早的版本是越南河内1772年的翻刻本，祖本为明朝末年的南京刻本。另有1773年的杭州刻本，现藏于日本。⑥ 清乾隆以后的多种刊本，其卷首

---

① （宋）朱弁：《曲洧旧闻》，上海古籍出版社，2012，第133页。

② 《宋重立大悲成道传》，（清）阮元主编《两浙金石志》，浙江古籍出版社，2012，第151页。

③ （宋）祖琇：《隆兴佛教编年通论》，《万续藏》第75册，第175页。

④ （元）管道昇：《观音大士传》，台湾政治大学古典小说研究中心编《明清善本小说丛刊初编》第2辑《短篇文言小说（一）传奇·绿窗女史》卷十四，台北：天一出版社，1985年影印本。

⑤ （元）管道昇：《观世音传略》，（清）严观：《江宁金石记》卷六，江楚编译书局刻本，1910。

⑥ 转引自白若思、韩艺丹《15—16世纪初明朝宫廷中通俗佛教故事的图像：绘画、文本和表演的交织》，《史林》2017年第4期，第67页。

题记"宋崇宁二年天竺寺普明禅师编撰"，这个时间在蒋之奇知杭州之后，上天竺寺立《香山大悲成道传》碑之前。最后，晚明时出现托名朱鼎臣的白话小说《南海观音菩萨出身修行传》①，集前代大成，情节最为繁复，被后世视为观音生平记录的标准化版本。

《香山大悲成道传》和《观音大士传》情节较为简略，《香山宝卷》和《南海观音菩萨出身修行传》添加较多，情节曲折生动，《南海观音菩萨出身修行传》最为成熟，可视为大悲观音本生的定本。从《香山宝卷》开始，妙善故事的核心情节大致定型。妙庄王三公主妙善生而慕道，一心修行，坚拒父命，不乐婚配。妙庄王以其不孝，恼羞成怒，施加种种惩罚：关进后园，逐出宫殿，火烧兵围白雀寺，直至处死。妙善不嗔不怒，精进修行，道心不改，持戒清净，为天神所救，得游地府，所到之处，随缘济拔，地狱竟空，阎王无奈送其回阳间。妙善栖迟香山，终于勘破生死，证成大道，并招收善财龙女为徒。其时妙庄王承其业报而得恶疾，妙善施法，以种种变化诱导其父戒杀向善。她把自己的手眼施与其父为药，令父摆脱恶疾。妙庄王知道真相，大为感动，发心忏悔，自此改过迁善，成为护法。妙善因施手眼之功德，成就千手千眼之宝相，获封大慈大悲救苦救难南无灵感观音菩萨，驻守南海普陀道场。

妙善本生故事有着鲜明的中国民间文学的叙事特征，人物设计也相当本土化。但这些人物并非全无出处，而是和大乘经典多有照应。如：较早传译的《佛说太子瑞应本起经》和《佛说普曜经》中都收录了菩萨历经九十一劫，当下成佛，托生天竺迦毗罗卫国，其母亲，也就是国王夫人的名字叫"妙"："父王名白净，聪睿仁贤；夫人曰妙，节义温

---

① 　（明）朱鼎臣：《南海观音菩萨出身修行传》，（明）朱开泰等《观音 达摩 罗汉全传》，华夏出版社，2012，第5—59页。

良。"① 妙善的父亲叫"妙庄王"，和《法华经》第二十七品《妙庄严王本事品》中的国王名字雷同。经中说，云雷音宿王华智佛为光明庄严国王妙庄严王说法，王即时以国付弟，与夫人、二子并诸眷属于佛法中出家修道，情节也与妙善故事有逻辑上的关联。② 《法华经》第二十四品为《妙音菩萨品》，"妙音"和妙善的姐姐名字雷同。③ 《香山宝卷》中妙善另一个姐姐名为"妙颜"，《经律异相》卷三十《阿育王夫人受八岁沙弥化》中的沙弥即名"妙颜"。④ 《隋书》卷六十九有独孤皇后生前奉佛，驾崩后成了"妙善菩萨"的记载："仁寿中，文献皇后崩，劭复上言曰：'佛说人应生天上，及上品上生无量寿国之时，天佛放大光明，以香花妓乐来迎之。如来以明星出时入涅槃。伏惟大行皇后圣德仁慈，福善祯符，备诸秘记，皆云是妙善菩萨。'"⑤ 虽然不能据此一条而断定隋朝即有妙善传说，"妙善"一名即从此出，然佛教和中国本土文化之相互激荡、相互生发，由此可见一斑。

如果文献可查的最早的妙善公主本生起始于唐，则从元代管道昇的《观音大士传》到明代出现的《观音宝卷》，再到明末托名朱鼎臣的《南海观音菩萨出身修行传》，中国本土的观世音菩萨本生故事渐趋成熟，这些文本的作用，庶几相当于敦煌文书中的变文，妙善公主的故事就是从中国本土诞生的大悲观音本生，是中国本土文化传统和大乘佛教传统共同孕育的果实。依据观音成道类变文创作的妙善公主故事壁画，相当于大悲观音变相中的妙善本生变相或大悲观音成道变相。这两种本土变

---

① （三国·吴）支谦译《佛说太子瑞应本起经》，《大正藏》第3册，第473页；（西晋）竺法护译《佛说普曜经》，《大正藏》第3册，第486页。

② （后秦）鸠摩罗什译《妙法莲华经》，《大正藏》第9册，第56页。

③ （后秦）鸠摩罗什译《妙法莲华经》，《大正藏》第9册，第56页。

④ （南朝·梁）宝唱等集《经律异相》，《大正藏》第53册，第159页。

⑤ （唐）魏徵、令狐德棻撰《隋书》卷六十九，第1609页。

文和变相弥补了观音成道类变文和变相缺失的遗憾, 是大乘佛教精神在中国文化时空中合乎逻辑的呈现, 是佛教中国化的特殊案例。

第二节 《南海观音菩萨出身修行传》: 菩萨与六度

《南海观音菩萨出身修行传》又称《全像观音出身南游记传》《新镌全相南海观世音菩萨出身修行传》, 简称《观音传》, 四卷二十五回, 敷衍妙善公主以布施等六度成就大慈悲, 善巧救度父母。佛教孝道是建立在佛教的三世因果、六道轮回基础上, 以父母为所缘, 以报恩为方便, 以布施（财施、法施）等六度为慈悲行, 以般若为智慧行, 以世间为所依, 以出世间为旨归的孝亲思想, 是大乘佛教慈悲观的应有之义。从中国文学史的角度,《观音传》首先被视为本土白话小说而非宗教文本, 读者主要是"引车卖浆者流"而非上层知识精英, 且故事中夹杂了儒、道及民间信仰的种种元素, 有驳杂之感, 然其中传达的大乘佛教慈悲精神, 却与大乘佛典无有差别。

妙善之父妙庄王身为一国之君, 却中年无后, 以儒家忠孝观考之, 实为大不孝。"无后为大"的不孝, 本为儒家思想体系中的宗教性问题, "不娶无子, 绝先祖祀"[1], 儒家没有佛教的轮回思想, 人死为鬼, 回归祖先那里是普遍的信仰。有子不孝, 在世父母受苦, 但如果有后能祭祀祖先, 还不算最大的不孝, 无后代祭祀, 列祖列宗都可能会在另外的世界挨冻受饿。令祖先如此凄惨, 真乃大不孝。然书中几次暗示, 乏嗣其实是妙庄王所造恶业所致, "东征西伐, 杀人太多, 恐乖天和", 这

---

[1] （汉）赵岐:《孟子注疏·离娄章句上》,（清）阮元校刻《十三经注疏》, 第 2723 页中栏。

是佛教的因果业报观，佛教以为杀业为最恶。故事即从妙庄王建醮忏悔、西岳行香求子拉开序幕。以嗜杀恶业，妙庄王本不该有子。这个缘起其实暗含了佛教对儒家忠孝观的微讽：孝道并非取决于婚配与否，即便贵如一国之王，有三宫六院，若不造善业，受无后果报，依然落入大不孝。

妙庄王于其后三年得妙清、妙音、妙善三个女儿，也是一念忏悔之善心所带来的善报。业力所致，妙庄王也只能得女儿；妙清、妙音、妙善三女的前身施文三兄弟，也只能投胎得女身。"重男轻女"貌似为儒佛两家所共，实亦不然。佛教追求出世间的善，无我，无人，无众生，无寿者相，无男女相，一切平等，对菩萨道行者而言，世间男女相不过是因缘示现，是修道的权宜方便。佛教把男女不平等视为对世间法的随顺，终极追求恰好是要泯灭一切不平等。施文三兄弟以"施"姓，寓意"布施"，其祖宗三代"吃斋好善，仗义疏财，济人利物，德施不倦"。① 此处提示，妙善公主已在菩萨道中累劫行布施，施家兄弟能投胎人身，亦是布施积累的功德。

六度中的布施度是大乘法中与长养慈悲心关联最为紧密的一度。布施分财施、法施、无畏施，其中"无畏施"有"济拔""不害"两层含义：一切众生皆畏于死，菩萨或以身命救拔，或持戒不害，俱是无畏施。②

妙善甫一出生便茹素，这是前世修行的延续。历史地看，虽然素食是汉传佛教的习俗，始于梁武帝，然素食的归趣在"不害"，在长养慈

---

① （明）朱鼎臣：《南海观音菩萨出身修行传》，（明）朱开泰等《观音 达摩 罗汉全传》，第7页。

② 《大般若波罗蜜多经》："（菩萨）谓观有情犹如父母、兄弟、亲戚，令一切众成亲附我。何以故？无始时来流转六趣皆为亲戚，若诸有情在怖畏难，尚以身命而救拔之，况应于彼而加恼害！"又，《大智度论》："一切众生皆畏于死，持戒不害，是则无畏施。"

悲心。妙善这种不同于流俗的生活特征也是表法之举——表六度之"持戒"。在大乘几种《菩萨戒本》中，不杀生始终是第一戒。佛陀持戒的根本意趣在"防非止恶"，诸恶主要指十恶业，诸善主要指十善业。小乘把杀人列为出家比丘四波罗夷戒（四重禁戒）之第三。按戒律条文规定，不杀的对象只限于人类；大乘因强调慈悲为怀，普度众生，比小乘更重视不害的思想，故范围扩大到一切生命，要求做到身、语、意三业无犯，并在显教菩萨戒的十重戒（十波罗夷戒）中列杀生为首条。对大乘行者而言，不杀是善的底线，杀业是恶业之最。针对十恶业，即有"十戒"，大乘菩萨戒法把"不杀生戒"当作"第一戒"："第一戒者，尽一日一夜持，心如真人，无有杀意，慈念众生，不得贼害蠕动之类，不加刀杖，念欲安利莫复为杀，如清净戒以一心习。"① 第一戒又名"慈悲戒"，对众生生起慈悲之心是"第一戒"的精神内核。戒杀方能革除戾气，素食则是不杀生戒的生活化，最能在日常行持中落实慈悲精神。

　　妙善的戒行严谨还有更高蹈的体现。第五回始，《观音传》进入关键情节：妙庄王既无男丁，遂寄厚望予妙善，希望妙善招婿以托付后事。妙善说出心中的志向："孩儿不愿婚姻，只愿修行学道，若得果证菩提，不忘养育之恩。"② 这也是大乘经典及僧传中屡见不鲜的"童真出家"，以保持修行根器的清净无染，身、语、意不造恶业。妙善言："奴见地狱千般苦，不愿将身去嫁人。爱欲般般都放下，三途八难永除根。"③ 她一度想出权宜之计以应对，答应实在要招婿就招一个医士，

① （三国·吴）支谦译《佛说斋经》，《大正藏》第1册，第911页。
② （明）朱鼎臣：《南海观音菩萨出身修行传》，（明）朱开泰等《观音 达摩 罗汉全传》，第13页。
③ （明）朱鼎臣：《南海观音菩萨出身修行传》，（明）朱开泰等《观音 达摩 罗汉全传》，第14页。

"只要医得天下无万颓之相，无寒暑之时，无爱欲之情，无老病之苦，无高下之相，无贫富之辱，无你我之心，尽得吾意佛果菩提"①。这是大乘佛教最高的理想：自利利他，自度度他，建立泯灭一切差别的、万物平等的人间净土。

妙庄王一怒之下，便把妙善打入后园，"待他冻饿而死，免得挂朕心怀"。妙善适得其所，"与明月为朋，与清风为友"②，一心修行无有退心。这一情节提示的是六度中的忍辱度。《大智度论》云："菩萨行布施、持戒、忍辱，是三事名为福德门。"③ 六度中除布施度外，忍辱度和慈悲心增长的关系也很密切。《大智度论》把忍辱分为生忍和法忍，《瑜伽师地论》把忍辱分为"耐怨害忍"、"安受苦忍"和"谛察法忍"。④ "生忍"即对一切众生都能忍受，"忍诸恭敬、供养众生，及诸瞋恼、淫欲之人"；"法忍"即能观察缘起，洞察实相是空，安忍于这个诸法性空的实相。"忍其供养、恭敬法，及瞋恼、淫欲法，是为法忍。"⑤ "耐怨害忍"，就是受到他人的埋怨与加害时，不忿怒，不报怨，不怀恶。对加害者唯有宿生亲善想、随顺唯法想、无常苦想和摄受想。"安受苦忍"就是指对于来自自然界的寒热风霜、天灾人祸，以及来自自身的疾病痛苦和心里焦虑、惊恐等能够承受，不怨天尤人，不退失道业。"谛察法忍"，指菩萨能够对不生不灭的诸法实相产生胜解，不忘初心，不退道心。这就是宫女探视妙善后向妙庄王禀报的："公主修行心如

① （明）朱鼎臣：《南海观音菩萨出身修行传》，（明）朱开泰等《观音 达摩 罗汉全传》，第13页。

② （明）朱鼎臣：《南海观音菩萨出身修行传》，（明）朱开泰等《观音 达摩 罗汉全传》，第13—14页。

③ 〔印度〕龙树造，（后秦）鸠摩罗什译《大智度论》，《大正藏》第25册，第172页。

④ 〔印度〕弥勒造，（唐）玄奘译《瑜伽师地论》，《大正藏》第30册，第731页。

⑤ 〔印度〕龙树造，（后秦）鸠摩罗什译《大智度论》，《大正藏》第25册，第168页。

铁石,全不听劝。"①

第七回,妙善已决计出家。小说再现了以儒家礼教为秩序核心的中国传统社会对出家为僧的一贯偏见:"凡为人子不遵父命是为不孝,我想为僧道的盖是懒惰、孤贫、家苦、下流、求食度口之人。"妙善回曰:"儿闻三世诸佛,今古明贤皆舍五欲成等正果,普济天下人间。"第八回,妙善再次发露心迹,"死亟关头,我已勘破了大半……小妹出家,后日若得功成正果,先度双亲,后度二位姐姐同登净土"。② 出家乃大孝,其中蕴含的大乘佛教义理,本书前半部分已作详细发覆。

为了实现这一"出家大孝",妙善毅然出家白雀寺。妙善的故事从第九回始正式拉开大幕,作为坚定的大乘行者,菩萨将接受更大的考验,菩萨道的布施行、持戒行、忍辱行将次第展开,动力即是精进度。

譬如忍辱度的修行:妙善初到白雀寺,住持奉王之命百般刁难,然妙善"粗使细务尽身所便,如此劳碌并无怨恨之心"③,遂得天神护持,猛虎黑夜送柴,飞禽朝朝送菜。妙庄王又遣兵讨伐,火烧白雀寺,妙善以至诚感动天神,满寺死里逃生。妙庄王无计可施,终于下决心处死妙善,"以治不孝"。妙善从容赴死,却尸身不坏,魂游地府。

大乘经中,忍辱度的极致事例便是佛本生故事中的忍辱仙人。佛陀过去生中曾为"忍辱仙人",在树下打坐时,遇歌利王的妃子们围观、提问。歌利王醒后暴怒,把忍辱仙人节节支解。《金刚般若波罗蜜经》中云:"须菩提,如来说'第一波罗蜜',非'第一波罗蜜',是名'第

---

① (明)朱鼎臣:《南海观音菩萨出身修行传》,(明)朱开泰等:《观音 达摩 罗汉全传》,第16页。

② (明)朱鼎臣:《南海观音菩萨出身修行传》,(明)朱开泰等:《观音 达摩 罗汉全传》,第17—18页。

③ (明)朱鼎臣:《南海观音菩萨出身修行传》,(明)朱开泰等:《观音 达摩 罗汉全传》,第23页。

一波罗蜜'。须菩提，'忍辱波罗蜜'，如来说非'忍辱波罗蜜'。何以故？须菩提，如我昔为歌利王割截身体，我于尔时，无我相，无人相，无众生相，无寿者相。何以故？我于往昔节节支解时，若有我相、人相、众生相、寿者相，应生瞋恨。"①《大般涅槃经》等经中把这个故事说得更为具体，忍辱仙人对歌利王说："若我真无瞋恨心念，身体即恢复如故。"言毕成真，其身复原而无有所损。忍辱仙人并誓曰："未来世若成佛，首先度歌利王。"故后世释迦佛初转法轮，于鹿野苑最先度化五比丘，其中憍陈如即当年的歌利王。妙善故事中的这一情节，无疑是对大乘法的本地化演绎。而妙庄王为了实现儒家伦理结构中的所谓"孝"，居然杀害自己的亲生女儿，可以想见，他杀非亲之人更不在话下。其杀心之大，无以复加，两相比较，尤其凸显了儒家之孝的不彻底和致命伤：背离了根本善，"孝心"极有可能变成"杀心"，"孝"极有可能变成杀人工具。宋明以后，以礼教之名杀人的事例并不鲜见。可见传统社会中的佛教一面抵御攻讦，一面也承担对主流观念的反思和批判。

再譬如布施度的修行。妙庄王作此大恶，自然要得到恶报——身患恶疾，久治不愈，苦不堪言。妙善其时已于香山得道，定中以法眼观世，深谙因缘，决定于父亲最为苦厄之时出手相救，以行济拔。她设计了很多情节，曲意劝诱。最为核心的，便是她屡次让求药臣子割下四肢，挖去眼睛，献给妙庄王作为药引子，鲜血淋漓，其状惨不忍睹，其情甚为可愍，而妙善示现为心甘情愿，没有一点怨恨。这个情节也效仿和取材于大乘经典。大乘经中说，最极致的布施，便是以身布施，献出头目脑髓而在所不惜。"譬如一人，有二亲友，以罪事因缘故，系之囹圄。一人供给所须，一人代死；众人言：'能代死者，是为大慈悲。'佛亦如是，世世为一切众生，头目髓脑尽以布施，众生闻见是事，即共名

---

① （后秦）鸠摩罗什译《金刚般若波罗蜜经》，《大正藏》第 8 册，第 750 页。

之为大慈、大悲。""如尸毗王，为救鸽故，尽以身肉代之，犹不与鸽等，复以手攀称，欲以身代之，是时地为六种震动，海水波荡，诸天香华供养于王。众生称言：为一小鸟所感乃尔，真是大慈、大悲！"①

　　妙善成道后，以先前所发誓愿，首先度的是父母双亲。这一情节让人联想到佛成道后，初转法轮，首先度的是过去世中的歌利王——这一世中的憍陈如。妙庄王终于被感动，自此一心皈依佛法，走上菩萨道。妙善之母和两个姐姐自然也效行无误。这是中土小说中惯有的大团圆的结局。妙善舍手眼救父，大孝的果报，即得千手千眼，遂成大悲千手千眼观世音菩萨。

第三节　妙善成道变相：以大慧寺壁画为例

　　现存妙善公主成道故事图像，有建于 1440—1460 年的四川平武县报恩寺大悲殿三壁壁塑、绘于 1468 年的四川新津县观音寺毗卢殿后壁壁画、建于 1513 年的北京大慧寺大悲殿三壁壁画等。

　　平武报恩寺大悲殿供奉高 9.05 米的千手千眼观音像，观音左右两侧佛坛上，置高 2.7 米的木雕立像两尊。左侧为着官服的中老年男像，右侧为着官服的中老年女像。大殿左、右、后三面内壁上布满壁塑，敷衍妙善公主成道故事。可见千手千眼观音两侧的两尊立像，当为妙善公主的父母。

　　大慧寺位于长河河畔。长河又名高梁河，从颐和园昆明湖闸口起，经长春桥，东达西直门外的高梁桥。明长河是西直门通往西郊各行宫御

---

① 〔印度〕龙树造，(后秦) 鸠摩罗什译《大智度论》,《大正藏》第 25 册，第 257 页。

所的御用河道, 又称御河, 沿岸有很多庙宇, 供帝王出行休息游览, 大慧寺即其中之一。大慧寺的创建者是明武宗朱厚照一朝的太监张雄, 时任司礼监太监, 和东厂太监张锐、御马监太监张忠, 合称"豹房三张"。豹房, 就是皇帝的宫外娱乐场所和军事指挥机构。明世宗喜好道教, 毁佛坏寺, 大慧寺受到东厂提督太监麦某的关照, 不仅被保存下来, 而且规模得以扩大。

大慧寺是明代北京地区最著名的供奉观音的庙宇, 因大悲殿主尊为高五丈的千手千眼观音, 又名"大佛寺"。清吴长元《宸垣识略》言: "大佛寺在西直门北三里, 香山乡畏吾村。明正德中, 太监张雄建, 赐额曰'大慧', 并护敕勒于碑。寺有大悲殿, 重檐架之, 范铜为佛像, 高五丈, 土人呼为大佛寺。嘉靖中, 大监麦□于其左, 增佑圣观, 后山盖真武祠。时世宗好道, 寺借此以存。"①

目前大慧寺仅存大悲殿, 虽经历 1591 年、1733 年和 1909 年三次重修, 壁画可以确信仍然是初建时的原貌。三壁壁画被出自密教经典的"观音二十八部众"彩塑遮挡, 非常不方便观看, 可以推测妙善故事壁画的功能不在于被观看, 皇家寺庙也非普通信众出入之地, 主尊千手千眼观音、二十八尊作为千手观音眷属和观音法门护法的"观音二十八部众"彩塑以及三壁妙善本生, 共同营造了千手千眼观音信仰的观想空间。

壁画采用连续性构图以完成妙善成道的叙事, 分十个主题: "妙庄王宣旨嫁女"、"妙善跪求习佛"、"妙庄王劝女易志"、"妙善被禁白雀寺服苦役"、"妙庄王夺命, 妙善为虎所救并精进修行"、"妙善梦中巡游地府"、"妙善香山精进修行终于得道"、"妙庄王病重遣人入山寻仙人手眼

---

① (清) 吴长元辑《宸垣识略》, 北京古籍出版社, 1982, 第281页。

为药，妙善舍身救父"、"妙庄王入山妙善示现观音菩萨身"及"妙庄王皈信佛法"。

　　壁画绘制时间早于朱鼎臣《观音传》，晚于管道昇《观音大士传》，故有学者以为这铺妙善变相依据的文本是管道昇《观音大士传》，这个结论流传广泛，几成定论。又有学者经过仔细比对，以为壁画应该本于比《观音大士传》晚出的《观音宝卷》，很多细节摹画只能在《观音宝卷》中找到，元代和唐代的文本并不具备。[①]

　　壁画的十个主题，简洁明确地传达了大乘佛教菩萨道修行思想。"宣旨嫁女"、"跪求习佛"和"劝女易志"，既是故事缘起，也彰显了妙善志求菩萨道的坚定发心和守戒的决心，乃六度之持戒波罗蜜；"被禁白雀"，"为父加害"，乃六度忍辱行；为虎所救并精进修行，乃六度之精进波罗蜜；"梦游地狱"乃六度之禅定波罗蜜；"香山得道"乃菩萨圆满其行，证得佛果；舍身救父乃菩萨证得圆满后不住涅槃，返身入尘以利他，假人伦中之父女之情，行难行能行、难忍能忍的布施波罗蜜。布施乃六度之第一，头目脑髓在所不惜，菩萨以此牺牲而完成自利利他的菩萨道慈悲行愿。最后，妙庄王以归信佛法而得度。壁画所表现的因地修行菩萨，最终升华为大殿正中的千手千眼观音塑像，这正是菩萨假世间法中大孝之方便，成就世出世间不二的大慈大悲。

第四节　妙善救父："舍身"与"报恩"

　　佛教自汉代传入中国，到隋唐之际，以天台宗的出现为标志，以

----

①　白若思、韩艺丹《15—16 世纪初明朝宫廷中通俗佛教故事的图像：绘画、文本和表演的交织》，《史林》2017 年第 4 期，第 68 页。

大乘佛教为主体的中国佛教得以基本确立。妙善公主故事恰出现在唐时，虽然是由中国人创造的观音本生故事，但其精神内核与大乘佛典本生故事的精神内核高度一致，都落实在"舍身"二字。"舍身"堪称大乘经中菩萨因地修行故事的灵魂。大乘菩萨行中的布施，分"财施"、"法施"和"无畏施"，其中"财施"又分"外施"和"内施"。舍身属于"内施"，就是以身体为布施之物。《悲华经》中把这种舍身布施称为"舍身檀波罗蜜"。①　大乘佛教把舍身当作报众生恩的最诚恳、最极致的方式。《菩萨地持经》载："菩萨舍身，是名内施……头目手足种种支节，血肉筋骨乃至髓脑，随其所求，一切施与。"②　"舍身"就是最难行、最难忍的牺牲。

　　欧阳竟无编写《支那内学院院训释》时从佛经中精选佛本生故事十二则，分别是：其一，菩萨某生为人中太子时，割肉救父母；其二，菩萨某生为人中外道仙人时，焚臂救商贾；其三，菩萨某生为人中大力国王时，割臂战胜提婆达多完成大施舍的心愿；其四，菩萨某生为人中王后时，割乳喂产妇，阻止她因饥啖子；其五，菩萨某生为人中国王时，遇鹰逐鸽，王以欲度一切众生为由欲救鸽，鹰以己亦众生王何不顾而质之，王割己肉奉鹰而救鸽；其六，菩萨某生为人中太子时，以身饲饿虎，不使其啖幼子；其七，菩萨某生为婆罗门时，为听闻善法不惜拿出血和心饲奉夜叉；其八，菩萨某生为畜中大象王时，舍身作桥，让群象踩踏度险，力尽之时犹忍痛度完最后一个；其九，菩萨某生为畜中母鹿时，为了给二幼鹿喂食而从猎人处乞得机会，喂完践行承诺，自动重新回到猎人的陷阱舍身殉信；其十，菩萨某生为畜中兔王母子时，为成

---

① （北凉）昙无谶译《悲华经》，《大正藏》第 3 册，第 226 页。

② （北凉）昙无谶译《菩萨地持经》，《大正藏》第 30 册，第 906 页。

就入山修行求善法的婆罗门，舍身投火坑殉法，自熟己肉以供养婆罗门；十一，菩萨发大愿，愿多生为大畜以饱恶兽，不使恶兽吃掉更多小虫，又曾作鱼舍身济世之饥馑；十二，菩萨某生曾誓修"不生嗔恨"的忍辱法，不论恶魔如何恶口詈骂，"终不嗔恨，终不退没，终不自言我有何罪，亦复不以恶眼视魔"，从而成就无上忍辱波罗蜜。[①] 这十二个本生故事讲的都是舍弃生命、布施身体、成就他者、没有嗔恨的伟大布施行。经中佛陀说到上述故事时，常出现"大地震动"这样的异象，极言布施力量之不可思议。

和欧阳竟无所列十二则故事比对即知，妙善故事最像第一例："菩萨某生为人中太子时，割肉救父母"。这个故事可以和《大方便佛报恩经》中的两个本生故事对应，分别是"须阇提太子本生"和"忍辱太子本生"。"须阇提太子本生"的大意为：大臣罗睺企图谋害国王自立，守宫殿神向国王报信，国王准备七日食粮，携妻和太子须阇提逾城逃走，欲至他国。慌乱中误入十四日道路，中途粮尽，饥饿难忍。国王欲拔刀杀妻以保存自身和太子。太子曰："王若杀母我亦不食，何处有子啖母肉。既然不食肉俱死，何不杀子济父母命。"于是，每日割肉奉亲，维持生命。须阇提身肉将尽，唯存骨骼，将余肉分为三份，二份奉亲，一份留作施舍。父母持肉，与其分别继续前行。须阇提生命垂危之际，立誓愿言："以身之肉，供养父母，以是功德，用求佛道，度脱一切众生。"天地为之震动。帝释天化作狮子虎狼，向其乞肉，诱以王位，以试其志，太子不改初心言："假使热铁轮，在我顶上旋，终不以此苦，退于无上道。"帝释天感其心诚，以神通力使须阇提身体平复如故。邻国国王感须阇提太子慈孝，难舍能舍，与老国王兵，伐罗睺，以须阇提福

---

① 欧阳竟无：《欧阳竟无佛学文选》，第 111—116 页。

德力故，老王复得其国，即立须阇提太子为王。① "忍辱太子本生"的
大意为：忍辱太子性善不嗔，故名忍辱。其父王得重病，众大臣出于陷
害目的，称只有"不嗔人眼睛及人髓"才能救命。忍辱太子获得救父亲
的机会，心生欢喜，令人"断骨出髓，剜其两目"制成良药，父王服药
即得痊愈。父母心痛不已，起塔供养。忍辱太子即如来因地前身，以骨
髓头目孝养父母的大因缘得以成佛。成佛之时，宝塔涌出。而如来之母
摩耶夫人，因为前世发下要生如来身的本愿，这一世得以生下如来，摩
耶夫人本愿已然圆满，不堪受如来以佛身执母子之礼，如来出生七日
后，摩耶夫人示现这一世命终。②

公主和太子，妙庄王和国王，施手眼和割身肉——妙善公主本生与
须阇提太子或忍辱太子本生高度同构。从割肉为药这个细节看，妙善本
生更接近忍辱太子本生。但是，妙善让人一次又一次从自己身上割取血
肉给父亲做药，而非一次完成，这一细节和须阇提太子本生一致。以凡
人之见，其惨烈至极。所谓"菩萨如是为一切众生故，难行苦行孝养父
母，身体血肉供养父母"③，众生之极难度，方显菩萨之极慈悲。

《大方便佛报恩经》的变相，在敦煌壁画中现存39铺，有四个故事
被选择作为变相表现的题材，分别是须阇提太子本生、鹿母夫人本生、
善友太子本生和坚誓狮子本生，都是菩萨以无嗔心行布施的故事，菩萨
为众生献出生命，获得成就。忍辱太子本生未有图像表现，但和鹿母夫
人的故事构成因果链。

由须阇提太子本生和忍辱太子本生可知，孝亲并非中国文化独有，
大乘佛典中，并不乏把极致的布施行安排在父母子女的人伦关系中。但

---

① 失译《大方便佛报恩经》，《大正藏》第3册，第128—130页。
② 失译《大方便佛报恩经》，《大正藏》第3册，第138页。
③ 失译《大方便佛报恩经》，《大正藏》第3册，第130页。

父母子女的血亲人伦关系只是菩萨报众生恩的无数事例中的一种关系，其余如善兄度脱恶弟、贤君度脱佞臣、动物度脱猎人等，菩萨在这些关系中表现的自我牺牲事迹，丝毫不逊色于其割肉孝顺父母的行为。如坚誓狮子能够原谅伪装的猎人，没有任何嗔心地任由猎人割取自己的美丽皮毛去国王处献媚，一只狮子，作为三恶道众生，尚且能牺牲自我去救脱残害自己的人道众生，何况子女去报答对自己有生养之恩的父母。按照佛教因缘所生法，一切众生皆是前世父母，众生平等，无有高下。孝亲，只是菩萨报恩的方便。

妙善本生故事唯独选择父亲和女儿这一种关系，强调妙善因孝亲而成佛，其中的孝道伦理被刻意彰显，并被作为佛教在其中国化过程中，竭力融入儒家传统的一个有力例证。事实上，如《大方便佛报恩经》经名所揭示的，菩萨报恩、成佛，须借助世间法中的大方便，大乘精神中的孝，只是大乘行者的慈悲修行实践体现在人道众生的方便。父母子女的血亲关系，于人道众生最为重要，对人道众生而言，菩萨从"孝"起修，最为善巧，最能体现大慈悲。大乘佛教孝亲观的精髓在于大乘佛教的平等精神，菩萨等视六道众生一如父母，以六度万行平等济度众生一如父母，心、佛、众生平等，六道平等，无有偏重。作为本土创造的观音本生故事，妙善成道的每一个环节皆和大乘佛教六度精神若合符契，分析妙善孝亲故事中的大乘精神，恰好可以得出这样的结论：大乘佛教的孝亲观，并未因儒家以孝的名义制造的压力而有所折损、扭曲。大乘佛教以儒家孝道思想为"方便"、为助力，完成了在中国社会的表法和传播。

参考文献

一　中国古代典籍

（汉）班固撰《汉书》，中华书局，1962。

（汉）孔安国撰，（唐）孔颖达疏《尚书正义》，（清）阮元校刻《十三经注疏》，中华书局，1980。

（汉）刘安著，（汉）高诱注《淮南子注》，影印《诸子集成》第7册，中国书店，1986。

（汉）司马迁撰《史记》，中华书局，1982。

（汉）许慎撰《说文解字》，中华书局，1963。

（汉）许慎撰，（清）段玉裁注《说文解字注》，上海古籍出版社，1981。

（东汉）安世高译《长阿含十报法经》,《大正藏》第 1 册。

（东汉）安世高译《佛说大安般守意经》,《大正藏》第 15 册。

（东汉）安世高译《佛说七处三观经》,《大正藏》第 2 册。

（东汉）安世高译《佛说人本欲生经》,《大正藏》第 1 册。

（东汉）安世高译《佛说四谛经》,《大正藏》第 1 册。

（东汉）安世高译《佛说父母恩难报经》,《大正藏》第 16 册。

（东汉）昙果、康孟详译《中本起经》,《大正藏》第 4 册。

（东汉）赵岐:《孟子注疏》,（清）阮元校刻《十三经注疏》,中华书局，1980。

（东汉）支娄迦谶译《道行般若经》,《大正藏》第 8 册。

（东汉）支娄迦谶译《般舟三昧经》,《大正藏》第 13 册。

（东汉）支娄迦谶译《阿閦佛国经》,《大正藏》第 11 册。

（东汉）支曜译《成具光明定意经》,《大正藏》第 15 册。

（东汉）竺大力、康孟详译《修行本起经》,《大正藏》第 3 册。

（三国·魏）嵇康著，戴明扬校注《嵇康集校注》,中华书局，2014。

（三国·魏）阮籍著，陈伯君校注《阮籍集校注》,中华书局，1987。

（三国·魏）王弼注《老子注》,影印《诸子集成》第 3 册，中国书店，1986。

（三国·吴）康僧会译《六度集经》,《大正藏》第 3 册。

（三国·吴）康僧铠译《佛说无量寿经》,《大正藏》第 12 册。

（三国·吴）支谦译《佛说斋经》,《大正藏》第 1 册。

（三国·吴）支谦译《佛说太子瑞应本起经》,《大正藏》第 3 册。

（三国·吴）支谦译《大明度经》,《大正藏》第 8 册。

（晋）法显记《高僧法显传》,《大正藏》第 51 册。

（晋）葛洪:《抱朴子》, 影印《诸子集成》第 8 册, 中国书店, 1986。

〔印度〕马鸣菩萨造,（晋）真谛译《大乘起信论》,《大正藏》第 32 册。

（西晋）法护等译《施设论》,《大正藏》第 26 册。

（西晋）竺法护译《大哀经》,《大正藏》第 13 册。

（西晋）竺法护译《佛说海龙王经》,《大正藏》第 15 册。

（西晋）竺法护译《佛说普曜经》,《大正藏》第 3 册。

（西晋）竺法护译《佛说盂兰盆经》,《大正藏》第 16 册。

（西晋）竺法护译《正法华经》,《大正藏》第 9 册。

（东晋）瞿昙僧伽提婆译《中阿含经》,《大正藏》第 1 册。

（东晋）孙绰:《喻道论》,（南朝·梁）僧祐撰《弘明集》,《大正藏》第 52 册。

（后秦）佛陀耶舍、竺佛念译《长阿含经》,《大正藏》第 1 册。

（后秦）鸠摩罗什译《坐禅三昧经》,《大正藏》第 15 册。

（后秦）鸠摩罗什译《梵网经》,《大正藏》第 24 册。

（后秦）鸠摩罗什译《妙法莲华经》,《大正藏》第 9 册。

（后秦）鸠摩罗什译《金刚般若波罗蜜经》,《大正藏》第 8 册。

（后秦）竺佛念译《出曜经》，《大正藏》第 4 册。

（后秦）僧肇撰《注维摩诘经》，《大正藏》第 38 册。

〔印度〕龙树造，（后秦）鸠摩罗什译《中论》，《大正藏》第 30 册。

〔印度〕龙树造，（后秦）鸠摩罗什译《大智度论》，《大正藏》第 25 册。

〔印度〕龙树造，（后秦）鸠摩罗什译《十住毗婆沙论》，《大正藏》第 26 册。

（北凉）昙无谶译《大般涅槃经》，《大正藏》第 12 册。

（北凉）昙无谶译《金光明经》，《大正藏》第 16 册。

（北凉）昙无谶译《悲华经》，《大正藏》第 3 册。

（北凉）昙无谶译《菩萨地持经》，《大正藏》第 30 册。

（南朝·宋）法云编《翻译名义集》，《大正藏》第 54 册。

（南朝·宋）沮渠京声译《佛说观弥勒菩萨上生兜率天经》，《大正藏》第 14 册。

（南朝·宋）求那跋摩译《菩萨善戒经》，《大正藏》第 30 册。

（南朝·宋）求那跋陀罗译《杂阿含经》，《大正藏》第 2 册。

（南朝·宋）施护译《白衣金幢二婆罗门缘起经》，《大正藏》第 1 册。

（南朝·宋）竺道生：《法华经疏》，《万续藏》第 127 册。

（南朝·齐）沈约：《均圣论》，（唐）道宣撰《广弘明集》，《大正藏》第 52 册。

（南朝·齐）沈约：《究竟慈悲论》，（唐）道宣撰《广弘明集》，《大正藏》第 52 册。

（南朝·齐）沈约撰《宋书》，中华书局，1974。

（南朝·梁）宝唱等集《经律异相》，《大正藏》第 53 册。

（南朝·梁）宝唱著，王孺童校注《〈比丘尼传〉校注》，中华书局，2006。

（南朝·梁）慧皎撰《高僧传》，《大正藏》第 50 册。

（南朝·梁）僧祐撰《出三藏记集》，《大正藏》第 55 册。

（南朝·梁）萧子显撰《南齐书》，中华书局，1972。

（南朝·梁）萧衍：《断杀绝宗庙牺牲诏（并表请）》，（唐）道宣撰《广弘明集》，《大正藏》第 52 册。

（南朝·梁）萧衍：《断酒肉文》，（唐）道宣撰《广弘明集》，《大正藏》第 52 册。

（南朝·梁）宗懔：《荆楚岁时记》，宋金龙校注，山西人民出版社，1987。

（北魏）慧觉等译《贤愚经》，《大正藏》第 4 册。

（北魏）勒那摩提译《究竟一乘宝性论》，《大正藏》第 31 册。

（北魏）菩提流支译《大宝积经》，《大正藏》第 11 册。

（北魏）菩提流支译《大萨遮尼乾子所说经》，《大正藏》第 9 册。

（北魏）昙鸾注解《无量寿经优婆提舍愿生偈注》，《大正藏》第 40 册。

（北魏）杨衒之著，周祖谟校释《洛阳伽蓝记校释》，中华书局，2010。

（北齐）魏收撰《魏书》，中华书局，1974。

（隋）阇那崛多等译《大威灯光仙人问疑问经》，《大正藏》第17册。

（隋）智颛说《释禅波罗蜜次第法门》，《大正藏》第46册。

（唐）般剌蜜谛译《大佛顶如来密因修证了义诸菩萨万行首楞严经》，《大正藏》第19册。

（唐）般若译《大乘本生心地观经》，《大正藏》第3册。

（唐）般若译《大方广佛华严经》，《大正藏》第10册。

（唐）道宣撰《广弘明集》，《大正藏》第52册。

（唐）道宣撰《释迦方志》，《大正藏》第51册。

（唐）道宣撰《四分律删繁补缺行事钞》，《大正藏》第40册。

（唐）道宣撰《续高僧传》，《大正藏》第50册。

（唐）法琳撰《辩正论》，《大正藏》第52册。

（唐）伽梵达摩译《千手千眼观世音菩萨广大圆满无碍大悲心陀罗尼经》，《大正藏》第20册。

（唐）韩愈著，刘真伦、岳珍校注《韩愈文集汇校笺注》，中华书局，2010。

（唐）慧立本，彦悰笺《大唐大慈恩寺三藏法师传》，《大正藏》第50册。

（唐）李隆基注，（宋）邢昺疏，金良年整理《孝经注疏》，上海古籍出版社，2009。

（唐）李延寿撰《南史》，中华书局，1975。

（唐）实叉难陀译《大乘入楞伽经》，《大正藏》第16册。

（唐）实叉难陀译《大方广佛华严经》，《大正藏》第10册。

（唐）魏徵、令狐德棻撰《隋书》，中华书局，1973。

（唐）玄奘述《大唐西域记》，《大正藏》第51册。

（唐）玄奘译《大般若波罗蜜多经》，《大正藏》第7册。

（唐）姚思廉撰《梁书》，中华书局，1973。

（唐）圆照撰《贞元新定释教目录》，《大正藏》第55册。

（唐）智升撰《开元释教录》，《大正藏》第55册。

（唐）宗密述《佛说盂兰盆经疏》，《大正藏》第39册。

〔印度〕护法等造，（唐）玄奘译《成唯识论》，《大正藏》第31册。

〔印度〕世亲造，（唐）玄奘译《阿毗达磨俱舍论》，《大正藏》第29册。

〔印度〕弥勒造，（唐）玄奘译《瑜伽师地论》，《大正藏》第30册。

〔印度〕五百大阿罗汉等造，（唐）玄奘译《阿毗达磨大毗婆沙论》，《大正藏》第27册。

（后晋）刘昫等撰《旧唐书》，中华书局，1973。

（宋）非浊集《三宝感应要略录》，《大正藏》第51册。

（宋）管道昇：《观世音传略》，（清）严观：《江宁金石记》，江楚编译书局刻本，1910。

（宋）管道昇：《观音大士传》，载台湾政治大学古典小说研究中心编《绿窗女史》，天一出版社，1985。

（宋）李昉等撰《太平御览》，中华书局，1960。

（宋）释契嵩著，邱小毛校译《夹注辅教编校译》，西南交通大学出版社，2011。

（宋）永明延寿集《宗镜录》，《大正藏》第48册。

（宋）永明延寿述《万善同归集》,《大正藏》第 48 册。

（宋）永明延寿述《心赋注》,《万续藏》第 63 册。

（宋）赞宁等撰《宋高僧传》,《大正藏》第 50 册。

（宋）赵明诚撰,金文明校证《金石录校证》,广西师范大学出版社,2005。

（宋）志磐撰《佛祖统纪》,《大正藏》第 50 册。

（宋）智圆述《涅槃经疏三德指归》,《万续藏》第 37 册。

（宋）朱弁:《曲洧旧闻》,上海古籍出版社,2012。

（宋）朱熹撰《四书章句集注》,中华书局,1983。

（宋）祖琇:《隆兴佛教编年通论》,《万续藏》第 75 册。

（明）云栖袾宏:《竹窗随笔》,明学主编《莲池大师全集》,上海古籍出版社,2011。

（明）朱鼎臣:《南海观音菩萨出身修行传》,（明）朱开泰等《观音　达摩　罗汉　全传》,华夏出版社,2013。

（清）陈立撰《白虎通疏证》,吴则虞点校,中华书局,1994。

（清）陈梦雷原辑,蒋廷锡重辑《古今图书集成》博物汇编神异典第五十九卷《释教部汇考》,《万续藏》第 88 册。

（清）陈启源:《毛诗稽古编》,山东友谊出版社,1991。

（清）丁福保编《佛学大辞典》,中国书店,2011。

（清）郭庆藩:《庄子集释》,载影印《诸子集成》第 3 册,中国书店,1986。

（清）焦循:《孟子正义》,影印《诸子集成》第 1 册,中国书店,1986。

（清）刘宝楠：《论语正义》，影印《诸子集成》第1册，中国书店，1986。

（清）阮元主编《两浙金石志》，浙江古籍出版社，2012。

（清）汪荣宝撰《法言义疏》，陈仲夫点校，中华书局，1987。

（清）王昶：《北朝造像诸碑总论》，《金石萃编》卷三十九，陕西人民美术出版社，1990。

（清）王先谦：《韩非子集解》，影印《诸子集成》第1册，中国书店，1986。

（清）王先谦：《荀子集解》，影印《诸子集成》第2册，中国书店，1986。

（清）吴长元辑《宸垣识略》，北京古籍出版社，1982。

（清）杨仁山撰《佛学书目表》，《大藏经补编》第28册。

程俊英译注《诗经译注》，上海古籍出版社，1985。

黄寿祺、张善文撰《周易译注》，上海古籍出版社，1989。

吉联杭辑《琴操》（两种），人民音乐出版社，1990。

逯钦立辑校《先秦汉魏南北朝诗》，中华书局，1983。

钱穆：《论语新解》，三联书店，2002。

屈守元笺疏《韩诗外传笺疏》，巴蜀书社，1996。

上海古籍出版社、法国国家图书馆编《法藏敦煌西域文献》，上海古籍出版社，2002。

失译《大方便佛报恩经》，《大正藏》第3册。

失译《佛说菩萨本行经》，《大正藏》第3册。

失译《一切智光明仙人慈心因缘不食肉经》，《大正藏》第3册。

王利器撰《颜氏家训集解》（增补本），中华书局，1993。

王明：《抱朴子内篇校释》（增订本），中华书局，1985。

杨伯峻编著《春秋左传注》（修订本），中华书局，1990。

杨天宇：《礼记译注》，上海古籍出版社，1997。

中国社会科学院历史研究所、中国敦煌吐鲁番学会敦煌古文献编辑委员会、英国国家图书馆、伦敦大学亚非学院合编《英藏敦煌文献（汉文佛经以外部分）》第4、9卷，四川人民出版社，1991、1994。

周绍良、白化文编《敦煌变文论文录》，上海古籍出版社，1982。

二　研究论著

（一）著作

编辑委员会编《宿白先生八秩华诞纪念文集》，文物出版社，2002。

常青：《长安与洛阳——五至九世纪两京佛教艺术研究》，文物出版社，2020。

常任侠：《丝绸之路与西域文化艺术》，商务印书馆，2021。

陈兵：《佛法真实论》，宗教文化出版社，2007。

陈兵：《佛教心理学》，陕西师范大学出版社，2015。

陈传席主编《中国美术全集·雕塑卷·响堂山石窟》，天津人民美术出版社，2014。

陈怀宇：《动物与中古政治宗教秩序》，上海古籍出版社，2020。

陈金华：《佛教与中外交流》，中西书局，2016。

陈来：《从思想世界到历史世界》，北京大学出版社，2015。

陈来：《宋明理学》，三联书店，2011。

陈明、周广荣主编《风咏集——王邦维教授古稀寿庆文集》，中西书局，2021。

陈五云、徐晓仪、梁晓虹：《佛经音义与汉字研究》，凤凰出版社，2010。

陈晓红：《敦煌愿文的类型研究》，九州出版社，2018。

陈引驰：《中古文学与佛教》，商务印书馆，2017。

陈允吉：《佛教与中国文学论稿》，上海古籍出版社，2010。

陈志远：《六朝佛教史研究论集》，博扬文化，2020。

程恭让：《佛典汉译、理解与诠释研究——以善巧方便一系概念思想为中心》，中国社会科学出版社，2017。

董华锋：《陇东北朝佛教造像研究》，甘肃教育出版社，2020。

杜斗城：《杜撰集》，兰州大学出版社，2013。

段文杰主编《敦煌石窟研究国际讨论会文集：石窟考古编（1987）》，辽宁美术出版社，1990。

段玉明主编《佛教与民俗》，宗教文化出版社，2014。

敦煌研究院编《段文杰敦煌研究五十年纪念文集》，世界图书出版公司，1996。

樊锦诗、刘玉权主编《中国敦煌学百年文库·考古卷》，甘肃文化出版社，1999。

范文丽编《知识社会史视域下的汉传佛教百科全书传统研究》，宗教文化出版社，2020。

方广锠：《疑伪经研究与“文化汇流”》，广西师范大学出版社，2018。

方立天：《方立天文集》，中国人民大学出版社，2012。

方一新、高列过：《东汉疑伪佛经的语言学考辨研究》，人民出版社，2012。

峰峰矿区文物保管所、芝加哥大学东亚艺术中心：《北响堂石窟刻经洞——南区1、2、3号窟考古报告》，文物出版社，2013。

复旦大学文史研究院编《佛教史研究的方法与前景》，中华书局，2013。

高二旺：《魏晋南北朝丧礼与社会》，上海古籍出版社，2017。

葛兆光：《增订本中国禅思想史——从六世纪到十世纪》，上海古籍出版社，2008。

葛兆光：《中国思想史》，复旦大学出版社，2013。

龚隽、陈继东：《作为"知识"的近代中国佛学史论——在东亚视域内的知识史论》，商务印书馆，2019。

龚隽：《禅史钩沉——以问题为中心的思想史论述》，三联书店，2006。

龚隽：《觉悟与迷情——论中国佛教思想》，上海古籍出版社，2012。

古正美：《从天王传统到佛王传统——中国中世纪佛教治国意识形态研究》，台北：商周出版，2003。

杭州师范大学艺术教育研究院编《西湖石窟艺术研究》，西泠印社出版社，2019。

贺世哲：《敦煌图像研究·十六国北朝卷》，甘肃教育出版社，2008。

贺玉萍：《北魏洛阳石窟文化研究》，河南大学出版社，2010。

侯冲：《中国佛教仪式研究——以斋供仪式为中心》，上海古籍出版社，2018。

侯旭东：《北朝村民的生活世界——朝廷、州县与村里》，商务印书馆，2005。

侯旭东：《五、六世纪北方民众佛教信仰——以造像记为中心的考察》，中国社会科学出版社，1998。

黄文智：《镌岩造像——中原北方东部北魏中期至东魏石刻佛像造型分析》，文物出版社，2017。

黄夏年：《中外佛教人物论》，宗教文化出版社，2005。

黄现璠：《古书解读初探——黄现璠学术论文选》，广西师范大学出版社，2004。

黄心川：《古代印度哲学与东方文化研究》，中国社会科学出版社，2018。

霍韬晦：《现代佛学》，中国社会科学出版社，2003。

纪赟：《慧皎〈高僧传〉研究》，上海古籍出版社，2009。

季羡林主编《敦煌学大辞典》，上海辞书出版社，1998。

蒋家华：《中国佛教瑞像崇拜研究——古代造像艺术的宗教性阐释》，齐鲁书社，2016。

康乐：《从西郊到南郊——北魏的迁都与改革》，北京联合出版公司，2020。

赖永海主编《中国佛教通史》，江苏人民出版社，2010。

李华伟：《〈法苑珠林〉研究——晋唐佛教的文化整合》，中国社会科学出版社，2015。

李进新：《丝绸之路宗教研究》，新疆人民出版社，2008。

李利安、张子开、张总、李海波：《四大菩萨与民间信仰》，上海人民出版社，2011。

李利安：《观音信仰的渊源与传播》，宗教文化出版社，2008。

李猛：《齐梁皇室的佛教信仰与撰述》，中华书局，2021。

李四龙：《欧美佛教学术史——西方的佛教形象与学术源流》，北京大学出版社，2009。

李四龙：《人文宗教引论：中国信仰传统与日常生活》，社会科学文献出版社，2022。

李四龙：《天台宗与佛教史研究》，宗教文化出版社，2011。

李四龙：《中国佛教与民间社会》，大象出版社，2009。

李四龙主编《佛学与国学》，九州出版社，2009。

李向平：《佛教信仰与社会变迁》，宗教文化出版社，2007。

李永宁主编《敦煌石窟全集·本生因缘故事画卷》，上海人民出版社，2001。

林梅村：《西域考古与艺术》，北京大学出版社，2017。

刘慧：《中原北方早期弥勒造像艺术研究》，上海三联书店，2016。

刘进宝：《敦煌学通论》，甘肃教育出版社，2019。

刘威：《中古王权与佛教》，商务印书馆，2021。

刘亚丁：《佛教灵验记研究——以晋唐为中心》，巴蜀书社，2006。

刘迎胜：《丝绸之路》，江苏人民出版社，2014。

刘祯：《中国民间目连文化》，巴蜀书社，1997。

龙晦：《龙晦文集》，巴蜀书社，2009。

吕澂：《印度佛学源流略讲》，上海世纪出版集团，2005。

吕澂：《中国佛学源流略讲》，中华书局，1979。

麻天祥：《中国禅宗思想史略》，中国人民大学出版社，2009。

马德：《敦煌古代工匠研究》，文物出版社，2018。

闵泽平：《中古中土观音经义研究》，浙江大学出版社，2016。

牟宗三：《佛性与般若》，吉林出版集团有限责任公司，2010。

牟宗三：《中国哲学的特质》，台北：学生书局，1982。

宁强：《敦煌石窟艺术——社会史与风格学的研究》，文物出版社，2020。

欧阳竟无：《欧阳竟无佛学文选》，武汉大学出版社，2009。

钱穆：《中国文化史导论》，九州出版社，2011。

钱锺书：《管锥编》，中华书局，1979。

饶宗颐：《饶宗颐佛学文集》，北京出版社，2014。

荣新江、朱丽双：《于阗与敦煌》，甘肃教育出版社，2013。

尚永琪：《鸠摩罗什及其时代》，兰州大学出版社，2014。

邵佳德、圣凯：《人间潮音——图像史与观念史视域中的太虚》，宗教文化出版社，2019。

沈海燕：《法华玄义的哲学》，上海古籍出版社，2010。

圣凯、〔新加坡〕惟俨编《汉传佛教寺院与亚洲社会生活空间》，商务印书馆，2021。

圣凯：《南北朝地论学派思想史》，宗教文化出版社，2021。

圣凯：《中国汉传佛教礼仪》（增订版），商务印书馆，2020。

石刚：《走向世俗——中古时期的佛教传播》，社会科学文献出版社，2020。

释太虚：《太虚大师全书》，宗教文化出版社，2005。

释印顺：《印顺法师佛学著作全集》，中华书局，2009。

宋玉波：《佛教中国化历程研究》，陕西人民出版社，2012。

苏金成：《图像与造像——山西中部宗教美术考察与研究》，上海大学出版社，2020。

孙昌武：《中国佛教文化史》，中华书局，2010。

孙昌武：《中国文学中的维摩与观音》，天津教育出版社，2005。

孙修身主编《佛教东传故事画卷》，上海人民出版社，2000。

孙彦:《河西魏晋十六国壁画墓研究》,文物出版社,2011。

孙英刚、何平:《犍陀罗文明史》,三联书店,2018。

谭桂林:《现代中国佛教文学史稿》,安徽教育出版社,2015。

汤用彤:《汉魏两晋南北朝佛教史》,商务印书馆,2015。

汤用彤:《隋唐佛教史稿》,武汉大学出版社,2008。

唐秀连:《僧肇的佛学理解与格义佛教》,宗教文化出版社,2010。

王国维:《殷周制度论》,载《观堂集林》,中华书局,1959。

王颂主编《宗门教下东亚佛教宗派研究》,宗教文化出版社,2019。

王小盾、何剑平、周广荣、王皓编《汉文佛经音乐史料类编》,凤凰出版社,2014。

王永平:《从"天下"到"世界"——汉唐时期的中国与世界》,中国社会科学出版社,2015。

王振芬、荣新江主编,旅顺博物馆、北京大学中国古代史研究中心编《丝绸之路与新疆出土文献:旅顺博物馆百年纪念国际学术研讨会论文集》,中华书局,2019。

温玉成等:《河洛文化与宗教》,河南人民出版社,2018。

吴汝钧:《佛教的概念与方法》,世界图书出版公司,2015。

夏德美:《晋隋之际佛教戒律的两次变革——〈梵网经〉菩萨戒与智顗注疏研究》,中国社会科学出版社,2015。

夏金华:《隋唐佛学研究》,上海社会科学出版社,2013。

夏金华:《中国学术思潮史卷四:佛学思潮》,上海社会科学出版社,2006。

向达:《唐代长安与西域文明》,学林出版社,2017。

项楚、郑阿财主编《新世纪敦煌学论集》,巴蜀书社,2003。

项阳:《以乐观礼》,北京时代华文书局,2015。

萧涤非：《汉魏六朝乐府文学史》，人民文学出版社，1984。

邢义田：《画为心声：画像石、画像砖与壁画》，中华书局，2011。

邢义田：《立体的历史：从图像看古代中国与域外文化》，三联书店，2014。

徐进：《藏传佛教千手千眼观音造像艺术研究》，中央民族大学出版社，2012。

许倬云：《中国文化的精神》，九州出版社，2018。

宣方：《金刚经译注》，中华书局，2012。

学愚：《佛教、暴力与民族主义——抗日战争时期的中国佛教》，香港中文大学出版社，2011。

学愚主编《出世与入世——佛教的现代关怀》，中国社会科学出版社，2010。

阎步克：《波峰与波谷——秦汉魏晋南北朝政治文明》（第二版），北京大学出版社，2017。

颜娟英主编《北朝佛教石刻拓片百品》，台北：中研院历史语言研究所，2008。

颜娟英主编《美术与考古》，中国大百科全书出版社，2005。

颜尚文：《梁武帝》，东大图书股份有限公司，1999。

杨曾文：《宋元禅宗史》，中国社会科学出版社，2006。

杨曾文：《隋唐佛教史》，中国社会科学出版社，2014。

杨曾文：《唐五代禅宗史》，中国社会科学出版社，1999。

杨富学：《北国石刻与华夷史迹》，光明日报出版社，2020。

杨航：《大乘般若智——〈大智度论〉菩萨思想研究》，齐鲁书社，2014。

杨秋悦：《瑜伽焰口仪式音乐研究》，宗教文化出版社，2014。

杨维中：《如来藏经典与中国佛教》，江苏人民出版社，2012。

杨维中：《中国佛学》，南京大学出版社，2009。

姚崇新：《观音与神僧——中古宗教艺术与西域史论》，商务印书馆，2019。

姚卫群：《佛教思想与文化》，北京大学出版社，2009。

于薇：《圣物制造与中古中国佛教舍利供养》，文物出版社，2018。

余太山：《两汉魏晋南北朝与西域关系史研究》，商务印书馆，2011。

余欣：《中古时代的礼仪、宗教和制度》，上海古籍出版社，2012。

余英时：《论天人之际：中国古代思想起源试探》，中华书局，2014。

余英时：《朱熹的历史世界：宋代士大夫政治文化的研究》，三联书店，2004。

虞愚：《虞愚文集》，商务印书馆，2018。

喻静主编《丝绸之路与文化传播——"多元文明交流与互鉴工作坊"论文集》，文化艺术出版社，2021。

湛如：《净法与佛塔——印度早期佛教史研究》，中华书局，2006。

张风雷、金天鹤、竹村牧男：《佛性如来藏思想在东亚的接受与嬗变》，宗教文化出版社，2013。

张风雷：《智𫖮评传》，京华出版社，1995。

张培锋：《佛教与传统吟唱的文化学考察》，天津教育出版社，2016。

张祥龙：《家与孝——从中西间视野看》，三联书店，2017。

张小刚：《敦煌佛教感通画研究》，甘肃教育出版社，2015。

张雪松：《佛教"法缘宗族"研究——中国宗教组织模式探析》，中国人民大学出版社，2015。

　　张雪松：《唐前中国佛教史论稿》，中国财富出版社，2013。

　　张志芳、张彬：《译以载道：佛典的传译与佛教的中国化》，厦门大学出版社，2012。

　　赵莉主编《西域美术全集（7）龟兹卷·克孜尔石窟壁画①》，天津人民美术出版社，2016。

　　赵汀阳：《历史·山水·渔樵》，三联书店，2019。

　　曾亦：《儒家伦理与中国社会》，上海三联书店，2018。

　　郑振铎：《中国俗文学史》，江西教育出版社，2018。

　　钟子寅主编《法华经及其美术》，台北："故宫博物院"，2022。

　　周广荣：《梵语〈悉昙章〉在中国的传播与影响》，宗教文化出版社，2004。

　　周贵华：《"批判佛教"与佛教批判》，中国社会科学出版社，2018。

　　周贵华：《唯识、心性与如来藏》，宗教文化出版社，2006。

　　周绍良、白化文编著《敦煌变文论文录》，上海古籍出版社，1982。

　　周叔迦：《周叔迦佛学论著选》，中华书局，1991。

　　朱恒夫：《目连戏研究》，南京大学出版社，1993。

　　朱丽霞：《藏汉佛教交流史研究》，中国社会科学出版社，2018。

　　宗立主编《天台宗与佛教中国化——谛闲大师诞辰160周年纪念文集》，宗教文化出版社，2020。

（二）论文

　　白若思、韩艺丹：《15—16世纪初明朝宫廷中通俗佛教故事的图像：绘画、文本和表演的交织》，《史林》2017年第4期。

陈兵:《中国佛教的圆融精神及其当代意义》,《中华文化论坛》2004年第 3 期。

陈志远:《梁武帝与僧团素食改革——解读〈断酒肉文〉》,《中华文史论丛》2013 年第 3 期。

程恭让:《在"佛教化"与"中国化"的思想张力之间——关于中国佛教思想史的一种理解方式》,《中国哲学史》2000 年第 3 期。

方立天:《慧远与佛教中国化》,《中国人民大学学报》2005 年第 1 期。

古正美:《中国早期〈菩萨戒经〉的性质及内容》,《南京大学学报》(哲学·人文科学·社会科学)2010 年第 4 期。

韩焕忠:《中国佛教的译经策略》,《宗教学研究》2011 年第 4 期。

何莹:《敦煌写本〈盂兰盆文〉研究》,《世界宗教文化》2019 年第 1 期。

康乐:《素食与中国佛教》,载周质平编《国史浮海开新录:余英时教授荣退论文集》,台北:联经出版事业有限公司,2002。

蓝吉富:《现代中国佛教的反传统倾向》,《世界宗教研究》1990 年第 2 期。

刘成有:《选择性接受与佛教的中国化》,《世界宗教文化》2020 年第 2 期。

刘东光:《试论北响堂石窟的凿建年代及性质》,《世界宗教研究》1997 年第 4 期。

宁强:《巴中摩崖造像中的佛教史迹故事初探》,《四川文物》1987年第 3 期。

史光辉:《〈大方便佛报恩经〉文献学考察》,《古籍整理研究学刊》2011 年第 9 期。

孙楷第：《变文之解》，《现代佛学》第 1 卷第 10 期，1951 年 6 月。

孙英刚：《转轮王与皇帝：佛教对中古君主概念的影响》，《社会科学战线》2013 年第 11 期。

温玉成：《洛阳市偃师县水泉石窟调查》，《文物》1990 年第 4 期。

夏德美：《南朝祭祀与佛教》，《青岛大学师范学院学报》2012 年第 2 期。

杨惠南：《人间佛教的经典诠释——是"援儒入佛"或是回归印度？》，《中华佛学学报》2000 年第 13 期。

张小刚、郭俊叶：《黑水城与东千佛洞石窟同类佛教造像题材浅析》，《西藏研究》2013 年第 5 期。

赵青山：《从敦煌写经题记所记"七世父母"观看佛教文化对中土文化的影响》，《兰州大学学报》（社会科学版）2009 年第 6 期。

三　译著

〔比〕安海曼、〔瑞士〕S. P. 鲍姆巴赫主编《佛教的传播》，董韵宜、盛宁译，宗教文化出版社，2010。

〔日〕冲本克己：《佛教的东传与中国化》，辛如意译，台北：法鼓文化，2016。

〔日〕冲本克己：《兴盛展开的佛教：中国 II 隋唐》，释果镜译，台北：法鼓文化，2016。

〔日〕冲本克己：《中国文化中的佛教》，辛如意译，台北：法鼓文化，2016。

〔法〕佛尔：《正统性的意欲——北宗禅之批判系谱》，蒋海怒译，上海古籍出版社，2010。

〔日〕宫治昭：《涅槃和弥勒的图像学——从印度到中亚》，李萍、张清涛译，文物出版社，2009。

〔美〕郝大维、安乐哲：《汉哲学思维的文化探源》，施忠连译，江苏人民出版社，1999。

〔日〕忽滑谷快天：《中国禅学思想史》，上海古籍出版社，1994。

〔美〕杰米·霍巴德、保罗·史万森主编《修剪菩提树——"批判佛教"的风暴》，龚隽、冯焕珍等译，上海古籍出版社，2004。

〔韩〕李正晓：《中国早期佛教造像研究》，文物出版社，2005。

〔美〕梅维恒：《绘画与表演——中国绘画叙事及其起源研究》，王邦维、荣新江、钱文忠译，中西书局，2011。

〔日〕末木文美士：《日本佛教史——思想史的探索》，涂玉盏译，上海古籍出版社，2016。

〔日〕末木文美士编《蓬勃发展的中世佛教》，辛如意译，台湾：法鼓文化，2020。

〔美〕牟复礼：《中国思想之渊源》，王立刚译，北京大学出版社，2009。

〔美〕芮沃寿：《中国历史中的佛教》，常蕾译，北京大学出版社，2009。

〔日〕松本史朗：《缘起与空——如来藏思想批判》，肖平、杨金萍译，中国人民大学出版社，2006。

〔美〕太史文：《仪礼与佛教研究》，于欣、翟旻昊编译，三联书店，2022。

〔美〕太史文：《中国中世纪的鬼节》，侯旭东译，上海人民出版社，2016。

〔英〕渥德尔：《印度佛教史》，王世安译，商务印书馆，2000。

〔日〕小林正美：《六朝佛教思想研究》，王皓月译，齐鲁书社，2013。

〔荷〕许理和：《佛教征服中国》，李四龙、裴勇等译，江苏人民出版社，2003。

〔美〕杨庆堃：《中国社会中的宗教》，范丽珠等译，上海人民出版社，2007。

〔美〕于君方：《观音——菩萨中国化的演变》，陈怀宇、姚崇新、林佩莹译，商务印书馆，2012。

〔美〕于君方：《汉传佛教复兴——云栖祩宏及明末融合》，台北：法鼓文化，2021。

〔日〕中村元：《慈悲》，江支地译，台湾东大图书公司，1997。

〔日〕中村元：《中国佛教发展史》，余万居译，台北：天华出版事业股份有限公司，1993。

四　英文论著

Albert E. Dien and Keith N. Knapp (eds.), *The Cambridge History of China: Volume 2, The Six Dynasties, 220–589*, Cambridge, Mass.: Cambridge University Press, 2019.

Amy McNair, *Donors of Longmen: Faith, Politics, and Patronage in Medieval Chinese Buddhist Sculpture*, Honolulu: University of Hawai'i Press, 2007.

Bernard Faure, "The Concept of One-Practice Samadhi in Early

Ch'an", in Peter N. Gregory (ed.), *Traditions of Meditation in Chinese Buddhism*, Honolulu: University of Hawai'i Press, 1986.

Don A. Pittman, *Toward a Modern Chinese Buddhism: Taixu's Reforms*, Honolulu: University of Hawai'i Press, 2001.

Dorothy C. Wong, *Chinese Steles: Pre-Buddhist and Buddhist Use of a Symbolic Form*, Honolulu: University of Hawai'i Press, 2004.

Eugene Y. Wang, *Shaping the Lotus Sutra: Buddhist Visual Culture in Medieval China*, Seattle: University of Washington Press, 2007.

Gray Tuttle, *Tibetan Buddhists in the Making of Modern China*, New York and Chichester: Columbia University Press, 2005.

Holmes H. Welch, *The Buddhist Revival in China*, Cambridge, Mass.: Harvard University Press, 1968.

John Kieschnick, *Buddhist Historiography in China*, New York: Columbia University Press, 2022.

Kai-wing Chow, *The Rise of Confucian Ritualism in Late Imperial China: Ethics, Classics, and Lineage Discourse*, Stanford, CA: Stanford University Press, 1994.

Kenneth K. S. Ch'en, *Buddhism in China: A Historical Survey*, Princeton: Princeton University Press, 1964.

Kenneth K. S. Ch'en, *Chinese Transformation of Buddhism*, Princeton: Princeton University Press, 1973.

Mark Halperin, *Out of the Cloister: Literati Perspectives on Buddhism in Sung China, 960-1279*, Cambridge, Mass.: Harvard University Press, 2006.

Paul Williams with Anthony Tribe, *Buddhist Thought: A Complete*

Introduction to the Indian Tradition, London: Routledge, 2000.

Paul Williams, *Mahayana Buddhism: The Doctrinal Foundations*, London and New York: Routledge, 2008.

Richard Salomon, *Ancient Buddhist Scrolls from Gandhara: The British Library Kharosthi Fragments*, Seattle: University of Washington Press, 1999.

Robert Ford Campany, *Making Transcendents: Ascetics and Social Memory in Early Medieval China*, Honolulu: University of Hawai'i Press, 2009.

Robert H. Sharf, *Coming to Terms with Chinese Buddhism: A Reading of the Treasure Store Treatise*, Honolulu: University of Hawai'i Press, 2005.

Stephen F. Teiser, *The Scripture on the Ten Kings and the Making of Purgatory in Medieval Chinese Buddhism*, Honolulu: University of Hawai'i Press, 2003.

T. Griffith Foulk, "Myth, Ritual, and Monastic Practice in Sung Ch'an Buddhism", in Patricia Buckley Ebrey and Peter N. Gregory (eds.), *Religion and Society in T'ang and Sung China*, Honolulu: University of Hawai'i Press,1993.

Timothy Brook, *Praying for Power: Buddhism and the Formation of Gentry Society in Late-Ming China*, Cambridge, Mass.: Harvard University Asia Center, 1994.

后　记

　　本书起意于 2010 年，收笔于 2020 年。当初以一腔孤勇踏上这段旅程，以为此行必败，亦必有冒险的乐趣。如今的心情，可堪与 2015 年的某一瞬间相比——记得那晚在一间小教室听前辈学者讲座，他提到的佛教文献我皆曾亲览，他展示的佛教文物我皆曾亲见，他到过或没到过的佛教古迹我皆曾亲至，他提示的问题，我多有所思，亦曾亲笔撰文。我体会到跋涉途中驻足小憩的那种坦荡的欣快，于是把之后不久出版的一本小书命名为《化城集》。和那时相比，我走过的地方更多了，读书和写作也在继续。作为职业生涯第三个十年中最重要的研究成果，眼前这本书令我坦然和心满意足。

　　这十年，无数师长亲友施我以援手，无数次情感和思想的启蒙来自鸟兽草木、土石瓦砾，无数珍贵的场景定格在记忆深处，无数意味深长的故事迥非人力所能编就。生而为人，自然有义务写下种种甚深因缘、种种鲜活点滴，这必将是一本感人至深的大书。然而我只能拿出粗枝大叶、冷茶淡饭，平白辜负天地的美意和善意。作为冒险生涯中一件不太重要的副产品，这本书也令我遗憾和百感交集。

我之所说，如手中叶；我之未说，如林中叶。职业生涯的第四个十年已然开启，前尘往事，依稀仿佛。看似旧人旧迹，不乏"融贯的新"；看似十分冷淡，不乏一往情深。癸卯春分，恰逢中国佛学院常务副院长明海法师新作赠别法偈一组，谨沐手敬录其中一句以自勉：

必败信心无缺减，唯斯一念自庄严。

本书得以出版并非易事。感谢社科文献出版社历史分社社长郑庆寰、编辑李丽丽付出巨大心力。感谢中国艺术研究院中国文化研究所副研究员周瑾施我以友爱，感谢丽江文化旅游学院文学院青年教师丁俊彪小友的持久相助。

谨以此书献给我的父母，以及与我朝夕相处、同甘共苦的两位家人。

癸卯清明于停云庐

图书在版编目（CIP）数据

从观念到艺术：在中国文化中发现慈悲 / 喻静著
. -- 北京：社会科学文献出版社, 2024.5
　（九色鹿）
　ISBN 978-7-5228-3575-4

　Ⅰ. ①从… 　Ⅱ. ①喻… 　Ⅲ. ①大乘－佛经－研究②佛
教史－思想史－研究－中国 　Ⅳ. ①B942.1②B949.2

中国国家版本馆CIP数据核字（2024）第107821号

·九色鹿·
从观念到艺术：在中国文化中发现慈悲

著　　者 / 喻　静

出 版 人 / 冀祥德
责任编辑 / 李丽丽
文稿编辑 / 许文文
责任印制 / 王京美

出　　版 / 社会科学文献出版社·历史学分社（010）59367256
　　　　　地址：北京市北三环中路甲29号院华龙大厦　邮编：100029
　　　　　网址：www.ssap.com.cn
发　　行 / 社会科学文献出版社（010）59367028
印　　装 / 三河市东方印刷有限公司

规　　格 / 开　本：787mm×1092mm　1/16
　　　　　印　张：22.5　字　数：280千字
版　　次 / 2024年5月第1版　2024年5月第1次印刷
书　　号 / ISBN 978-7-5228-3575-4
定　　价 / 89.80元

读者服务电话：4008918866